河南省高校科技创新人才支持计划（人文社科类）（2019—cx—026）、河南省高校人文社会科学重点研究基地"新乡医学院健康与社会研究中心"资助

当代中国知识界思想认同研究

朱培丽 著

中国社会科学出版社

图书在版编目（CIP）数据

当代中国知识界思想认同研究/朱培丽著．—北京：中国社会科学出版社，2020.8
ISBN 978 - 7 - 5203 - 6556 - 7

Ⅰ.①当⋯　Ⅱ.①朱⋯　Ⅲ.①知识分子—思想评论—中国—现代　Ⅳ.①D663.5

中国版本图书馆 CIP 数据核字（2020）第 088415 号

出 版 人	赵剑英
责任编辑	田　文
责任校对	张爱华
责任印制	王　超

出　版	中国社会科学出版社
社　址	北京鼓楼西大街甲 158 号
邮　编	100720
网　址	http://www.csspw.cn
发行部	010 - 84083685
门市部	010 - 84029450
经　销	新华书店及其他书店
印　刷	北京君升印刷有限公司
装　订	廊坊市广阳区广增装订厂
版　次	2020 年 8 月第 1 版
印　次	2020 年 8 月第 1 次印刷
开　本	710×1000　1/16
印　张	19.25
插　页	2
字　数	278 千字
定　价	98.00 元

凡购买中国社会科学出版社图书，如有质量问题请与本社营销中心联系调换
电话：010 - 84083683
版权所有　侵权必究

哲学世界观与当代中国知识界思想认同

侯惠勤[*]

在当代中国,关于知识分子的政治地位和社会价值,已经具有很大的共识。对于党和国家而言,尊重知识、尊重人才是基本方针,国家栋梁、宝贵财富是总体评价;对于广大知识分子而言,科学无国界而科学家有祖国,知识无边界但知识分子有立场是价值共识。因此,报效祖国,担当民族复兴大任已经成为知识分子群体日益自觉的行为。但是,这并不等于说关于我国知识分子价值取向的研究已经没有值得深入推进的问题了。且不说在历史的大浪淘沙中不时掀翻一些溺水者,吓退一些胆小者,淘汰一些观望者,就是在大体上顺应中国特色社会主义潮流的行军队伍中,差异性也很大。这里不仅有先进后进之分,做事做人之别,更重要的是在同党和人民一条心上的差异,在中国特色社会主义认同上的差异。由于知识分子的社会影响力,这一差异不仅造成了个人在爱国奉献上的差距,而且可能成为我们在新的历史条件下开展思想舆论斗争的阻力。对于当代我国知识分子思想认同进行深入研究,不仅必要,而且紧迫。

---

[*] 侯惠勤,中国社会科学院国家文化安全与意识形态建设研究中心主任,马克思主义学院学术委员会主任,中国历史唯物主义学会会长,中国社会科学院大学特聘讲席教授。

一　政治认同与哲学世界观

对于当代中国知识界思想认同的研究，首要的是如何进行较为客观具体的评价。毛泽东在六十多年前就作了一个判断：我国知识分子"绝大多数人都是爱国的，爱我们的中华人民共和国，愿意为人民服务，为社会主义的国家服务"，同时又必须看到："世界观的转变是一个根本的转变，现在多数知识分子还不能说已经完成了这个转变。我们希望我国的知识分子继续前进，在自己的工作和学习的过程中，逐步地树立共产主义的世界观"。① 毛泽东的这个判断是科学的，既对政治立场和世界观转变做了区分，又指明了两者不可分割的联系。政治立场最接近社会经济基础，最容易随着经济基础的改变而改变；世界观则高悬于社会经济基础之上，可以在经济基础面前保持相对独立性。因此，一个自由个人主义者，在其世界观没有得到根本改变之前，是可以为社会主义国家服务的。因为世界观问题而不信任甚至排斥这些知识分子是错误的。但是，世界观又不是无关紧要的纯粹私事。它不仅关系到个人政治立场是否自觉和坚定，还关系到国家意识形态安全。

从根本上说，意识形态领域的思想交锋最后都要归结到哲学。错误哲学思想的潜移默化既是西方意识形态渗透的重要渠道，也是我们中间有些人对于认同中国特色社会主义制度不自信的思想根源。之所以如此，就在于哲学具有党性，其功能的发挥就必然趋于两极化：哲学既是人类精神现象之巅，是时代精神的精华，但也可能是社会精神乱象之源，是我们可能出现颠覆性错误的隐性原因。举什么旗、走什么路，最后都会回到哲学世界观上，因此，善于从马克思主义哲学世界观上看问题非常重要。必须看到，西方的制度设计以唯心主义历史观为基础，而中国特色社会主义制度的哲学基础是辩证唯物主义和历

---

① 《毛泽东文集》第7卷，人民出版社1999年版，第268、225页。

史唯物主义。唯心史观从根本上说是个人史观，唯物史观从根本上来说是人民史观。私有制、多党制、三权分立制度的哲学基础就是自由个人主义，而坚持共产党领导的历史观基础和理论底气就在于人民史观。没有辩证唯物论和历史唯物论的人民史观，坚持共产党的领导就会像沙滩上的建筑，思想根基是不牢的，主流意识形态的影响力和凝聚力也十分有限。

今天，有两个新情况要求我们更加重视知识分子的哲学世界观问题。其一，中国特色社会主义进入新时代，其制度日益定型完善，对于哲学基础的要求不断增强，政治认同与哲学世界观的联系也日趋紧密。如果说，过去我们反对个人主义及其衍生的拜金主义、享乐主义等，主要是人生观方面的斗争，那么今天，反对个人主义已经越来越具有政治意义。因为在过去，个人主义主要是个人的价值追求，那么在今天，个人主义则越来越影响着个人的政治立场和制度认同。而且无法否认，当今时代，自由个人主义在我国，尤其是知识界（包括党员知识分子中），还有相当的市场，存在着不少政治上拥护社会主义而哲学上信奉个人主义的学者。令人担忧的还在于一些人并不感到这里有什么矛盾，认为共产主义可以和个人主义并行不悖，因而对于个人主义十分包容乃至放纵。实际上，这一状况已经成为增强"四个（政治、大局、核心、看齐）意识"、坚定"四个（道路、理论、制度、文化）自信"、做到"两个维护（习近平总书记在党中央和全党的核心地位、党中央权威和集中统一领导）"的重大思想障碍。说到底，在个人主义哲学世界观的基础上，不可能有坚定不移的中国特色社会主义的政治认同。因为坚持中国共产党的领导是中国特色社会主义制度的本质特征和最大优势，而从个人主义哲学世界观出发，则此种认同不可能真正建立。因此，对不同层面的思想认同及其相互关系进行深入的分析研究，对于加强我国知识分子的思想工作，建设具有强大引领力、凝聚力的国家主流意识形态，无疑十分必要。

其二，意识形态和社会存在的交叉融合日益明显，其功能发挥的侧重点向日常生活方式、信息网络交往和学科学术发展偏斜，使得世界观方法论的意识形态属性更为突出。本来，哲学社会科学都具有一定的意识形态属性，但西方真正的哲学社会科学学科体系、学术体系和话语体系的形成，却是在资产阶级古典理论逐步丧失优势地位以后的事情，因而与马克思主义的哲学世界观方法论相去甚远。资产阶级古典理论敢于探索社会历史的发展规律，体现了资产阶级在其上升时期追求真理的勇气，因而在世界观方法论上与辩证唯物主义有相通之处。马克思、恩格斯曾称黑格尔的客观唯心主义为"头足倒立的唯物主义"，而列宁则作出过"聪明的唯心主义比愚蠢的唯物主义更接近于聪明的唯物主义"①的判断。但同时他们也毫不客气地指出，包括黑格尔在内的唯心主义哲学家因极其害怕"唯物论"这个词而有意加以回避，暴露了唯心主义哲学家不敢完全直面真理的局限性。

进入帝国主义时代以后，西方哲学的主流不仅更加武断地否定唯物论哲学，而且完全蜕变为被黑格尔称之为"坏的唯心主义"即主观唯心主义，个人主义也迅速从张扬个性滑向自我中心。因此，在这一时期逐步建立并体系化的西方哲学社会科学，由于否定客观规律和客观真理，制造现象和本质的对立，因而表现出明显的科学与价值的二元论倾向。社会科学各学科大体上都是从抽象的人性假设出发，同时以实证主义的方式建立起学科体系，即在经验、局部、孤立基础上的模型化、数据化的概念体系，而根本排斥本质、规律和整体性。正因为如此，发展中国特色社会主义哲学社会科学，就不能照搬西方的学科体系和学术话语，而必须超越抽象人性论和实证主义的眼界，在批判吸收其合理因素的基础上，通过自主创新，建设自己的学科、学术和话语体系。而这正是以习近平同志为核心的党中央赋予我国哲学社会科学界的重任。

无庸讳言，虽然学界对于这一使命热烈地回应，但真实的进展却不容乐观。改革开放以后，许多学科在恢复、重建的同时，大量引进了西方的学科体系和学术规范。而进入到这些具体学科的学者，

---

① 《列宁全集》第55卷，人民出版社1990年版，第235页。

如果不自觉地学习辩证唯物主义和历史唯物主义，就会自发地倒向以抽象人性论为基础的个人主义。囿于这一哲学视野，"科学"似乎就是价值无涉，就是可"证伪"，否则就是信仰，就只能以人性为最高尺度，因而价值前提就只能是人性预设。作为工人阶级的世界观方法论、建立在对人类历史发展规律科学认识之上的马克思主义，自然就被作为"宏大叙事"而拒斥在学科体系、学术话语之外，其指导作用当然就是隔靴搔痒、无足轻重了。要破除实证主义科学观和抽象人性论的崇拜，必须把辩证唯物主义世界观方法论的教育真正落实到国民教育中，而首要的就是清除这些年来强加在唯物主义哲学上的种种污名，开展世界观方法论上的唯物论和唯心论的思想斗争。

二 世界观的改造是个根本的转变

毛泽东一贯强调知识分子的世界观转变，强调在知识分子中提倡并长期坚持学习马克思主义。不可否认，由于当时的历史条件，毛泽东把这种世界观的转变与知识分子的阶级属性、政治立场过多地联系起来，因而在今天需要与时俱进。但是，他的基本思想是正确的，在今天仍然有指导意义。我们除了要坚持毛泽东关于世界观与政治立场间相互关系的基本思想外，还要特别关注他的以下观点：第一，思想阵地，包括个人的世界观，如果正确思想不去占领，错误思想就必然占领，不存在真空状态的所谓"思想自由"。现在有不少人借口"学术自由""人格独立"而宣扬"价值中立"，拒绝学习马克思主义，拒绝谈论世界观的改造，甚至把马克思主义的指导视为学术创新、思想解放的障碍。对此毛泽东曾一针见血地指出，其实这是某些人头脑里因旧思想对新思想的抵制而产生的消极情绪："听说有些文学家十分不喜欢马克思主义这个东西，说有了它，小说就不好写了。我看这也是'条件反射'。什么东西都是旧的习惯了新的就钻不进去，因为旧的把新的压住了。说学了马克思主义，小说不好写，大概是因为马克思主义跟他们的旧思想有抵触,所以写不出东西来。"① 习近平也强调:"我说过,思想舆论领域大致有红色、黑色、灰色'三个地带'。红色地带是我们的主阵地,一定要守住;黑色地带主要是负面的东西,要敢于亮剑,大大压缩其地盘;灰色地带要大张旗鼓争取,使其转化为红色地带。"② 开展具有许多新的历史特点的伟大斗争,尤其是思想舆论领域的斗争,应当包括世界观方面的斗争;在领导社会革命的进程中开展共产党人的自我革命,理应包括党员知识分子的世界观改造。

第二,学习马克思主义、改造世界观必须营造气氛,形成风气。我们今天要形成学习马克思主义的风气,必须破除"非意识形态化"的思想氛围。不错,我们今天必须以经济建设为中心,以满足人民对美好生活的向往为追求,但这并不能成为非意识形态化的借口。大到国家经济建设、改革开放,小到个人修身齐家、做人做事,都有一个为了什么人的价值抉择,这是最大的政治,也是基本的意识形态,谁也回避不了。在今天,谁都可以打民意牌、民生牌、经济牌,但能否做到则自有公论。问题在于无论人们做何种价值选择,都要落脚到这一选择的客观依据上,意识形态之不可回避就在这里。判断价值的客观依据无非是:或感觉主义,诉诸"良知"、亲情一类;或理性主义,诉诸主义、学说一类。应该说,从凝聚力、影响力来说,主义是高于良知的意识形态。马克思主义的不可替代作用,就在于它是科学的意识形态,是通过科学认识世界及其规律而掌握群众,从而成为改变世界的强大力量。正如习近平所指出的:"在人类思想史上,就科学性、真理性、影响力、传播面而言,没有一种思想理论能达到马克思主义的高度,也没有一种学说能像马克思主义那样对世界产生了如此巨大的影响。这体现了马克思主义的巨大真理威力和强大生命力,表明马克思主义对人类认识世界、改造世界、推动社会进步仍然具有

---

① 《毛泽东文集》第 7 卷,人民出版社 1999 年版,第 260—261 页。
② 《习近平谈治国理政》第 2 卷,外文出版社 2017 年版,第 328 页。

不可替代的作用。"① 不学习马克思主义，就不可能站到人类精神发展的制高点上，这应当成为我们社会的共识，更应该成为我国知识分子的共识。

可见，研究当代中国知识分子的思想认同问题是一个十分重大的课题，思想性、政策性和现实性都很强。朱培丽博士的专著《当代中国知识界思想认同研究》围绕这一课题进行了深入的探讨，在严格区分理论是非和把握政策界限的基础上，许多问题的分析都有自己的独到见解，不少内容的阐述都饶有兴味。比如，书中对于知识分子的社会角色作了新阐发，明确提出：在当代中国，标识知识分子身份的不仅是较多的科学文化知识，更重要的是他们坚守人民立场，以思想、知识、文化为媒介去关注和思考社会公共事务和国家未来发展走向的精神品格。因为知识分子不仅是物质生产力的开拓者，也是人们精神家园的守护者。对于一个民族、一个国家而言，知识界思想认同是培育和塑造民族精神、价值共识、理想信念的重要依靠力量，是提升国家文化软实力的"隐形资产"。又例如，书中对于当代中国知识分子思想认同所面临的复杂意识形态环境也有深入的描述：在经济全球化、信息网络化、文化多元化的境遇下，意识形态较量与博弈走向纵深，呈现学术化、文化化趋势，当代中国知识分子前所未有地走在了不同意识形态思想体系角逐的重要圈层，知识界思想认同面临新机遇，也面对新挑战。再比如，书中对于如何引领和建构当代中国知识界思想认同进行了准确的定位：引领与建构当代中国知识界思想认同是一项铸魂育人、增进价值共识和思想凝聚的时代课题。但是，它又不是简单意义上理论指导与被指导的关系，而是知识分子思想观念与主流意识形态思想体系共生、互构的关系。一方面，作为党和国家指导思想的主流意识形态能够为广大知识分子爱国奋斗、建功立业提供方向指引和价值引领；另一方面，知识分子是社会思想、社会意识的重要表达载体，能够为主流意识形态思想体系与时俱进、话语创新提

---

① 《习近平谈治国理政》第2卷，外文出版社2017年版，第65页。

供"思想资源库",同时,也是社会主导价值观念走向百姓日常生活的重要"转换器"。因此,他们不是消极的接受者,而是积极行动的主体。

　　期盼这一话题能够引起知识界的共鸣和读者的认同,期待作者能够围绕这一课题继续取得后续成果,更期待该书的出版能够为建设具有强大凝聚力、引领力的主流意识形态添砖加瓦。

目 录

绪 论 ……………………………………………………… (1)
    一 研究背景 ………………………………………… (4)
    二 研究现状 ………………………………………… (8)
    三 相关概念辨析 …………………………………… (20)
    四 本书主要内容 …………………………………… (24)

第一章 马克思主义经典作家的知识分子观 ………… (27)
  第一节 马克思、恩格斯的知识分子观 …………… (27)
    一 从"现实的个人"出发理解知识分子 ………… (28)
    二 社会分工造成知识分子的主体分化 ………… (31)
    三 知识分子参加无产阶级运动的可能性 ……… (34)
    四 共产主义运动对知识分子革命性的规定 …… (36)
  第二节 列宁的知识分子观 ………………………… (39)
    一 知识分子劳动方式与阶级归属的特殊性 …… (40)
    二 知识分子在党性之争中的文化自觉性 ……… (42)
    三 知识分子在政党建设中的角色两重性 ……… (45)
    四 知识分子认同社会主义的过程性 …………… (48)
  第三节 毛泽东的知识分子观 ……………………… (52)
    一 知识分子的社会属性 ………………………… (53)
    二 知识分子的革命先锋作用 …………………… (57)
    三 知识分子的文化使命 ………………………… (59)

四　知识分子的思想改造 ………………………………（63）

第二章　知识界思想认同的阐释 ……………………………（70）
第一节　知识界思想认同的含义 ……………………………（70）
　　　一　认同 ………………………………………………（71）
　　　二　思想认同 …………………………………………（73）
　　　三　知识界思想认同 …………………………………（78）
第二节　知识界思想认同的生成 ……………………………（82）
　　　一　思想认同的内化 …………………………………（83）
　　　二　思想认同的反思 …………………………………（84）
　　　三　思想认同的外化 …………………………………（87）
第三节　知识界思想认同的结构 ……………………………（89）
　　　一　政治认同 …………………………………………（90）
　　　二　真理观与价值观认同 ……………………………（94）
　　　三　哲学世界观认同 …………………………………（97）
第四节　知识界思想认同的功能 …………………………（100）
　　　一　思想认同的政治功能 …………………………（100）
　　　二　思想认同的社会功能 …………………………（102）
　　　三　思想认同的文化功能 …………………………（103）

第三章　国外知识界思想认同的镜鉴 ………………………（106）
第一节　苏联解体中知识界思想认同的迷失 ……………（106）
　　　一　知识界社会主义思想认同的衰微 ……………（107）
　　　二　知识界资本主义思想认同的放任 ……………（111）
　　　三　知识界思想认同迷失的社会后果 ……………（114）
第二节　西方国家对知识界思想认同的干预 ……………（117）
　　　一　制度改良：引导知识界思想认同 ……………（117）
　　　二　精英政治：培育知识界思想认同 ……………（119）
　　　三　文化产业：强化知识界思想认同 ……………（123）

第四章 当代中国知识界思想认同的背景与格局……（127）

第一节 当代中国知识界思想认同的发生背景……（128）
一 和平与发展的时代背景……（128）
二 分层与多样的社会背景……（131）
三 冲突与融合的文化背景……（135）

第二节 当代中国知识界思想认同的总体态势……（141）
一 当代中国知识界思想认同的精神涵养……（141）
二 当代中国知识界思想认同的表现形态……（145）
三 当代中国知识界思想认同的多样并存……（151）

第三节 当代中国知识界的非主流思想倾向……（160）
一 知识界"价值中立"论的思想倾向……（161）
二 知识界价值观错位的思想倾向……（170）

第五章 当代中国知识界思想认同的境遇与考验……（181）

第一节 经济全球化考验当代中国知识界思想认同……（181）
一 经济全球化的社会历史属性……（182）
二 经济全球化考验当代中国知识界思想认同的无产阶级立场……（186）
三 经济全球化考验当代中国知识界思想认同的家国情怀……（190）

第二节 信息网络化考验当代中国知识界思想认同……（194）
一 信息网络化的意识形态属性……（195）
二 信息网络化考验当代中国知识界思想认同的理性自觉……（199）
三 信息网络化考验当代中国知识界思想认同的责任意识……（203）

第三节 文化多元化考验当代中国知识界思想认同……（206）
一 文化多元化的辩证属性与本质……（207）

二　文化多元化考验当代中国知识界思想认同的
中华文化立场……………………………………（212）
三　文化多元化考验当代中国知识界思想认同的
国家文化安全意识………………………………（217）

第六章　当代中国知识界思想认同的引领与建构……………（223）
第一节　引领与建构当代中国知识界思想认同的
战略定位……………………………………（224）
一　引领与建构当代中国知识界思想认同的
战略意义…………………………………………（224）
二　引领与建构当代中国知识界思想认同的
战略目标…………………………………………（229）
第二节　引领与建构当代中国知识界思想认同的
战略原则……………………………………（233）
一　以人民为中心的文化创作导向原则……………（234）
二　国家至上兼顾个体的利益原则…………………（235）
三　理论灌输与思想沟通并重的育人原则…………（238）
四　共同但有区别的意识形态责任原则……………（240）
第三节　引领与建构当代中国知识界思想认同的
战略路径……………………………………（243）
一　根本之道：彰显中国特色社会主义的制度
优越性……………………………………………（244）
二　领导力量：坚持中国共产党"一身二任"的
政党角色…………………………………………（246）
三　基本战略：巩固新时代爱国主义统一战线……（248）
四　关键环节：厚植文化自信与价值观自信………（250）
五　重要方法：倡导科学理性的批判精神…………（253）
第四节　引领与建构当代中国知识界思想认同的
战略保障……………………………………（256）

一　理论保障：推动马克思主义理论与哲学社会
　　　　科学深度对话 ································ (257)
　　二　道路保障：坚持新时代"两结合" ············· (259)
　　三　体制保障：建立健全国家文化安全管理体制 ····· (261)
　　四　舆论保障：营造清朗网络空间 ················ (264)
　　五　政策保障：完善党的知识分子政策 ············· (266)

结　语 ··· (269)

参考文献 ······································· (273)

后　记 ··· (288)

绪　　论

知识分子是一个历史性概念，它的出现最早可以追溯到欧洲中世纪。法国史学家雅克·勒戈夫在《中世纪的知识分子》一书中指出："'知识分子'一词出现在中世纪盛期，在12世纪的城市学校里传开来，从13世纪起在大学中流行。它指的是以思想和传授其思想为职业的人。"[①] 但是，知识分子作为一个有思想影响力的文化主体活跃于历史舞台，却是近代"知识就是力量"以后的事情。从词源上来看，知识分子概念有三个源头，分别是俄国、法国和英国。无论是俄国19世纪30—40年代彼得大帝派出学习西欧先进文化理念、回国后秉持现实批判精神的贵族青年，还是法国1894年德雷福斯事件中参与社会事务的左拉式知识精英，以及英国1907年巴林（M. Baring）最早使用该词指涉那些拥有文化与政治主动性的阶级，西方的"知识分子"词源都有一个共同的精神谱系："对抗""批判""正义""良知"，这些似乎构成了知识分子与生俱来的身份标签。

从普遍的、一般的意义而言，知识分子是指在同时代社会劳动者中具有较高程度的文化和专业知识，他们以创造、积累、运用、传播文化知识为专门职业。因此，以知识、思想的力量，关怀社会公共生活，构成知识分子独特的精神品格。可是，随着知识的增长，人们越来越困惑、迷茫，到底哪些人可以称得上知识分子，这些人该如何守

---

① ［法］雅克·勒戈夫：《中世纪的知识分子》，张弘译，商务印书馆1996年版，第1页。

护知识分子精神？对此问题的回答，却有着极强的民族文化差异性。

人们在使用知识分子概念时，无法回避和割舍民族文化传统以及所处时代。在不同的历史条件下，在不同的文化背景中，人们对知识分子的理解和界定也是不同的。在近代西方语境中，知识分子有三个基本特征：第一，受过专门训练，掌握专门知识；第二，以知识为谋生手段，以脑力劳动为职业，形成一个与社会中其他阶级不充分整合的、不依附于现存体制的、相对独立的社会阶层；第三，具有强烈的社会责任意识，常常以批判现实的方式为推动社会发展进步作出努力。在我国古代，与"知识分子"含义相近的概念是"士"，即通常所说的"读书人""士大夫"。然而，中国古代的"士人阶层"对传统社会的国家政权具有依附性。当代中国"知识分子"一词的含义既不同于传统社会依附国家政权的"士"，也不同于西方社会自由漂浮的"公共知识分子"。在当代中国，知识分子是工人阶级的一部分，而且是掌握较多科学文化知识的工人阶级，他们以所知、所学、所思、所想贡献和服务社会。

在悠久的历史文化中，中华民族涵养了中华儿女"修身齐家治国平天下"以及"天下兴亡，匹夫有责"的责任担当。当代中国知识分子精神赓续、薪火相传，秉持"为天地立心，为生民立命，为往圣继绝学，为万世开太平"的道德信仰，具有浓厚的家国情怀和强烈的社会责任感。在我们党领导革命、建设、改革的不同历史时期，一代又一代知识分子重道义、勇担当，坚守正道、追求真理，为党和人民建立了彪炳史册的功勋，在人们心中树立起一座巍然屹立的精神丰碑。从李大钊、陈独秀、鲁迅到钱学森、邓稼先、郭永怀等"两弹一星"元勋，以及近年来涌现的以黄大年、李保国、钟扬等为代表的新时代优秀知识分子，他们的名字在中华民族精神谱系中熠熠生辉，标示出爱国奋斗精神的历史厚度与时代高度。正是他们，在我国知识界的科学、教育、文化、卫生等不同领域，以知识积累和文化传承为载体，弘扬着中国文化，讲述着中国故事，践行着中国价值，塑造着中国精神，凝聚着中国力量。

绪 论

中国特色社会主义事业进入新时代。伟大的时代需要伟大的中国精神，伟大的征程需要伟大的中国力量。正如习近平总书记所讲，我国广大知识分子既是社会的精英、国家的栋梁、人民的骄傲，也是国家的宝贵财富。在中华民族伟大复兴的事业与征程中，广大知识分子必将大有可为、大有作为。投身创新发展实践，想国家之所想、急国家之所急，紧紧围绕经济竞争力的核心关键、社会发展的瓶颈制约、国家安全的重大挑战，不断增加知识积累，不断提升创新能力，不断增进对马克思主义以及马克思主义中国化理论成果的思想认同，既是党和国家对知识分子的殷切期盼，也是广大知识分子建功立业新时代的主体自觉。

在知识创新与国运兴衰、文化安全密切关联的时代条件下，知识主体在社会发展中的理想位置如何确立？知识分子应以怎样的价值导向进行知识创新与文化传承？对这些问题的回应，必然涉及知识分子思想认同。无论社会主义国家，还是资本主义国家，知识分子对社会主导意识形态思想体系的价值认同，是知识分子进行知识创新与文化传承的精神动力，也是提升国家创新能力与文化安全的"隐形资产"。在当代中国，知识分子是工人阶级中具有较高科学文化素养的社会阶层。从应然层面来看，知识分子理应更加"倾心"于无产阶级和劳动人民的自由与解放，致力于实现人的自由而全面发展，这恰恰也是马克思主义的社会理想与价值追求。从实然层面来看，我国绝大多数知识分子既有追求真理的科学精神，又有追求道义的责任担当，以求真扬善达美的文化品格致力于社会主义现代化事业，对中国特色社会主义道路、理论体系、制度、文化都表现出较高程度的自觉与自信，在当代中国主流意识形态话语权建设中发挥着文化引领的积极作用。广大知识分子深沉的文化自觉表明，坚持为祖国、为人民、为社会主义服务的价值立场，是社会主义国家知识分子的精神坐标，也是当代中国主流意识形态建设的精神文化力量。

然而，这是一个最好的时代，也是一个最坏的时代。当今世界，以"普世价值"和形形色色文化外衣裹挟的意识形态对抗与对话并存，知识分子无可逃遁利益博弈、文化冲突与国家安全。当代中国知识界思想认同面临机遇，也面临挑战。恰如马克思曾经指出的那样，"问题就是时代的口号，是它表现自己精神状态的最实际的呼声"①。由于经济社会结构的历史变迁以及知识分子群体的分层多样，当代中国知识界呈现出思想认同多元多样、同中有异的时代特征。尤其是在当前意识形态斗争愈加学术化、文化化的情况下，受敌对意识形态思想体系、学术体系、学科体系、话语体系和错误社会思潮的蛊惑，知识界少数"文化人"对于自身工人阶级身份认同表现出一定程度的模糊、质疑、疏离甚至背叛倾向。基于这样的时代背景和思想文化背景，当代中国知识分子在塑造整个社会的精神氛围以及知识版图的过程中，"如何兼及自信与自省、书斋与社会、思想与学术、批判与建设，将是我们必须直面的难题"②。

当代中国知识界思想认同不仅寄托着知识分子作为文化主体对人类文明发展走向的多棱镜式思索，而且在一定程度上反映着不同意识形态思想体系的人心角逐与认同状况。深入研究20世纪90年代以来中国知识界思想认同的总体状况，不仅是团结和引领知识分子投身社会主义现代化事业的现实需要，同时也是深入挖掘当代中国意识形态建设的文化资源以及提升意识形态吸引力、凝聚力的战略需要。

一 研究背景

（一）历史背景

从意识形态理论发展史的角度来看，研究知识界思想认同具有追本溯源的学理意蕴。无论是意识形态概念的创立，还是任何一种具体意识形态思想体系的理论创制与思想传播，都离不开一定时代的意识形态阶层、思想家、知识分子等。他们在思想文化方面自觉作为、继

---

① 《马克思恩格斯全集》第40卷，人民出版社1982年版，第289—290页。
② 陈平原：《作为一种思想操练的五四》，北京大学出版社2018年版，第15页。

往开来、返本开新,将整个社会的精神信念紧紧地凝聚在一起,将社会主导意识形态和主导价值观落实到社会生活的方方面面。

以历史的眼光来看,知识界思想认同的多元多样并非当代中国所独有,它是近代知识分子诞生以来就客观存在的精神文化现象。然而,伴随主流意识形态建设的机遇与挑战,20世纪90年代以来中国知识界思想认同呈现出不同于以往、不同于别国的性质、特征和趋势,其具体表现形态也纷繁复杂、参差不齐。同时,知识分子的思想认同具有思想的延展性和精神的引领性,一旦知识分子的思想分化突破一定的范围与限度,得不到合理调控与整合,则后果堪忧,细思极恐。"千里之堤,溃于蚁穴"。历史经验表明,政权的瓦解往往是从思想防线被攻破开始的。适值接近实现中华民族伟大复兴的关键时期,必须要尊重、信任、包容、理解知识分子,必须要高度重视对当代中国知识界思想认同的引领与建构。

(二)现实背景

20世纪90年代以来,中国社会发展呈现出不同于以往历史时期的诸多新动向和新面貌。"社会转型""社会变迁""社会断裂"等各种声音试图对中国社会现状进行再描述、再阐释,知识界、思想界、文化界出现前所未有的多元、多样与多变态势。主流思想与非主流思想、主流文化与非主流文化、中华文明与外来文明、历史传统与现代秩序在差异中共生共存,成为这个时代的思想"版图"。

当代中国知识界面临国内外政治、经济、文化环境的深刻变迁——苏东剧变、社会主义市场经济体制建立、中国加入世界贸易组织、"人文精神"大讨论、大众文化的兴起、科教兴国和人才强国战略实施、从知识经济初见端倪到建设创新型国家战略、中华民族伟大复兴的"中国梦"、"一带一路"建设与人类命运共同体的建构……这些历史变迁与社会事件或直接或间接地影响着当代中国知识界的思想沉浮,也影响着知识界文化主体的生存境遇、价值追寻。

随着我国高等教育的逐步普及和社会主义现代化的不断发展,20

世纪 90 年代以来，特别是进入 21 世纪后，我国有关部门将知识分子的学历标准底线由改革开放之初的中专提高到了大专程度。毫无疑问，高等院校毕业的学生是我国知识分子的主体，改革开放以来我国在校研究生和普通高校大学生的数量急剧攀升，反映了知识分子学历结构的优化。以在校研究生[①]的数量为例，1978 年在校研究生为 1.1 万人，2017 年在校研究生为 263.9561 万人。[②] 改革开放四十年间，年度在校研究生数量增幅接近 240 倍。"目前，我国大专以上学历的知识分子超过 1.7 亿，他们广泛分布在科学研究、教育、工程技术、文化艺术等各个领域。"[③] 知识分子追求真理、勇于担当、解放思想、实事求是，倡导自由、民主、公平、正义等进步思想观念。在推进国家治理体系和治理能力现代化的过程中，在中国特色智库建设的过程中，知识分子发挥着人才支撑、智力支撑、创新支撑的独特作用。

当前知识分子队伍规模不断扩大、构成复杂多元，自我意识、个体意识强化，利益诉求和政治诉求交织。同时，一定范围内长期存在的阶级斗争与思想分化使得资产阶级思想在当下中国知识界、思想界、文化界有所反映。在现代社会的意识形态较量中，一方面，马克思主义意识形态的科学性、真理性日益彰显；另一方面，资本主义意识形态也改变策略，日益倚重西方的文化霸权进行资本主义意识形态的输出与渗透。"通过学术话语权消解思想话语权，是今天西方意识形态对我国渗透的重要特点。"[④] 在这场没有硝烟的战争中，那些思想活跃、具有西化倾向的知识分子尤其是青年知识分子往往成为西方国家"青睐"的对象，少数意志薄弱、历史方向感迷失的知识分子在大是大非面前模糊学术问题与政治问题的界限，甚至不惜歪曲事实、制造思想混乱，诋毁、污蔑社会主义政权的合法性，矮化、曲解

---

① 研究生指接受的最高一级教育为硕士、博士研究生。
② http://data.stats.gov.cn/search.htm?s=在校研究生。
③ 章舜粤：《实现"中国梦"需激发知识分子的担当热情》（http://www.wenming.cn/ll_pd/zgdlzgm/201706/t20170606_4280971.shtml）。
④ 侯惠勤：《意识形态话语权初探》，《马克思主义研究》2014 年第 12 期。

马克思主义意识形态。这不仅背叛知识分子求真务实的学术品格，而且背叛知识分子心系国家的良知操守。从学者到明星、从媒体从业者到人民教师、从文艺工作者到自由职业者……知识分子队伍中，偏离、背叛社会主导价值观与主导思想的错误倾向时有发生，个人主义、拜金主义、消费主义、后现代主义等风气渐长，出现了浮躁、媚俗等不良倾向，出现了少数人与党和政府疏远疏离的倾向，甚至出现了个别人同党和政府离心离德。

知识分子有敏锐的学术洞察和政治嗅觉，对特定的社会现象总会提出基于自身认知与实践的理论解释或者价值判断，对社会主导思想——意识形态也不例外。知识分子与意识形态之间的思想张力由此产生。但这种张力并不意味着知识分子与意识形态是水火不容、二元对立的关系，只是说明二者之间存在着微妙、复杂的关系。知识分子之所以选择、认可或者抵制、排斥某种意识形态思想体系，不是单体形态的思想运动，而是历史的、现实的、理论的、实践的等多重因素综合作用的结果，反映着知识分子对于国家发展道路和理论立场的倾向性问题。所谓倾向性问题"就是事关政治方向的利益冲突（阶级斗争是其集中表现）、主义之争（根本问题是党和国家的指导思想）和道路选择（社会主义还是资本主义）"[①]。当代中国社会存在着"普世价值""新闻自由""公民社会""社会主义与资本主义趋同论""社会主义失败论"、新自由主义、文化保守主义、非意识形态化等反动思想倾向。这些思想体系与当代中国主流意识形态存在着或明或暗的思想之争、主义之争，这些争论背后的话语主体多是具有不同思想倾向的文化主体——知识分子，尤其是哲学社会科学知识分子。

尽管社会主义现代化建设在马克思主义理论的指导之下，取得了举世瞩目的成就，中国已经发展成为世界第二大经济体，但在功勋卓著的事实面前，却极不相称地出现了马克思主义话语权的弱化和部分

---

① 侯惠勤：《马克思的意识形态批判与当代中国》，中国社会科学出版社2010年版，第10页。

知识分子对马克思主义意识形态的"目光偏斜"。

为此，本书选择当代中国知识界思想认同作为研究内容，研究初衷与理论旨趣在于寻求知识分子与社会主导思想的双向思想运动。一方面，从文化主体的角度，深入研究意识形态思想体系，为主流意识形态建设寻求"有机知识分子"的文化力量；另一方面，从思想认同的角度，最大限度地团结、凝聚知识分子，使之在当代中国特色社会主义现代化建设中自觉作为、主动作为，增强马克思主义意识形态思想体系、学科体系、学术体系、话语体系的发展创新与社会认同。

二 研究现状

（一）国内研究概况

国内学术界对知识分子和社会主导思想（意识形态）的分别研究可谓色彩纷呈。

一方面，在知识分子问题研究中，相关研究成果呈现出鲜明的时代性、民族性、世界性特征。伴随着20世纪80年代中国思想界的"文化热"而出现了知识分子研究热潮，此后就从未间断。国内学者不仅译介了大量的国外知识分子研究著述，例如由江苏人民出版社出版的"知识分子译丛"，而且对本国知识分子的研究也是汗牛充栋，从文化学、哲学、历史学、人类学、社会学、政治学、经济学等不同的学科领域展开广泛研究，内容涉猎知识分子的人文精神与思想困境、知识分子与现代化以及社会转型等方面。但是，国内学者关于知识分子的研究往往存在突出普遍关怀而淡化阶级意识、突出人文精神而淡化意识形态的倾向。

另一方面，在社会主导思想研究中，国内学者对意识形态问题的关注与意识形态工作的极端重要性直接相关。学界从多角度、多方面进行了研究，成果颇丰。整体来看，主要遵循意识形态的系统理论研究、意识形态与当代中国两条逻辑进路，内容集中于社会主义意识形态发展史研究、意识形态建设面临的机遇与挑战研究、文化意识形态安全研究、意识形态话语权研究、意识形态阵地建设研究、意识形态与科学技术和宗教道德等相关研究。国内意识形态研究的理论热潮愈发凸显当代中国意识形态领域学术建构的客观需要，愈发托举当代中国知识分子的神圣使命。

然而，国内学者对知识分子和意识形态思想之间关系的研究相比分别研究而言，略显薄弱。造成这种学术冷清局面的原因，一方面是因为知识分子更为推崇自身的文化身份，即"社会良知"，但却回避和淡化其阶级身份；另一方面是因为当代中国"泛意识形态化"的政治实践一度造成知识分子对意识形态的疏离。在此背景下，国内学者对知识分子和意识形态的关系研究侧重历史研究，侧重应然状态的研究，但是对当代中国知识界思想认同的现状研究、实然研究则略显不足。具体而言，主要关涉以下内容：

1. 从宏观的马克思主义理论角度，研究知识分子的社会角色

国内学者从马克思主义理论角度对知识分子的研究主要有总论和分论两种方式。

总论就是把知识分子作为始终贯穿的研究主线进行研究。例如，朱文显（1999年）的《知识分子问题：从马克思到邓小平》一书运用了大量的一手材料，如实还原理论原貌，是一部研究马克思主义知识分子理论和中国共产党知识分子政策沿革的历史著作。刘晔（2004年）在《知识分子与中国革命》一书中，考察了知识分子在国家建设从"士人政治"向"政党国家"转变中的主导地位，指出知识分子运用政治的力量完成了国家建设所需的信仰重塑与组织重建工作：他们接受并选择各种意识形态以形成革命与国家建设所需的共同信仰，他们组织并参加政党以形成革命与国家建设所需的领导力量。[①]王桂兰（2013年）的《当代中国知识分子论》一书研究当代中国知识分子在革命与建设中的社会使命，强调知识分子"往往以政党政团为依托，以拯救危亡为己任，长期活跃在寻找救国理论、探索社会变

---

① 刘晔：《知识分子与中国革命》，天津人民出版社2004年版，第71页。

革道路的前沿，成为社会政治文化的中心和焦点，担当了一幕幕传播先进思想文化、促进政治革新和社会革命活话剧的主要角色"[1]。

分论就是把知识分子作为意识形态理论研究所关涉的局部内容进行阐释。例如，童世骏（2006年）在《意识形态新论》一书中，专列章节研究大众传媒时代知识分子在维护执政党及其意识形态合法性建设中的责任，"知识分子一方面是意识形态最本质的创建者、担当者、操纵者，同时，知识分子又可能是意识形态最致命的批判者甚至颠覆者。对现实意识形态进行阐发批判是知识分子最重要的一个社会责任"[2]。陈锡喜（2011年）在《马克思主义：意识形态和话语体系》一书中，从意识形态话语体系建构角度，研究知识分子与马克思主义话语之间的关系。他认为，马克思主义的话语主导权在社会生活的不同领域和不同群体中有不同的体现，对于知识分子而言就是要在"对话中启发其认同马克思主义话语"[3]。黄传新（2012年）在《社会主义意识形态的吸引力和凝聚力研究》一书中，从主体塑造的角度，研究知识分子对增强社会主义意识形态吸引力和凝聚力的作用，"知识精英对社会主流意识形态的态度往往决定和影响社会大众的态度，他们应该成为社会良知的守护者和社会责任的坚守者，从而成为社会主流意识形态的积极倡导者和坚决维护者"[4]。

无论是总论式研究，还是分论式研究，都可以研判：知识分子和马克思主义的关系是中国革命、建设与改革无法回避的现实问题。对此问题，学界也基本达成理论共识——作为知识界文化主体的知识分子是联通意识形态与社会生活的桥梁与枢纽，也是马克思主义从政治意识形态走向文化和日常生活的思想中枢与"转换器"。

---

[1] 王桂兰编：《当代中国知识分子论》，中共党史出版社2013年版，自序。
[2] 童世骏：《意识形态新论》，上海人民出版社2006年版，第251页。
[3] 陈锡喜：《马克思主义：意识形态和话语体系》，华东师范大学出版社2011年版，第323页。
[4] 黄传新：《社会主义意识形态的吸引力和凝聚力研究》，学习出版社2012年版，第237页。

2. 从纵向历史分期角度，研究知识分子对马克思主义的追随与传播

国内学者从纵向历史分期角度，研究知识分子对马克思主义的追随与传播，较多着墨于五四时期、延安时期、新中国成立前后以及社会转型期等，研究内容涵盖知识分子追随、传播马克思主义意识形态的原因、条件、方法、路径等不同方面。例如，陆卫明、曹芳（2014年）认为，五四时期马克思主义之所以能够真正打动、震撼先进知识分子心灵并支配其思想与行动，根本在于马克思主义本身的科学真理性，但这确乎又与中国传统文化背景存在着极为紧密的关联。[①] 王海军（2013年）认为，在19世纪末20世纪初，不同类型的早期知识分子，包括资产阶级改良派、资产阶级革命派、无政府主义者、早期马克思主义者从各自阶级立场和利益诉求出发，对《共产党宣言》进行了有选择性的传播。这种传播方式决定了马克思主义进入中国之初就开始了本土化进程。[②] 夏杏珍（2014年）则从新中国成立的历史背景出发，分析和研究知识分子思想改造的历史必然性、客观条件和全面改造进程等，得出总体性评价：新中国成立初期对知识分子的思想改造运动是必要的、成功的。[③] 王桂兰（2012年）侧重当下中国知识分子对主流文化的认同路径研究，并概括为"教育认同、舆论认同、体验认同、职业认同、活动认同等方面"[④]。

3. 从马克思主义中国化的主体视角，研究知识分子对马克思主义的理论贡献

随着马克思主义中国化理论研究由历史考察向哲学研究的转移，

[①] 陆卫明、曹芳：《五四时期先进知识分子接受马克思主义的传统文化背景》，《理论学刊》2014年第6期。

[②] 王海军：《试论中国历史语境下早期知识分子对马克思主义的选择性传播——以〈共产党宣言〉为个案的分析》，《教学与研究》2013年第6期。

[③] 夏杏珍：《建国初期对知识分子思想改造的历史必然性》，《红旗文稿》2014年第21期。

[④] 王桂兰：《当代中国知识分子认同主流文化的路径》，《马克思主义与现实》2012年第6期。

国内一些学者也涉猎马克思主义中国化的主体研究，但是对何为马克思主义中国化的"主体"则有两种不同的研究观点。

一种是"多元主体说"。一些学者主张马克思主义中国化的主体是多元的、多层次的。但无论怎样多元，知识分子都位列其中。例如，徐松林（2006年）认为"主体"指参与马克思主义中国化理论与实践的所有个人、群体以及组织。但不同主体，作用各异。其中，思想理论家是骨干力量。[①] 陈金龙（2010年）认为领袖群体、知识分子、人民群众共同构成马克思主义中国化的主体，知识分子是推动者。[②] 高正礼（2011年）认为"主体""既包括中国共产党、中国共产党人及中国的马克思主义者，还包括其他个人、政党、团体和国际组织等，共产国际、俄（联）共（布）及其部分领导人、中国共产党之外的先进知识分子、人民团体等都是马克思主义中国化的主体"[③]。

另外一种是"单一主体说"。有学者认为马克思主义中国化的主体是党内外知识分子。例如，俞吾金（2009年）指出，20世纪90年代以来，学界对马克思主义中国化的理论研究有一个重要的任务，就是要澄清谁是马克思主义中国化的主体，他给出的解答是——"中国共产党党内从事理论研究的知识分子和积极拥护中国共产党路线和政策的党外知识分子。正是这些先进的知识分子构成了马克思主义中国化的主体。"[④]

在主体研究方面，还有一些学者从个别案例出发，研究知识分子对马克思主义的追随与传播。例如，学界对李大钊、艾思奇、陈伯达、郭沫若、何干之等典型性、代表性知识分子思想认同的研究取得了显著成果。

[①] 徐松林：《论马克思主义中国化的主体》，《求实》2006年第8期。
[②] 陈金龙：《马克思主义中国化的主体探析》，《马克思主义研究》2010年第5期。
[③] 高正礼：《从历史视阈看马克思主义中国化问题》，《中共党史研究》2011年第3期。
[④] 俞吾金：《对马克思主义中国化主体的反思》，《探索与争鸣》2009年第1期。

对于马克思主义中国化主体的不同界说方式，为学界研究知识分子与意识形态尤其是与马克思主义意识形态的关系提供了理论基础与参考依据。同时，告别悬置已久的马克思主义中国化的"匿名主体"研究，有助于推动知识分子在马克思主义中国化道路上汲取经验教训，走向更加成熟、更加坚定。

4. 从思想史的角度，研究知识分子与社会思潮之间的关系

国内学者从思想史的角度研究知识分子，往往把知识分子视为社会思潮的载体，同时也把知识分子视为解读、研究社会历史变迁的一面"镜子"。

一些学者注重研究不同历史时期知识分子分化与社会思潮之间的关系。例如，李世涛（2002年）在三卷本的《知识分子立场》中，具体研究20世纪中国知识分子所经历的立场分化，重点研究了知识分子在激进与保守之间的动荡，知识分子的民族主义立场，以及自由主义之争与中国思想界的分化等。宋震（2007年）认为，在改革转型期，当代中国知识分子群体划分为体制内中间派、体制内异己派、体制外中间派、体制外异己派，这四种不同类型的知识分子群体具有不同的思想倾向，对中国政治改革具有不同的影响。[1] 陶东风（2008年）研究了改革开放三十年中国社会文化结构的转型以及社会思潮的变化促成了知识和知识分子场域的分化，尤其是在20世纪90年代以来伴随政治权力合法化基础的演变，以及中国新技术时代对人文知识分子的疏远，"很突出地显示出1990年代社会转型的技术主义、经济主义、物质主义取向"[2]。

一些学者从社会思潮的整合出发，研究当代中国知识分子的变迁。例如，蒋昭阳（2015年）考察了改革开放以来当代中国知识分子的职能、内涵与角色变迁，得出结论："知识分子的变迁与社会思

---

[1] 宋震：《当代中国知识分子群体特性及对中国政治改革的影响》，《理论月刊》2007年第8期。
[2] 陶东风：《新时期三十年人文知识分子的沉浮》，《探索与争鸣》2008年第3期。

潮的整合存在着历史与逻辑的一致性,二者都深刻植根于现代中国社会变革和转型的历史过程中。"①

一些学者从政治介入和社会关怀的角度,研究社会思潮对于知识分子价值实现的意义。例如,高瑞泉(2014年)通过对20世纪巨变时代社会思潮的考察,得出结论:社会思潮是知识分子介入中国政治、实现自我角色定位的思想武器,知识分子的乌托邦情结是其介入社会政治的精神驱动力量,具体体现就是知识分子对社会思潮的助推,"凡称之为社会思潮者,皆由知识分子所推动,或者说知识分子是参与其中的主体"②。邵小文、罗嗣亮(2012年)则具体考察了20世纪90年代以来兴起的"新左派"知识分子,他们认为,"新左派"知识分子坚持公平公正价值取向,具有强烈的学术本土化意识,明确地把社会不公的根源与改革中的市场化导向联系起来,为当代中国解决民生问题扩展了思考空间。③

综上所述,国内学界关于知识分子与社会主导思想(意识形态)之间关系的研究,较多从历史的角度出发,研究知识分子对马克思主义中国化的理论贡献,对知识分子的社会角色与文化使命也有比较清晰的认识和把握。但是,对于20世纪90年代以来国内外社会变迁所导致的知识分子阶层结构分化,以及与之相伴随的知识分子思想认同所发生的变化,学界泼墨较少。因此,研究当代中国知识界思想认同,尤其需要结合时代境遇、国家文化安全以及主流意识形态建设等进行更为深入细致的剖析。

(二) 国外研究概况

细数国外学界对知识分子思想认同的研究,主要有两大思路:一

---

① 蒋昭阳:《当代中国知识分子的变迁与社会思潮整合》,《东南学术》2015年第4期。
② 高瑞泉:《巨变时代的社会思潮与知识分子》,上海古籍出版社2014年版,第15页。
③ 邵小文、罗嗣亮:《"新左派"知识分子关于民生问题的思考及其启示》,《现代哲学》2012年第5期。

种是马克思主义研究的学术思路,遵循马克思主义的基本原理与方法,合理运用阶级分析方法;另一种是非马克思主义研究的学术思路,强调价值中立、超越党派立场。具体内容涉及以下方面:

1. 从马克思主义阶级分析立场出发,研究知识分子的文化领导权

国外一些学者坚持马克思主义阶级分析的方法,研究知识分子与阶级意识形态的关系问题。其中的典型就是意大利学者安东尼奥·葛兰西,他在区分传统知识分子和有机知识分子的基础上,主张有机知识分子要在理论和实践相结合的过程中,实现无产阶级的文化领导权和意识形态霸权。他认为,随着工业社会的进步和知识分工的细密,知识分子越来越倾向于成为某个阶级或利益集团的"代言人",这就是"有机的"知识分子。知识分子对意识形态的参与不仅仅体现在思想的创造性和引导性,而且还要有明确的政治立场选择和现实的政治实践活动。"成为新知识分子的方式不再取决于侃侃而谈,那只是情感和激情外在和暂时的动力,要积极地参与实际生活不仅仅是做一个雄辩者,而是要作为建设者、组织者和'坚持不懈的劝说者'(同时超越抽象的数理精神)。"[①]

2. 从阶级中立的立场出发,研究知识分子的乌托邦理想

国外一些学者从抽象的阶级中立立场出发,研究知识分子和社会统治思想之间的关系,主要有知识社会学传统和公共知识分子理论两种学术倾向。

知识社会学传统以西方马克思主义学者曼海姆为典型代表。曼海姆继承了马克斯·韦伯的"价值中立"立场,试图在知识社会学领域实现对马克思主义阶级分析的超越,但其建构客观社会知识的努力最终因为理论的不彻底而走向了"曼海姆悖论"。曼海姆在《意识形态与乌托邦》一书中,提出"无社会依附的知识分子"、"自由漂浮

---

① [意]安东尼奥·葛兰西:《狱中札记》,曹雷雨、姜丽、张跣译,河南大学出版社2014年版,第7—8页。

的知识分子"的观点,认为知识分子是"不归属于任何一个社会阶级,并且从日益广泛的社会生活领域吸收成员的社会阶层"。① 知识分子具有广泛的阶级包容性和开放性,使得他们既是意识形态与乌托邦的缔造者、传播者,同时又是超越者,因为知识分子可以超越阶级利益局限,表达某些特定阶级的冲突、有限的利益和相互间的谅解,以及调和各种利益冲突并逐渐形成一种总体性的世界观。

西方学界坚持公共知识分子论的学者,例如拉塞尔·雅各比、理查德·A.波斯纳、弗兰克·富里迪等,他们理想化地认为知识分子是一个摆脱党性思维方式的群体,具有专业知识、批判精神和正义道德诉求。由于西方社会矛盾的突出和现代化危机的凸显,西方学者较多地强调公共文化空间的衰落和工具主义倾向等因素造成了知识分子对理想信念的偏离。例如,弗兰克·富里迪在《知识分子都到哪里去了》一书中,深刻反思了当代知识分子的自身价值与命运,认为当代公共知识分子已经销声匿迹,现存的知识分子或者是向工具主义妥协,或者肯定现实、认可制度化的现存,或者媚俗、愚弄民众。富里迪指出,知识分子的异化来自内外两个维度:一方面是知识分子形象的自我贬损,丧失批判立场,主动退出历史舞台,成为特定人群利益的代言人;另一方面则是被社会抛弃,在社会生活中失去固有的中心地位,日益被边缘化。正是知识分子的庸人悲观主义和工具主义态度,造成了当下知识分子的窘境。

3. 从西方的阶级偏见出发,研究知识分子对意识形态思想体系的选择性认同

国外一些学者以"意识形态终结论"作为思想前提,从西方的阶级偏见和资本主义立场出发,论证知识分子对意识形态思想体系的唯一正确选择只能是资本主义。例如,"意识形态终结论"的代表人物雷蒙·阿隆、爱德华·希尔斯、西摩·马丁·李普赛特和丹尼尔·贝

---

① [德]卡尔·曼海姆:《意识形态与乌托邦》,李步楼等译,商务印书馆2014年版,第195页。

尔等，极力突出的"终结"并非资本主义的终结，而是马克思主义和社会主义的终结。雷蒙·阿隆在《知识分子的鸦片》中批判法国左翼知识分子对"虚幻的"共产主义意识形态的眷顾是政治神话，认为知识分子的责任就在于向权力说真话以及承认知识的局限，污蔑知识分子以进步和革命的名义对意识形态的直接参与是一种精神鸦片。丹尼尔·贝尔在《意识形态的终结》一书中，直接表明了"意识形态终结论"是打击左翼知识分子信奉马克思主义的"利器"，"在《被囚的心灵》（The Captive Mind）（1953年）一书中，米沃什用穆斯林术语'畸特曼'（ketman）来说明知识分子通过把教条（辩证唯物主义）供奉为新神学来进行自我欺骗的方式"[1]；"雷蒙·阿隆的《知识分子的鸦片》（The Opium of the Intellectuals，1955年）则是对证明恐怖之'历史必然性'各种论点的一次毁灭性打击"[2]。因此，通过"意识形态终结论"来批驳知识分子的马克思主义信仰是西方右翼学者研究知识分子与意识形态关系问题的重要路径。

　　国外一些学者从捍卫抽象价值的资产阶级偏见出发，研究知识分子的意识形态选择问题。例如朱利安·班达在《知识分子的背叛》一书中，强调知识分子要忠实于正义、真实和理性的知性价值，而知识分子对共产主义意识形态的赞成就是追求实际的价值，背叛了知识分子追求抽象价值的职责，具有反民主的意义。在知识分子应该选择何种政治制度和意识形态的问题上，坚持认为"知识分子忠实于自己的话，能够选择的唯一的政治制度是民主主义。那正是因为由个人自由、正义、至高无上的价值导出的民主主义不是实际的"[3]。

---

[1] ［美］丹尼尔·贝尔：《意识形态的终结》，张国清译，中国社会科学出版社2013年版，第395页。

[2] ［美］丹尼尔·贝尔：《意识形态的终结》，张国清译，中国社会科学出版社2013年版，第395页。

[3] ［法］朱利安·本达：《知识分子的背叛》，孙传钊译，吉林人民出版社2011年版，（1946年再版前言）第67—68页。

4. 从新阶级理论出发，研究知识分子与资本主义思想体系的关系

新阶级理论是20世纪20年代颇有影响的知识分子理论，主要以丹尼尔·贝尔《后工业社会的来临》和艾尔文·古德纳《知识分子的未来和新阶级的兴起》为典型代表。在贝尔看来，后工业社会的出现，使科学知识和信息成为经济发展和社会进步的主要力量，因而掌握知识和信息的知识分子便可能成长为一个居于主导地位的新阶级。古德纳将新知识阶级的概念推向前进，形成了完备的新阶级理论。古德纳认为，文化资本赋予知识分子"批判性话语文化"，因而，知识分子具有内在辩证性和内在革命潜力，拥有文化资本而迥异于传统的财富资本拥有者，是一个强有力的文化资产阶级。

5. 从马克思主义中国化的视角，研究中国知识分子对马克思主义的接纳与传播

国外学者研究中国思想文化问题，必然绕不开马克思主义中国化的问题。

一些学者从马克思主义与中国传统文化对话融合的角度，研究知识分子对马克思主义的接纳。例如李约瑟在《四海之内：东方和西方的对话》一书中提出："现代中国的知识分子所以会共同接受共产主义的思想，其中一个很重要的因素是因为新儒学家和辩证唯物主义在思想上是密切连系的。换句话说，新儒学家这一思想体系代表着中国哲学思想发展的最高峰……它和辩证唯物主义的概念是非常接近的。"[①]

一些学者以早期马克思主义知识分子作为切入点，研究知识分子在马克思主义"学术中国化"中的贡献，其中不乏对李大钊、瞿秋白、陈伯达等知识分子的介绍。例如，迈斯纳认为，早期的中国马克思主义知识分子普遍遭遇到的问题就是如何与中国实际相结合，而

---

① ［英］李约瑟：《四海之内：东方和西方的对话》，劳陇译，生活·读书·新知三联书店1987年版，第61—62页。

"李大钊最先承担起了把马克思主义中国化的任务,使它适应中国的实际情况"①。

  一些学者注重研究中国社会历史文化自身对知识分子提出的时代使命。例如美国学者格里德尔在《知识分子与现代中国》② 一书中,通过历史叙述的方式研究中国知识分子在国家变革中所经历的思想转向,研究了知识分子在1911年革命和新文化运动中所发挥的政治推动和政治参与作用,在中国社会的意识形态论战中,知识分子又促进了共产主义意识形态在中国社会的传播和建立。美国学者阿里夫·德里克将时间节点定位在1919—1937年间,从革命与历史之间的关系视角切入,研究中国马克思主义历史学的起源问题。他认为:"一方面,唯物史观在这时的中国知识分子中之所以富于感召力,并不是因为它在史学方法上的优点,而是因为它与革命性变革这个在20年代逐渐被认知的问题的关联性。另一方面,马克思主义史学理论,在总体上或者是以某种弱化的形式,在中国史学研究领域的自发普及,又表明其吸引力不仅仅在于其在政治上的涵义。"③

  通过对国外研究现状的梳理,可以发现:国外学界对知识分子思想认同的研究具有注重普遍、视野多元、凸显学术、重在批判的特征。但是,由于社会制度、理论立场和学术背景的差异,国外学者(坚持马克思主义分析的学者除外)的研究虽然标榜客观中立,事实上却有着明显的政治色彩和阶级立场,对意识形态、马克思主义和社会主义有着严重的误解与误读。同时,对于中国知识分子思想认同的研究也侧重于从文化思想史的视角解读马克思主义中国化,较少涉及改革开放以后尤其是20世纪90年代以来的当代中国知识分子的思想状况。

---

  ① [美]莫里斯·迈斯纳:《李大钊与中国马克思主义的起源》,中共北京市委党史研究室编译组编译,中共党史资料出版社1989年版,第2—3页。
  ② [美]格里德尔:《知识分子与现代中国》,单正平译,广西师范大学出版社2010年版。
  ③ [美]阿里夫·德里克:《革命与历史》,翁贺凯译,江苏人民出版社2005年版,第3—4页。

三　相关概念辨析

（一）相关概念辨析

1. 知识分子

"知识分子"是一个具有强烈的时代特征与历史文化蕴含的概念，但如何界说"知识分子"却众说纷纭。诚如马克思所说："理论只要彻底，就能说服人。所谓彻底，就是抓住事物的根本。"[①] "知识分子"的"根本"在于助力国家民族长远发展的"知识"，是否拥有"知识"是区分"知识分子"与"非知识分子"的重要标志。然而，作为文化身份标志的"知识"并非经验观察得来的、与他人无涉的纯粹客观知识，而是经由理性提炼、面向人类社会的规范性知识，具有联结自然、社会与人生的公共性价值。因此，知识分子是以文化知识传承的方式履行社会责任、关怀社会发展的特殊阶层，追求真理和担当道义是知识分子不可或缺的精神品格。

现代中国知识分子诞生于 20 世纪初期中华民族历经磨难、风雨飘摇的年代，特殊的历史文化境遇使得知识分子的社会关怀必然要触碰现实的政治问题，可知识分子的社会身份又与从事实践的政治活动家明显不同，因此，"议而不治"成为中国知识分子关怀社会、实现抱负的重要途径。面对国家独立、民族解放的时代课题，知识分子具有强烈的政治使命感和社会责任感。"这些有知识的群体就似乎注定要与政治社会发生某种必然联系，他们或者以批判的姿态保持一种对政治社会无条件地追问的权力，或者通过对政治社会的介入成为联系和调节各种社会集团的'中介'。"[②] 钱穆认为，中国知识分子并非自古迄今，一成不变。但其具有人文主义理想的鲜明特点：一是"始终以人文精神为指导之核心。……对政治理想总是积极向前，而对现实

[①] 《马克思恩格斯选集》第 1 卷，人民出版社 2012 年版，第 10 页。
[②] 刘晔：《知识分子与中国革命》，天津人民出版社 2004 年版，第 4 页。

政治则常是消极不妥协，带有一种退婴性。……政治不是迁就现实，应付现实，而在为整个人文体系之一种积极理想作手段作工具"①。二是知识分子的人生价值"不属于个人，而属于全体大群。……肯把自己个人没入在大群中，为大群而完成其个人"②。因此，在知识分子的理想中，政治关怀与人文精神的理念是一致的，政治若脱离人文之中心，则会连技艺专长都不如。在当代中国，知识分子既不是一个纯粹的阶级概念，也不是纯粹的学术概念，更不是一个纯粹的职业概念，而是蕴含内在张力的矛盾统一体。考察知识分子问题要面向客观的矛盾与客观的实际，这些矛盾与实际包含以下内容：

第一，知识分子的专业性与公共性。知识分子首先是具有专业知识和文化素养的群体，不同的专业决定了知识分子不同的思维方式和职业选择，而专业恰恰也是知识分子在公共舆论空间和公共社会生活确立文化权威的知识前提。但仅仅囿于专业知识的专家却不能够称其为严格意义上的知识分子，因为知识分子要通过社会认同来成就其知识体系与思想主张，知识分子的精神内涵在于其专业基础上的公共关怀，这意味着知识分子社会功能与价值的实现必须建立在客观真理的基础上，离开客观真理谈论公共关怀，必然会走向歧途。

第二，知识分子的阶级性与理想性。知识分子的身份是双重的，即阶级身份和文化身份。从阶级身份来看，在依然存在阶级和阶级冲突的情况下，知识分子不可能"超阶级"而独立存在，必然归属于不同的阶级和利益集团，具有鲜明的阶级性。因此，知识分子在其文化理念的表达中很难完全避免阶级性、党派性立场。但是知识分子的特殊性在于其阶级身份可以转换，即从属于一定阶级或利益集团的知识分子可以再次选择或者背叛自己的阶级立场。从文化身份来看，具有不同阶级属性、阶级立场的社会成员可以共同组成知识分子阶层，联结的纽带就是超越现实的道德理想主义。知识分子总是试图超越个

---

① 钱穆：《国史新论》，生活·读书·新知三联书店2005年版，第119—124页。
② 钱穆：《国史新论》，生活·读书·新知三联书店2005年版，第125页。

体或阶级集团的利益藩篱，以谋求终极关怀和人文精神为价值寄托。"处于某一社会阶层或集团的知识分子固然未必归属于自己所处的阶层或集团，但却无法不认同任何阶层或集团，而其观念、理想，则每每折射了其社会认同。"[①] 正是在此意义上，知识分子被称为社会良知的守护者、公平正义的代言人。知识分子阶级性与理想性的内在紧张表明，只有选择进步的阶级立场、代表先进的文化方向，才能真正实现其崇高性、人民性的理想追求。

第三，知识分子的民族性与世界性。"中国走向何处""索我理想之中华"是当代中国知识分子孜孜以求的时代课题，民族性与世界性构成知识分子积极求索的两重维度。一方面，知识分子具有强烈的爱国情感与民族责任感，往往将其个体生命熔铸于深沉的国家使命之中。另一方面，知识分子是第一生产力的积极开拓者、先进文化的传播者，具有开阔的世界眼光和国际视野，积极促进世界各国不同文明形态的对话交流。因此，任何以民族主义、爱国主义的名义拒绝世界交往，以及任何以世界交往的名义拒绝民族情感和爱国主义的做法，都是偏狭的，无助于知识分子社会功能的实现。近代以来的中国社会，进步知识分子之所以自觉选择马克思主义，关键的原因就在于马克思主义为知识分子指明了实现"世界大同"与担负"家国情怀"的现实途径。

2. "公共知识分子"

知识分子具有公共性的社会关怀品格，因此，公共关怀是知识分子突出的、具有普遍性的文化特征。但是具有公共关怀的"知识分子"并不等同于西方特殊语境中的"公共知识分子"。"公共知识分子"也不是"知识分子"阶层中的特殊群体。

滥觞于20世纪80年代的"公共知识分子"思潮，是对当时西方社会工具理性对知识价值的戕害、资本主义现代化的危机、知识分子批判意识式微等现象的反思与反抗。因此，1987年美国学者雅各比

---

① 杨国荣：《论知识分子的两面性》，《学术界》2003年第1期。

在《最后的知识分子》一书中首次提出的"公共知识分子"概念就是对知识分子"公共理性"和批判精神的呼唤。萨义德在《知识分子论》中,将知识分子理解为精神上的流亡者和边缘人,是业余者、搅扰现状的人,从事批评和维持批判的立场是知识分子的角色使命。知识分子"在扮演这个角色时必须意识到其处境就是公开提出令人尴尬的问题,对抗(而不是制造)正统与教条,不能轻易被政府或集团收编,其存在的理由就是代表所有那些惯常被遗忘或弃置不顾的人们和议题"[①]。

西方社会将"对抗""批判""正义""良知"理所当然视为"公共知识分子"的身份标签,特别强调知识分子的公共角色和公共使命。从根本上说,这源于西方国家公共权力与私人权利之间的对抗。按照西方社会的认识逻辑,国家代表着理性与社会普遍利益体系,而市民社会则是感性的私人利益体系。所以,国家要为市民社会"立法"、建立秩序、确定规则,以此限制市民社会的无序活动和竞争;而市民社会作为私人利益体系,存在斗争冲突、剥削压迫、尔虞我诈,如果没有有效的理性规范对其进行约束,市民社会必将走向自我毁灭。质言之,国家与市民社会、普遍的公共生活与特殊的个体存在之间必然处于对抗性的关系网络之中。"'公共知识分子'所表征的公共理性之所以认为自己有可能代表另一种政治文化,是建立在西方权力分散的观念和体制上,建立在阶层分化和阶级利益的对抗上。"[②] 然而遗憾的是,现代西方社会在目睹了知识分子的沉沦以后,对公共知识分子照亮公共空间的质疑与批判之声也接踵而至,频频发出"最后的知识分子""知识分子衰败论""知识分子死亡论"的哀叹。

"公共知识分子"思潮于20世纪90年代进入中国,则具有明显

---

① [美]爱德华·萨义德:《知识分子论》,单德兴译,生活·读书·新知三联书店2002年版,第17页。
② 原方:《知识分子论》,上海三联书店2005年版,第14页。

的政治倾向，假借"公共知识分子"和"思想自由"的外衣表达其反动的、错误的思想言论。中国社会的"公共知识分子"以"意见领袖"和社会"牛虻"自居，片面强调"超阶级"的价值中立和社会批判精神，以"离经叛道"的"惊人"见解表现其"正义"立场，博得民众在不明真相情况下的自发性、广泛性认同。恩格斯曾经说过："'正义'、'人道'、'自由'、'平等'、'博爱'、'独立'……这些字眼固然很好听，但在历史和政治问题上却什么也证明不了。'正义'、'人道'、'自由'等等可以一千次地提出这种或那种要求，但是，如果某种事情无法实现，那它实际上就不会发生，因此无论如何它只能是一种'虚无缥缈的幻象'。"[①] 实际上，"公共知识分子"以价值中立和"去意识形态化"掩盖其特殊的利益诉求，"公共知识分子"思潮正是资产阶级人道主义在当代中国的表现形式。

四 本书主要内容

本书坚持马克思主义立场、观点与方法，主要采用文献研究、跨学科研究、逻辑和历史相统一、理论与实际相结合等具体研究方法，遵循"提出问题—分析问题—解决问题"的逻辑思路，聚焦20世纪90年代以来当代中国知识分子思想认同，期冀本书的研究能为当代中国凝聚思想共识和价值共识尽绵薄之力。

总体上来看，本书坚持牢牢把握意识形态工作领导权、管理权、话语权和提升社会主义文化"软实力"的研究初衷，研判和阐释当代中国知识界思想认同格局，以期为团结和引领知识分子，为引领和建构当代中国知识界走向更高层次的思想认同，提出些许建设性意见。

本书的总体结构主要由绪论、主体和结语三个部分组成。

绪论部分简要介绍本书的研究背景、国内外研究概况、相关概念

[①] 《马克思恩格斯全集》第6卷，人民出版社1961年版，第325页。

辨析等内容。

第一章：从理论上回顾马克思主义经典作家马克思、恩格斯、列宁、毛泽东的知识分子观。挖掘整理在不同的历史时期、不同的民族国家文化境遇中，经典作家关于知识分子与意识形态思想体系之间关系的科学认识，为研究当代中国知识界思想认同提供理论依据。

第二章：围绕知识界思想认同的含义、生成、结构、功能，对知识界思想认同进行理论阐释。在知识传承和文化创造中，知识界思想认同表明知识分子自觉的文化立场与文化价值选择，具有鲜明的时代性、阶级性与导向性。

第三章：从国外镜鉴的角度研究知识界思想认同，内容涉及正反两个方面，即苏联解体中知识界思想认同的迷失以及现代西方国家对知识界思想认同的干预与操控。苏联与现代西方国家的实践表明：在现代国家，知识界思想认同在一定程度上已经成为衡量和评价意识形态真理性与价值性的重要解码器，也是维系国家政权道义性、合法性、稳定性的重要文化力量。

第四章：力争全面准确地把握当代中国知识界思想认同的总体格局。结合20世纪90年代以来中国社会所发生的国内外环境的深刻变迁，从纷繁复杂的社会现象中挖掘和梳理关键线索与思想逻辑，勾勒20世纪90年代以来中国知识界思想认同的总体态势以及非主流思想倾向。

第五章：着重分析当代中国知识界思想认同的境遇与考验，内容聚焦于经济全球化、信息网络化、文化多样化对知识界思想认同的影响。具体来看，经济全球化考验当代中国知识界思想认同的阶级立场与家国情怀，信息网络化考验当代中国知识界思想认同的理性自觉与责任意识，文化多元化考验当代中国知识界思想认同的中华文化立场与国家文化安全意识。

第六章：从国家战略的高度研究当代中国知识界思想认同的引领与构建。从当前社会主义现代化建设和主流意识形态建设的客观实际与思想实际出发，提出引领和建构知识界思想认同的战略定位、战略原则、战略路径、战略保障。

  结语：团结和引领知识分子，使之成为坚持、发展和创新马克思主义意识形态的"有机"文化力量，不断巩固和扩大马克思主义意识形态思想体系、学科体系、学术体系、话语体系对知识界的思想引领，牢牢掌握意识形态领导权、管理权、话语权。

第一章　马克思主义经典作家的知识分子观

在博大精深、历久弥新的马克思主义理论宝库中，经典作家关于知识分子问题的深邃洞见和基本理论在当代历史条件下愈发闪耀璀璨光芒。追溯并呈现马克思主义经典作家的知识分子观，以知识分子这一特殊的社会阶层作为意识形态理论研究的典型观测点，不仅是对意识形态学理研究的拓展与深化，而且也是对当代中国知识分子应该坚持何种价值立场的回应与澄清。

第一节　马克思、恩格斯的知识分子观

任何理论问题的提出都是时代精神的体现。马克思、恩格斯生活于欧洲资本主义蓬勃发展的年代，革命与变革的时代主题愈加凸显科学知识对于人类劳动方式尤其是生产生活的价值与意义。知识在改造人与自然和社会关系中的力量愈加直接和重要，资本主义生产方式愈加依赖科学知识。知识成为时代变革的强力，这种变革的直接结果就是知识分子对于社会化大生产或主动或被动的参与，知识分子成为任何阶级和利益集团都不能忽视的社会力量。

然而，"知识分子"概念在马克思、恩格斯的文献中却寥若晨星，除去"知识分子"概念在当时并未流行之外，其中重要的原因就在于马克思、恩格斯文本中"一词多义"与"多词一义"的表达方式。在马克思、恩格斯的表述中，知识分子大致等同于文本中经常出现的

"有教养的人"、精神生产者、思想家、哲学家、学者以及其他具体的职业角色，诸如律师、作家、诗人、医生、撰稿人、教师、演员、工程师等。马克思、恩格斯作为无产阶级革命运动的精神导师，在对现实世界的批判和对未来世界的建构中，其思想理论自觉渗透着对知识分子问题的关注与思考。

一 从"现实的个人"出发理解知识分子

在西方文化发展史上，德国古典哲学家康德、费希特、黑格尔、费尔巴哈都曾在抽象理性的角度对精神生产者进行阐释。费希特关于学者使命的思想深深地影响着"观念创造历史"时代的知识分子，他认为："学者的使命主要是为社会服务，因为他是学者，所以他比任何一个阶层都更能真正通过社会而存在，为社会而存在。因此，学者特别担负着这样一个职责：优先地、充分地发展他本身的社会才能、敏感性和传授技能。"[1] 受德国古典哲学家影响，马克思在中学毕业时就曾立下"为人类福利而劳动"的崇高志向。如果说中学时代的马克思所表达的是知识分子个体的理想境界的话，那么伴随马克思、恩格斯同黑格尔唯心主义哲学体系以及费尔巴哈人本主义哲学逻辑的彻底决裂，他们对知识分子问题的认识也开启了深入到社会结构内部的新征程。

在新的科学世界观的指引下，"现实的个人"成为马克思、恩格斯思考知识分子问题的理论出发点。依据马克思、恩格斯的判断，人类历史活动的出发点不是抽象的、思辨的个人，而是从事实际的生产生活活动的个人，"这些个人是从事活动的，进行物质生产的，因而是在一定的物质的、不受他们任意支配的界限、前提和条件下活动着的"[2]。正是从"现实的个人"而不是虚幻的个人出发，马克思、恩

---

[1] ［德］费希特：《论学者的使命》，梁志学、沈真译，商务印书馆2009年版，第43页。
[2] 《马克思恩格斯文集》第1卷，人民出版社2009年版，第524页。

格斯抛弃了关于人的"永恒理性"的思辨与假设,从"一切社会关系的总和"中去把握知识分子"现实"的身份特征。在资本主义社会,知识分子是独立于"金融贵族、工业资产阶级、中间等级、小资产者、军队、组成别动队的流氓无产阶级""牧师和农村居民"① 之外的社会成员,他们既不同于脱离社会劳动的剥削者,也不同于单纯从事体力劳动的普通群众。在马克思、恩格斯看来,能够标识知识分子本质身份特征的关键性因素在于其脑力劳动的劳动方式,因为"他们是什么样的,这同他们的生产是一致的——既和他们生产什么一致,又和他们怎样生产一致"②。脑力劳动的特殊方式决定了知识分子作为历史活动的"剧中人"和"剧作者",具有社会制约性和精神超越性的双重身份特征。

一方面,知识分子的生产生活受历史必然性以及社会生产状况的制约。正如法国启蒙思想家卢梭感叹,"人生而自由,却无往不在枷锁之中"。知识分子从事脑力劳动,拓宽着人对自然、社会以及人自身的理性认识。然而,知识分子的认知活动一开始就受到物质的"纠缠",客体能否进入以及以怎样的方式进入知识分子理性的头脑,并不取决于个人的自由意志,而取决于社会生产力的发展状况以及在此基础上的生产关系,甚至以往时代的思想材料和社会需要本身也构成知识分子精神创作的历史前提。任何具有现实理性而不是虚幻理性的知识分子都"始终会意识到他们所获得的一切知识必然具有的局限性,意识到他们在获得知识时所处的环境对这些知识的制约性"③。

另一方面,知识分子追求理想与自由的文化创作体现其精神超越性。在资本主义社会条件下,尽管存在资本的剥削和奴役,但是依然有些知识分子坚持一定程度的自由精神,例如弥尔顿在创作《失乐园》时,犹如春蚕吐丝一般,体现着知识分子在精神的自由王国里驰

---

① 《马克思恩格斯文集》第 2 卷,人民出版社 2009 年版,第 478 页。
② 《马克思恩格斯文集》第 1 卷,人民出版社 2009 年版,第 520 页。
③ 《马克思恩格斯文集》第 4 卷,人民出版社 2009 年版,第 299 页。

骋奔放。作家将自己的脑力劳动成果——作品视为生命，乃是对精神自由的最高诠释。总之，以精神自由的方式把握外部世界，是知识分子所独有的、超越现实的精神气质。然而，在资本宰制一切的时代，知识分子精神生活的超现实与独立自由却是相对的、有条件的，有时甚至要付出生命的代价才能实现。恩格斯的经历较为典型，他以亲身实践的方式表现了知识分子超越现实、坚持崇高的精神追求。在1842年11月至1844年8月长达二十一个月的时间里，恩格斯"抛弃了社交活动和宴会，抛弃了资产阶级的葡萄牙红葡萄酒和香槟酒，把自己的空闲时间几乎都用来和普通的工人交往"[①]。恩格斯走进工人的茅室蓬户，深入工人的生活疾苦，从工人阶级现实的苦难遭遇中寻求拯救被压迫者的方案与构想。恩格斯对此回忆说："我寻求的并不仅仅是和这个题目有关的抽象的知识……对此我感到高兴和骄傲。高兴的是这样一来我在获得实际生活知识的过程中有成效地度过了许多时间……骄傲的是这样一来我就有机会为这个受压迫受诽谤的阶级做一件应该做的事情……使他们不致日益受人鄙视。"[②] 知识分子之所以能够超越现实的功利而甘愿艰苦付出，是因为他们坚持更为崇高的理想境界和事业追求。

社会制约性与精神超越性是知识分子劳动方式的"一体两面"，共同构成知识分子的身份特征。马克思、恩格斯将知识分子问题置于资本主义社会结构内部进行考察，结果发现：知识分子的生产劳动同样受到整个社会普遍生产规律——资本占有劳动——的支配。在整个资本主义社会，资本的私人占有统治一切，资本的扩张本性与知识分子从事科学、诗歌、艺术、文学等自由的精神生产活动相互敌对。资本事实上成为阻碍和抑制知识分子精神生产的决定性力量，知识分子精神生产的自由个性和超越特性完全被淹没在资本逻辑之中。以自然科学家为例，"由于自然科学被资本用做致富手段，从而科学本身也

[①] 《马克思恩格斯全集》第2卷，人民出版社1957年版，第273页。
[②] 《马克思恩格斯全集》第2卷，人民出版社1957年版，第273页。

成为那些发展科学的人的致富手段,所以,搞科学的人为了探索科学的实际应用而相互竞争。另一方面,发明成了一种特殊的职业"①。不仅科学家难逃资本增殖逻辑的强权控制,而且那些受过高等教育、从事自由职业的律师、作家、教师等,大部分知识分子在资本的强权面前只能被动选择让渡精神自由,因为"国民经济学家把从你的生命和人性中夺去的一切,全用货币和财富补偿给你。你自己不能办到的一切,你的货币都能办到"②,以至于原本属于人们精神世界的艺术、学识等文化现象却异化成为纯粹的购买与消费行为。在资本主义私有制的历史条件下,货币可以占有一切,资本可以战胜一切,知识分子所追求的理性与自由只能幻化成虚无缥缈的乌托邦。

二 社会分工造成知识分子的主体分化

社会分工意味着由不同的社会成员承担不同的劳动过程,社会分工的出现与发展是人类劳动发展史中的重大事件,也是人类文明进步的重要标志,因为生产能力的提高、科学艺术的发展都只有通过更为广泛的社会分工才能实现。在资本主义的历史条件下,这种分工不仅塑造特定生产条件下的阶级关系,而且也塑造知识分子与其他社会成员之间的相互分离,使得知识分子成为特殊的社会阶层。体力劳动和脑力劳动的分离使得知识分子从事思想文化的精神创造活动成为可能。在资本主义的社会分工下,精神生产活动又区分为一般的精神生产和意识形态生产两种不同的类型。相应地,在此基础上的社会分工也必然造成主体分化,即(广义上的)知识分子分化为两种不同的类型:一种是从事一般精神生产活动、作为雇佣劳动者而存在的知识分子,另外一种则是从事特定阶级意识形态思想生产的意识形态家。

首先,社会分工造成知识分子与体力劳动者的分离,但大部分知识分子并未超脱其无产阶级的社会地位。资本主义生产使得一切都变

---

① 《马克思恩格斯文集》第 8 卷,人民出版社 2009 年版,第 359 页。
② 《马克思恩格斯文集》第 1 卷,人民出版社 2009 年版,第 227 页。

成赤裸裸的交易,一切社会关系都简单化地分裂为两大直接对抗的阶级,即资产阶级和无产阶级。医生、教师、学者等职业的神圣光环被资本抹去,这些从事具体精神生产和脑力劳动的知识分子并不占有资本和生产资料,而是通过出卖自己的脑力劳动与文化知识、参与社会化大生产以谋求生活资料,因而在本质上仍然是被资本家出钱雇佣的劳动者,与资本家阶级构成对抗性的关系。尽管资本主义生产过程产生了对知识的强烈渴求,但是资本的殖民掠夺与分工和劳动的畸形发展却严重抑制知识分子的社会关怀与人文精神,知识分子在现实的社会关系中被生产资料、劳动产品和僵化观念所奴役,"一切'有教养的等级'都为各式各样的地方局限性和片面性所奴役,为他们自己的肉体上和精神上的短视所奴役,为他们的由于接受专门教育和终生从事一个专业而造成的畸形发展所奴役"[①]。因此,在社会分工的驱动下,知识分子只能是资本主义生产流水线上的一颗机械性螺丝钉。从阶级属性和阶级地位上来看,(绝大多数)知识分子仍然是被资本异化的雇佣劳动者,只是其承受剥削的方式不同于其他劳动者阶级而已。

其次,社会分工造成知识分子内部的阶层分化,使得其中一部分成为专门从事意识形态生产的意识形态家。任何时代的意识形态思想体系都具有鲜明的阶级立场,概括、凝练意识形态学说也必然是一定时代的思想家们基于一定阶级立场的自觉自为,这就意味着在资本主义的统治阶级内部,必然有"一部分人是作为该阶级的思想家出现的,他们是这一阶级的积极的、有概括能力的意识形态家,他们把编造这一阶级关于自身的幻想当做主要的谋生之道,而另一些人对于这些思想和幻想则采取比较消极的态度,并且准备接受这些思想和幻想,因为在实际中他们是这个阶级的积极成员,并且很少有时间来编造关于自身的幻想和思想"[②]。所以,社会分工不仅分化出剥削者与

[①] 《马克思恩格斯文集》第9卷,人民出版社2009年版,第309页。
[②] 《马克思恩格斯文集》第1卷,人民出版社2009年版,第551页。

被剥削者，而且也分化出剥削者内部的不同阶层，其中一部分人专门从事思想和文化的精神统治，并且被冠以思想家的名义。这里的思想家从属于广义上的知识分子阶层，是资本主义社会的意识形态家，他们拥有学识，属于"有教养的阶级"，他们的使命就在于从思想上确立并维护资产阶级的社会统治地位，例如古典政治经济学派亚当·斯密和大卫·李嘉图等。

再次，坚持阶级分析的方法，对那些事实上已经发生分化的知识分子进行理性研判。资本主义的社会分工客观上造成知识分子的阶级分化与阶层分化，因此，对待知识分子历史地位的研判，马克思、恩格斯坚持历史唯物主义的分析方法，认为在资产阶级与封建统治阶级对抗的时代，那些富于创造、无私无畏的科学家、文学家、艺术家等进步知识分子与资产阶级的革命进取精神相一致。但是，资产阶级一旦掌握政权，革命锋芒褪去，就会把一部分知识分子训练成为忠诚的意识形态阶层，原本致力于科学理性的知识分子发生蜕变、走向庸俗。马克思就曾讽刺那些被资本降服的庸俗经济学家为忠诚的仆从和伙计，"他们的首要业务就是，在理论上甚至为这些'非生产劳动者'中纯粹寄生的部分恢复地位，或者为其中不可缺少的部分的过分要求提供根据"[①]。所以，在物质文明日趋发达的资本主义社会，也仍然无法摆脱漠视科学、歪曲事实、宗教执迷和头脑愚蠢的迂腐现象，以至于马克思、恩格斯发出这样的感叹："我们不能理解，为什么英国几乎所有有教养的人都相信各种各样不可思议的奇迹，甚至一些地质学家，例如巴克兰和曼特尔也歪曲他们的科学上的事实，唯恐过分有悖于创世记的神话。"[②] 造成这种现象的唯一解释就在于这些所谓"有教养的人"依附于资产阶级的反动立场，知识分子原本致力于追求真理的精神生产活动被降格成为资本主义生产辩护的工具和手段，意识形态阶层阿谀逢迎、无耻献媚、对科学事实视而不见甚至

[①] 《马克思恩格斯文集》第8卷，人民出版社2009年版，第238页。
[②] 《马克思恩格斯文集》第3卷，人民出版社2009年版，第505页。

刻意歪曲、制造谬误与混乱，最终达到维护虚假意识形态思想统治的政治企图。

三 知识分子参加无产阶级运动的可能性

在马克思、恩格斯所生活的时代，英、法、德等资本主义国家的许多知识精英都在思索时代课题。无论资产阶级，还是无产阶级，都有各自的知识分子代表竞相发声，彼此熏染。资产阶级和无产阶级之间的阶级对抗性决定了理论学说的根本差异性，"正如经济学家是资产阶级的学术代表一样，社会主义者和共产主义者是无产者阶级的理论家"①。前者为了维护资产阶级的思想统治，竭力掩盖矛盾与冲突；后者则要深入社会历史发展的深层结构，探求人类解放的根本途径。阿尔都塞在讲到马克思时，说道："对于在德国三十年代至四十年代期间开始思想的一个青年知识分子来说，他为获得解放所需要的根本条件可能是什么和应该是什么。这个条件就是突破沉重的意识形态襁褓（它把真实历史和真实对象包围了起来，不仅把它们化作影子，而且加以歪曲），重新发现真实的历史和真实的对象。"② 以马克思为代表的无产阶级知识分子基于对历史发展规律和社会主义运动的科学考察，创制出一种超越资本主义意识形态虚假性的新型意识形态。依据马克思主义意识形态的分析，无产阶级革命运动作为一项全人类的解放事业，当然需要有作为人类先进文化载体的知识分子的参加与支持。而且，马克思主义意识形态的创制本身也是资本主义历史条件下知识分子参加革命运动可能性的现实表征。知识分子是无产阶级革命运动的可能性力量，这种可能性建立在知识分子的事业追求与革命运动的合规律性、合目的性相统一的基础之上。

一方面，追求科学的知识分子是天然的革命力量。随着资本主义

---

① 《马克思恩格斯文集》第1卷，人民出版社2009年版，第616页。
② [法] 路易·阿尔都塞：《保卫马克思》，顾良译，商务印书馆2010年版，第64页。

生产的扩展，科学成为生产力发展的有力杠杆和最高意义上的革命力量。科学的发展必然要求从事科学活动的知识分子坚持革命的、批判的、创新的理论姿态，不故步自封、不因循守旧，面向客观的自然和原本的事实，深入世界本身去发现世界的真实与客观的规律。对此，恩格斯强调："科学越是毫无顾忌和大公无私，它就越符合工人的利益和愿望。在劳动发展史中找到了理解全部社会史的锁钥的新派别，一开始就主要是面向工人阶级的，并且从工人阶级那里得到了同情，这种同情是它在官方科学那里既没有寻找也没有期望过的。"① 因此，知识分子实事求是、科学公正的理论立场与工人阶级追求自由解放的阶级立场、政治诉求高度契合。马克思主义凭借其科学性、真理性而不断地扩大其思想阵地，获得进步知识分子及其刊物和机构的拥护。例如，医学博士弗腊斯具有不自觉的社会主义倾向，地质学家达金斯具有"天生的"共产主义情结，经济学家拉布里奥拉被誉为"一个严肃的马克思主义者"，著名诗人亨利希·海涅成为德国社会主义者中杰出的作家，英国宪章运动机关报《北极星报》、德意志工人协会《德意志—布鲁塞尔报》等支持共产主义……以至于在19世纪末期恩格斯同法国《费加罗报》记者乐观地谈道："我们的思想既在工人当中，也在教师、医生、律师和其他人当中到处传播。如果明天我们必须掌握政权，我们就需要工程师、化学家、农艺师。我坚信，他们当中有许多人已经准备同我们在一起。"② 马克思主义作为科学，其真理性品质随着社会实践的展开而彰显，赢得越来越多知识分子的理解与信任。

另一方面，争取解放是无产阶级知识分子和从事体力劳动的工人阶级共同的政治诉求。知识分子从事科学艺术活动，追求真善美，其感知世界、关怀社会的方式也更为深沉、更为自觉。恩格斯在谈到俄国革命前夕知识分子的重要作用时讲道："一个强有力的民族知识分

---

① 《马克思恩格斯文集》第4卷，人民出版社2009年版，第313页。
② 《马克思恩格斯文集》第4卷，人民出版社2009年版，第563页。

子阶层也渴望打碎束缚着他们的枷锁。"① 对于受剥削、受压迫的民族国家而言，民族的解放与劳动的解放是相互促进的，没有民族国家的解放，就没有民族精神的独立，也就没有知识分子文化创作的自由。随着资本和劳动之间对抗性矛盾的展开，一些具有理论自觉性的知识分子逐渐走上了无产阶级革命的道路。然而，工人阶级解放全人类的事业只能依靠工人阶级自身，对于知识分子而言，争取解放的革命道路应当是知识分子与体力劳动无产阶级的结合。马克思认为："工人的一个成功因素就是他们的人数；但是只有当工人通过组织而联合起来并获得知识的指导时，人数才能起举足轻重的作用。"② 因此，在知识分子争取解放的过程中，始终应当牢记的原则就是坚持毫不妥协的阶级斗争，同时必须要警惕和反对的是那些限制阶级斗争、磨钝斗争锋芒的"仁爱的大小资产者"对解放事业的干扰和破坏。在马克思主义意识形态看来，旨在实现无产阶级和全人类解放事业的科学社会主义运动，不仅需要"物质武器"，而且需要"精神武器"，无产阶级"解放的头脑是哲学，它的心脏是无产阶级"③。无产阶级与哲学结合的直接表现就是无产阶级与哲学家（知识分子）的联盟，"如果我们有哲学家和我们一起思考，有工人和我们一起为我们的事业奋斗，那末世界上还有什么力量能阻挡我们前进呢？"④ 因此，追求真理与进步的知识分子具有参加无产阶级革命运动的现实可能性，是无产阶级革命运动的重要依靠力量。

四 共产主义运动对知识分子革命性的规定

马克思、恩格斯认为，（广义上的）知识分子阶层在资本主义两极对抗的矛盾运动中，可能会选择不同的阶级立场。如果无产阶级政党能够有效地争取专家、律师和教师等知识分子加入革命队伍，必将

---

① 《马克思恩格斯全集》第 36 卷，人民出版社 1975 年版，第 122—123 页。
② 《马克思恩格斯文集》第 3 卷，人民出版社 2009 年版，第 13—14 页。
③ 《马克思恩格斯文集》第 1 卷，人民出版社 2009 年版，第 18 页。
④ 《马克思恩格斯全集》第 2 卷，人民出版社 1957 年版，第 595 页。

会推动无产阶级掌握和巩固政权。但是，在阶级对抗的社会现实中，无产阶级革命运动本身又是自觉自为的社会运动，这就决定了知识分子参加革命运动并非是无条件的、自然而然的。尤其是在无产阶级革命运动低谷期，某些技术专家、文学艺术家、律师等知识分子也可能会因为对资产阶级的习惯性认同与依赖而出卖或者欺骗无产阶级，对革命运动造成损失。因此，知识分子作为革命运动的可能性力量，在现实地转化成为坚定革命力量的过程中，需要自觉地服从共产主义运动对知识分子的规定。

第一，知识分子要有科学社会主义的理论自觉。无产阶级解放运动立足未来，占领历史制高点，这就意味着要从历史科学和历史规律的高度来寻求革命的正当性和道义性支撑。因此，知识分子对革命运动的理性自觉是前提条件，这种理性自觉意味着知识分子要以科学的态度认识、研究和传播科学社会主义，"必须以高度的热情把由此获得的日益明确的意识传播到工人群众中去，必须不断增强党组织和工会组织的团结"[1]。

这里，"研究"和"传播"科学社会主义是知识分子与工人群众之间主体客体化、客体主体化的辩证过程。一方面，知识分子和革命领袖作为主体在此过程中越来越"无产阶级化"，这种"无产阶级化"指知识分子在情感意识方面克服资产阶级偏见、自觉融入无产阶级队伍。另一方面，无产阶级作为客体在此过程中越来越"知识分子化"，指无产阶级逐渐摆脱资产阶级强加给自身的精神符咒，即一无所有、贫穷、野蛮、无知等形象特征。因为在资本主义生产劳动中，资产阶级被迫把现代化的科学知识移交给工人。同时，在自觉的工人运动中，无产阶级形成了"消灭阶级"的阶级意识。这说明无产阶级作为劳动阶级在人类历史上第一次打破了剥削阶级的文化垄断，成为有文化、有知识的被剥削阶级。无产阶级"处处都表现了自己智力上和道义上的优势，特别是在与所谓'雇主'发生冲突时，工人证

---

[1] 《马克思恩格斯文集》第2卷，人民出版社2009年版，第219页。

明了他们现在是有教养的人,而资本家则是粗野蛮横之徒。同时工人们大都是抱着幽默态度进行斗争的,这种幽默态度是他们对自己的事业满怀信心并深知自身优势的最好的证明"①。所以,理论上自觉、政治上敏感的知识分子能够为无产阶级自为的革命运动提供思想的启蒙和理论的指导。

第二,知识分子要无条件地掌握无产阶级世界观。世界观决定人生观、价值观、历史观,不同的世界观代表着不同的理论立场和思想倾向。因此,掌握何种世界观、坚持何种方法论对于知识分子的理论思维至关重要。马克思主义批判地继承人类优秀文化成果,实现了历史唯物主义和辩证唯物主义的统一,成为指导无产阶级革命和解放事业唯一科学的世界观和方法论。也正是在此意义上可以说,德国工人阶级是德国古典哲学优秀遗产和理论兴趣的真正继承者。然而,知识分子不同于其他社会成员的特殊性就在于其阶级立场的可转换性、可选择性,但只要知识分子选择参加无产阶级革命运动,尤其在选择加入工人党的时候,"那么首先就要求他们不要把资产阶级、小资产阶级等等的偏见的任何残余带进来,而要无条件地掌握无产阶级世界观。可是,正像已经证明的那样,这些先生满脑子都是资产阶级的和小资产阶级的观念"②。在德国等小资产阶级国家,社会成员在思想深处具有这样那样的资产阶级或者小资产阶级偏见,这无疑是由客观的社会存在决定的。在一些知识分子那里,就出现了将自己理解得很肤浅的社会主义思想与旧思想旧理论相调和的做法,也有一些知识分子随意剪裁新科学并炮制私人科学。这种情况不但无助于正确思想的传播,反而会造成更为严重的思想混乱,有多少脑袋就有多少观点。因此,党宁可不要这种教育者,像这种歪曲理解的社会主义思想只能在工人阶级政党之外的地方而存在,因为工人阶级政党具有鲜明的组织纪律和党性规定,工人阶级政党先进性、纯洁性的重要表现就是要

---

① 《马克思恩格斯文集》第2卷,人民出版社2009年版,第217页。
② 《马克思恩格斯文集》第3卷,人民出版社2009年版,第484页。

求包括知识分子在内的所有党员都要严格坚持马克思主义世界观、方法论。加入工人阶级政党的知识分子除了具有一般知识分子的身份特征之外,更为重要的就是要无条件地掌握并践行无产阶级世界观,否则就是混入党内的"冒牌货"。因此,是否无条件地掌握无产阶级世界观,就成为衡量知识分子革命性的重要"试金石"。

马克思、恩格斯在对资本主义社会的睿智研判和对人类历史发展规律的科学把握中,洞察到知识分子在资本主义社会形态中的历史使命与现实境遇:一方面,知识分子以追求真理为天职;另一方面,资本主义生产实践阻碍着科学、艺术乃至人类文明的进步。在资本的私人占有主宰一切的社会里,知识分子的事业追求与资本主义生产实践之间的对抗关系犹如烙印在社会结构内部、无法自我根除的毒瘤。然而,无论是科学的发展,还是艺术的进步,最终都需要依托代表进步历史潮流的社会主体,最终都需要社会共同体和人类命运共同体的合力谋划。也正是在此意义上,共产主义运动的科学性、崇高性不断地激励着知识分子加入革命队伍,从长远的历史进程来看,随着历史规律的彰显,知识分子对无产阶级解放事业的支持力量也必将不断扩大。

第二节 列宁的知识分子观

在马克思主义发展史上,列宁的杰出贡献在于"创造了一个新的意识形态领域"(葛兰西语)。J.拉雷认为:"在列宁那里,意识形态涵义的变化过程达到了顶点。意识形态不再是取消冲突的必然的扭曲,而是成了一个涉及到阶级(包括无产阶级)的政治意识的中性的概念。"[1] 这里的"中性"并非指超越阶级立场,而是赋予意识形态以描述性概念的蕴涵。相较于马克思对意识形态虚假性、颠倒性的批判,列宁认为,意识形态是代表一定阶级意志的话语体系与思想表

---

[1] 转引自俞吾金《意识形态论》,上海人民出版社1993年版,第204页。

达，是阶级对抗的思想武器和重要手段。

在列宁的意识形态理论中，知识分子问题始终占据突出的位置，因为具有理论自觉性的先进知识分子总是走在自发的群众运动前面。在文化水平相对落后的俄国，无论进行无产阶级革命，还是进行社会主义建设，都需要发挥知识分子自觉的文化力量。因此，深入研究知识分子问题、逐步形成富有俄国历史文化特色的知识分子观是列宁时代社会主义意识形态建设所面临的艰巨课题。

一　知识分子劳动方式与阶级归属的特殊性

劳动是人的本质力量的体现，不同的劳动方式体现着劳动者不同的社会交往与身份地位。知识分子问题之所以特殊，根本而言，是由知识分子劳动方式的特殊性决定的。以知识分子劳动方式的特殊性为逻辑起点研究知识分子问题，是列宁知识分子观科学性的体现，同时也是制定正确的知识分子政策以及发展无产阶级文化事业的理论前提。列宁明确指出，知识分子既不直接从事物质生产，又不同于那些脱离生产劳动的剥削者，而是受过教育并主要从事脑力劳动的社会阶层。质言之，在阶级依然存在的社会，知识分子的社会身份与社会地位是由社会分工造成的，他们依然是社会的劳动者阶层，只不过其劳动方式具有不同于产业工人的劳动特殊性。一方面，知识分子从事文化工作，表面上看似乎接近于权贵和特权阶层，然而在实际生产过程中知识分子仍然受雇于占有生产资料的统治阶级，遭受来自于资本家的压榨、剥削和束缚，他们仍然摆脱不了雇佣劳动者的社会地位。另一方面，知识分子的脑力劳动不同于机器大生产条件下工厂工人的集体化劳动模式，而是个体的单独工作或者是在很小的集体环境里工作。在此，构成知识分子劳动资料的不是外在的、有形的物质因素，而是内在的、无形的个体认知能力和个人精神信念，因而知识分子的劳动具有表面上的独立与自由特性。但无论如何，知识分子的文化创造仍然不能脱离整个时代和社会历史环境的影响与制约，具有社会性和历史性。

第一章　马克思主义经典作家的知识分子观

从社会存在决定社会意识的唯物主义原理出发，不难理解，知识分子思想观念中的不彻底性以及折中主义特征是劳动方式的两重性使然。列宁指出："这一社会阶层的过渡的、不稳定的和矛盾的地位的反映，就是在他们中间特别流行种种不彻底的、折中主义的观点，种种对立原则和对立观点的大杂烩，种种夸夸其谈、玩弄辞藻并用空话掩盖历史上形成的各居民集团之间的冲突的倾向。"[①] 知识分子之所以呈现出思想上的不彻底性等特征，从根本上来看，就是因为知识分子在经济上不独立，必须依附特定阶级才能生存。

由于知识分子并不占有生产资料，在经济上并不具有独立性，他们必须依附于特定阶级才能生存，因而知识分子的思想观念具有强烈的现实主义特征。同时，知识分子以文化传承与文化发展为志业，对未来社会有着理想化的追求，对现实世界又有一定的批判倾向，这就使得知识分子又同时具有超越现实的浪漫主义情怀。因此，无论是现实主义，还是浪漫主义，知识分子劳动方式的过渡性、矛盾性使得知识分子无法超越阶级意志而走向所谓的"价值中立"。

既然知识分子不能摆脱和超越阶级对抗的社会环境，那么知识分子的阶级属性该如何认识？这是列宁知识分子观的关键。正是在科学认识知识分子劳动方式矛盾性的基础上，列宁依据马克思主义的阶级分析方法，对当时俄国社会的知识分子阶层进行阶级归属的划分，认为俄国知识分子分别从属于资产阶级、小资产阶级、无产阶级等不同的阶级类型。对此，有些学者认为列宁没有严格坚持阶级划分的马克思主义原则，而是过分强调从知识分子的世界观、生活方式、思想观点等方面进行划分。对此，笔者并不苟同，列宁不仅坚持了马克思主义的阶级分析，而且更具创造性地将其应用到知识分子这个并不具有经济独立性的特定社会阶层。从知识分子从事生产劳动的实际情况出发，列宁不仅廓清了知识分子的阶级属性，而且也科学阐释了知识分子阶级立场转换的现实可能性。列宁认为，在社会动荡和阶级对抗尖

[①]《列宁全集》第4卷，人民出版社1984年版，第183—184页。

锐的历史时期，阶级之间的渗透是大量存在的，尤其是知识分子背叛阶级出身而自觉选择另一特定阶级立场更是常见现象。这种选择既可能是从落后走向先进、从反动走向革命的正向流动，例如赫尔岑等地主和贵族知识分子背叛阶级出身而投身革命；也可能是从先进蜕变为落后、从革命蜕变为反动的逆向流动，例如包括马克思主义理论宣传家在内的一些知识分子选择离开民主派而走向"自由派"，这一转向的典型代表是由革命走向妥协的普列汉诺夫。

　　知识分子的阶级归属并不固定，也不唯一，而是呈现出流动性、可变性、选择性的特征。因此，对知识分子阶级属性的判断不能凝固在其阶级出身方面，而是应当动态地考察其阶级立场转换的客观过程与条件。正是在科学判定俄国知识分子阶级属性的基础上，列宁主张："对于专家，我们不应当采取吹毛求疵的政策。这些专家不是剥削者的仆役，而是有文化的工作者。他们在资产阶级社会里为资产阶级服务，全世界的社会主义者都说过，这些人在无产阶级社会里是会为我们服务的。"[①] 基于对知识分子阶级归属的科学研判，列宁及其领导的布尔什维克党坚持了正确的知识分子政策，最大限度地争取、团结和帮助知识分子，有力推动了苏维埃俄国的社会主义文化建设。

二　知识分子在党性之争中的文化自觉性

　　恩格斯曾于19世纪40年代批判德国资产阶级学者宣扬"抽象的人性"时，最早提出了"党性"的概念。恩格斯认为"无党性"的理论由于"思想绝对平静"而只能发出抽象空洞的悲叹，因此而丧失改造现实的力量。坚持党性的马克思主义意识形态自产生以来，凭其科学真理性和严密逻辑性战胜了形形色色的社会思潮和意识形态思想体系，发展成为工人运动中最具思想影响力和理论凝聚力的强大精神资源。列宁坚持马克思主义意识形态与生俱来的党性原则，特别强调知识分子在意识形态党性之争中的文化自觉性。

[①]《列宁选集》第3卷，人民出版社2012年版，第768页。

（一）知识分子是意识形态党性之争的文化主体

文化与意识形态是两个既相区别又密切联系的概念，文化偏重多元多样，意识形态追求一元指导。然而，在诸多文化形态背后，则始终有意识形态的核心指导。所以，文化总是一定阶级的文化，具有鲜明的意识形态属性，而意识形态也总是以文化形态呈现。无论任何意识形态思想体系，其话语表达与思想建构都需要披上特定民族国家的文化外衣才能真正进入普通民众的内心深处与生活世界。在此过程中，知识分子的文化主体地位尤其重要。知识分子尤其是那些政治学、经济学、法学等理论专家，历史性地承担着将特定阶级意志理论化、系统化的意识形态建构使命，同时也责无旁贷地承担着传播、教育甚至解构某种意识形态的使命。

在无产阶级革命已经成为历史主导潮流的时代，意识形态已经不再是资产阶级的理论专属，马克思主义是代表无产阶级的科学意识形态。对于那些饱经磨难、陷入苦闷彷徨的俄国知识分子而言，马克思主义犹如"引导我们走出矛盾迷宫"的"引路线"。但是，居于统治地位的资本主义意识形态无时无刻不对马克思主义进行疯狂进攻。正如列宁在《马克思主义和修正主义》中所讲："无论是借驳斥社会主义来猎取名利的青年学者，或者是死抱住各种陈腐'体系'的遗教不放的龙钟老朽，都同样卖力地攻击马克思。"[①] 除了来自资本主义思想体系的进攻以外，自19世纪90年代起，马克思主义内部出现了伯恩施坦修正主义，它披着马克思主义的外衣，歪曲、篡改并企图取代马克思主义，意识形态领域的斗争更加复杂。

资产阶级和无产阶级两种意识形态在哲学、文化等领域展开激烈角逐，那些活跃于文化战线上的专家、学者等知识分子则成为意识形态角逐的典型代表。为了澄清理论上的混乱，避免把无产阶级斗争引向歧途，列宁强调哲学派别和理论斗争的党性原则，指出唯物主义和唯心主义两大哲学派别之间的斗争归根到底是阶级斗争的理论表现，

[①] 《列宁专题文集·论马克思主义》，人民出版社2009年版，第148页。

"在经验批判主义认识论的烦琐语句后面,不能不看到哲学上的党派斗争,这种斗争归根到底表现着现代社会中敌对阶级的倾向和意识形态"①。包括哲学派别在内,任何研究人文社会现象的理论体系都是存在党性的。因此,不能忽视这些理论学说和文化现象背后所暗藏的利益表达和意识形态诉求,任何以"无党性""非党性"自封的意识形态都是资本主义伪善的欺骗伎俩。

(二)革命知识分子是科学意识形态建设的自觉主体

在现代意识形态的党性之争中,资产阶级意识形态的思想渊源更为久远,理论加工也更加精致圆润,传播工具也更加丰富多样。"所以某一个国家中的社会主义运动愈年轻,也就应当愈积极地同一切巩固非社会主义意识形态的企图作斗争,也就应当愈坚决地告诉工人提防那些叫嚷不要'夸大自觉因素'等等的蹩脚的谋士。"② 建立在抽象人性论基础上的资产阶级意识形态疯狂鼓吹自发性,企图磨钝无产阶级革命自觉性的斗争锋芒。列宁强调,在无产阶级革命性尚未成熟的历史条件下更应该发挥知识分子投身革命事业的自觉性、进步性作用,反对任何形式对自发性的崇拜和对"自觉因素"的轻视。

作为科学理论体系的马克思主义意识形态不会在工人运动中自发产生,这种意识是无产阶级知识分子在对人类社会历史进程的科学把握中发展起来的。恰如列宁在《革命青年的任务》中所讲:"知识分子之所以叫作知识分子,就是因为他们最自觉地、最彻底地、最准确地反映和表现了整个社会的阶级利益的发展和政治派别划分的发展。"③ 科学社会主义理论唯有通过知识分子的创造、传播和宣传,掌握革命阶级千百万人的心灵,才能真正发挥理论改变现实的力量,"能够给小资产者和农民的极广大阶层提供他们恰恰缺少的东西:知识、纲领、领导、组织。"④ "知识、纲领、领导、组织"等是无产阶

---

① 《列宁选集》第2卷,人民出版社2012年版,第240页。
② 《列宁选集》第1卷,人民出版社2012年版,第328页。
③ 《列宁全集》第7卷,人民出版社1986年版,第324页。
④ 《列宁全集》第11卷,人民出版社1987年版,第191页。

级革命运动从自发走向自觉的重要标志。在从"自发"运动走向"自觉"运动的过程中,革命知识分子发挥着文化自觉与知识引领作用,充当着联结理论与现实的桥梁作用,是无产阶级意识形态建设的"自觉"主体。

三 知识分子在政党建设中的角色两重性

俄国知识分子先天地具有政治化传统,"从其产生之日起就是一个高度政治化的群体,他们有许多派别和组织并且均具影响,如民粹派、解放社、立宪派、社会革命党、路标派,等等"①。这些政治派别和组织都有自己的精神领袖,即代表不同阶层利益的知识分子。由于俄国经济发展落后、思想文化匮乏,俄国知识分子有着强烈的观念崇拜意识和救世情结。19世纪,俄国知识分子不畏艰辛,虔诚求索国家走向何处的问题。无论是以赫尔岑为代表的贵族知识分子对"农民革命"的盲目幻想,还是以车尔尼雪夫斯基为代表的平民知识分子"到民间去"运动的开展,以及以列宁为代表的革命知识分子对科学社会主义理论的选择与坚持,都体现着俄国知识分子钢铁勇士般的牺牲精神和深沉的爱国责任。

但历史客观地表明,最终将俄国引向光明的是作为革命力量的无产阶级先锋队——俄国社会民主党。列宁认为,政党组织是无产阶级争取解放的斗争武器,自发性运动高潮愈增长,就愈迫切地需要发挥社会民主党在理论和实践方面的首创精神和组织力量。然而,对于知识分子在无产阶级政党意识形态建设中的角色和地位,则需要结合俄国实际国情,一分为二、辩证看待。知识分子既是无产阶级政党意识形态建设不可或缺的依靠力量,同时又是无产阶级政党意识形态建设不容忽视的教育对象,是依靠力量和教育对象的"一体两面",具有角色二重性。

---

① 杨凤城:《列宁的知识分子理论述论》,《首都师范大学学报》(社会科学版)2005年第2期。

（一）无产阶级政党建设必须依靠知识分子对工农群众进行"理论灌输"

以历史的眼光来看，革命知识分子理论"灌输"的特殊地位与沙俄时代所留下的"赤贫"文化状况密切关联。"十月革命前夕，俄国成年居民中有75%的居民是文盲，城市工人中只有60%的人识字，农民识字人数还不到20%，其中仅有7%的农村妇女识字。而少数民族地区的教育、文化发展状况更是令人触目惊心，其中吉尔吉斯人识字率为0.6%，塔吉克人为0.5%，土库曼人为0.7%，乌兹别克人为1.6%。此外还有48个民族没有自己的文字。"[①] 十月革命后的苏俄，虽然建立了先进的社会主义国家政权，但是，文化建设"积贫积弱"却是不争的事实。在此情景下，普及知识，教育和组织工农群众，提高工农群众的读书识字能力，就成为捍卫苏维埃政权的战略性举措。因此，从社会主义国家意识形态建设的政治高度认识文化建设的重要性，是列宁在深刻把握俄国国情基础上作出的重大战略部署。列宁指出："文盲是处在政治之外的，必须先教他们识字。不识字就不可能有政治，不识字只能有流言蜚语、谎话偏见，而没有政治。"[②] 比较而言，知识分子拥有系统丰富的知识和相对开阔的政治视野，在政治批判和政治揭露方面更具理性自觉，更能胜任对工人群众进行马克思主义理论灌输的使命，对于俄国工农群众革命意识和阶级意识的觉醒发挥着不可替代的重要作用。因此，革命知识分子承担着艰巨的历史使命——在无产阶级政党的领导下，开展文化教育，通过文化知识的普及，团结越来越多的革命群众，调动和激发工农群众的政治意识和革命积极性，揭露、批判形形色色的资本主义意识形态，促进无产阶级革命运动的开展和社会主义政权的建设。

同时，为了开展社会主义文化和意识形态建设，列宁主张批判地

[①] 王俊文：《论列宁的"教育——文化"发展观及其当代启示》，《学术论坛》2012年第4期。

[②] 《列宁选集》第4卷，人民出版社2012年版，第590页。

继承资本主义遗留下来的全部科学、技术、知识和文化，区分资本主义文化因素与资本家的不同，批判"无产阶级文化派"建设纯粹社会主义文化的幻想，认为社会主义文化事业的发展需要依靠专家和知识分子（包括资产阶级知识分子），需要继承和发扬人类优秀文化成果。"只有利用大资本主义文化因素才能建设社会主义，而知识分子就是这样的因素。"[①]

（二）无产阶级政党建设必须教育党内知识分子牢固树立政治意识

知识分子追求独立的思想和自由的精神，但对于加入无产阶级政党的知识分子而言，他们的社会身份赋予其更多的责任与使命，可谓政治使命与文化使命兼具。一般而言，知识分子秉持自觉的文化使命已经成为共识，不会招致反对。但如果没有正确的政治立场和清醒的政治意识，则知识分子的文化使命可能会滑向非理性的泥淖。因此，列宁非常重视知识分子的政治意识和政治素养问题。

列宁指出，能否自觉地服从无产阶级政党的组织纪律是考验知识分子政治意识和政治素养的重要方面，因为知识分子的个体劳动方式容易产生一定程度的自由主义、机会主义倾向。一些在组织问题上的机会主义、尾巴主义知识分子，错误地认定党的组织纪律是对知识分子自由个性的束缚，他们以无产阶级的自我教育为借口而否认组织纪律的必要性和重要性。这些机会主义者竭力维护自治制，"力图削弱党的纪律，力图把党的纪律化为乌有，他们的倾向到处都在导向瓦解组织，导向把'民主原则'歪曲为无政府主义"[②]。在这种情况下，列宁指出："并不是无产阶级，而是我们党内某些知识分子，在组织和纪律方面缺乏自我教育，在敌视和鄙视无政府主义空话方面缺乏自我教育。"[③] 在资产阶级思想渗透无所不在的条件下，一旦无产阶级

[①]《列宁全集》第35卷，人民出版社1985年版，第215页。
[②]《列宁选集》第1卷，人民出版社2012年版，第511页。
[③]《列宁选集》第1卷，人民出版社2012年版，第500页。

政党内部的知识分子缺乏政治素养，那么就有可能引起思想混乱和组织混乱，甚至将革命引向歧途。因此，列宁强调，无产阶级政党建设必须坚持严明的组织纪律，"保持无产阶级政党在思想上和政治上的独立性，是社会主义者的始终不渝和绝对必须履行的义务"[①]。党员知识分子不但要承担教育工人群众的使命，而且也要自觉接受来自于政党组织的政治教育，虚心接纳来自工农群众的实践教育。唯其如此，才能保持政治立场和政治素养的坚定。

四 知识分子认同社会主义的过程性

19世纪末20世纪初，俄国政治风云急遽变化，知识分子作为精神战士的形象出现于历史舞台。由于政治理念的分歧，俄国知识分子呈现出中间大、两头小的"橄榄型"结构，置于两端的分别是统治阶级和工人阶级的利益代表，而介于中间的绝大多数则是处于"中间等级"的小资产阶级知识分子。尽管他们普遍地具有反对专制的思想倾向，但是大部分知识分子却在社会主义运动面前动摇退却。在十月革命前后，一些知识分子幼稚地幻想社会主义革命可以用说服的办法来进行，主张和平改良、议会斗争等机会主义路线，认为摧枯拉朽的暴力革命将使俄国社会陷入沉沦和自我毁灭。包括高尔基、托尔斯泰在内的知识分子对俄国革命无意造成的饥饿、破坏、冷漠等社会现象也是怨言万千，他们一方面以现实主义的态度批判剥削和压迫，另一方面却又疯狂反对"暴力抵抗邪恶"。所以，俄国大多数知识分子在主观认知上止步于资产阶级民主革命的胜利。

苏维埃政权建立以后，为了缓解内忧外患的窘境，苏维埃俄国实行战时共产主义政策，在全社会实行严厉的军事化管理，对"知识分子先生们"也曾被迫使用恐怖手段，这些措施加剧了知识分子对社会主义政权及其意识形态的偏见和叛逆。对此，列宁理性回应，"我们过去不得不同他们作无情的斗争，要求我们这样做的，不是共产主

---

① 《列宁选集》第1卷，人民出版社2012年版，第678页。

义，而是事变的进程，是事变进程使得一切'民主主义者'和一切醉心于资产阶级民主的人离开了我们"①。为了谋求和平建设环境，苏维埃俄国于1917年12月9日同德国签署不平等的《布列斯特和约》，这一事件直接加剧了"爱国主义成见最深"的俄国知识分子对社会主义政权的敌对态度。与此同时，在狂热反知识分子的马哈伊斯基主义"左"倾文化思潮煽动下，苏俄民众乃至部分领导干部对知识分子排斥、仇恨的粗暴态度也加剧了知识分子对社会主义意识形态的漠视和拒绝。对此，布哈林认为，这些知识分子主观上是真诚的，只是他们奉行的意识形态使他们不愿看到社会主义暴力革命对俄国几百年历史文化的戕害。然而在列宁看来，这些温情的知识分子之所以没有跟我们走，从根本上说是因为他们不懂得"社会主义是不能'实施'的；社会主义是在最激烈的、最尖锐的、你死我活的阶级斗争和内战的进程中成长起来的"②。

在这种情况下，如何促使苏俄知识分子对马克思主义意识形态的了解、接受和认同成为无产阶级革命家无法回避的现实问题。列宁敏锐地意识到问题的特殊性与长期性，争取知识分子对社会主义的认同不能依靠"棍棒强迫"的强制性暴力，而应当诉诸柔性力量以达到心悦诚服的精神认同，因此这项工作将会是一个长期的、艰巨的文化任务，也将是一个自觉自为和主动作为的过程，需要采取慎重、灵活的工作方法。

(一) 社会主义文化工作是知识分子认同社会主义的典型途径

社会主义文化工作不仅是建设与巩固苏维埃政权的现实需要，而且是增强意识形态社会认同的典型途径。列宁敏锐地察觉，知识分子意识形态认同的方式不同于其他劳动者阶层。知识分子从事具体的文化工作，化解知识分子对社会主义意识形态的疑虑和对抗，必须打破他们根深蒂固的传统偏见，"当他们看到工人阶级中的有组织的先进

---

① 《列宁全集》第35卷，人民出版社1985年版，第215页。
② 《列宁选集》第3卷，人民出版社2012年版，第372页。

阶层不仅重视文化，而且帮助在群众中普及文化时……他们就会在精神上完全折服，而不仅在政治上和资产阶级割断关系"[1]。列宁指出，要以相应的科学成果来增进知识分子对社会主义、共产主义的理解、认知与接纳，一旦科学或技术专家看到或者感受到他们的科研成果与文化知识在社会中的普及与应用，以及由此带来社会生产力的提高与整个社会精神风貌的改善，那么他们对社会主义政权以及社会主义意识形态的态度就会改观。同时，列宁指出，在业务上必须要尊重、依靠并信任知识分子，"不分青红皂白地进行非难，糟蹋专家名流的名声，不弄清这些专家究竟是什么样的人就把他们统统叫作'资产阶级'专家，这样做简直不象共产党人"[2]。那些貌似激进实则不学无术的共产党人对待知识分子狂妄自大的态度也势必会伤害知识分子对社会主义意识形态的认同感，增进这种认同感必须落实在具体的文化工作中，而不是停留在空泛的口号中。

（二）社会主义劳动关系是知识分子认同社会主义的现实根基

从本质上来看，知识分子意识形态认同是精神文化现象，属于"思想的社会关系"。根据社会存在决定社会意识、社会意识反作用于社会存在的历史唯物主义原理，"思想的社会关系"归根结底是由物质的生产关系决定的。尽管马克思、恩格斯作为无产阶级革命导师在资本主义时代就确立了坚定的共产主义信仰，但是对于大部分俄国知识分子而言，由于不同的价值取向、文化背景、家庭出身、政治立场等因素客观存在，知识分子对社会主义意识形态的认同需要现实的物质生产根基，即社会主义劳动关系。列宁特别强调，在说服意识形态动摇者，利用意识形态中立者，尽可能地吸引和争取所有知识分子参加无产阶级事业的过程中，"公式主义"的宣传和"形式主义"的讲解是无法奏效的，必须要通过社会主义生产劳动来熏陶、教育越来越多的知识分子成为共产主义理想的信仰者、追随者。

---

[1] 《列宁选集》第3卷，人民出版社2012年版，第767页。
[2] 《列宁全集》第40卷，人民出版社1986年版，第49页。

列宁从人类文化发展的普遍规律出发，批判那些视知识分子为"剥削者的仆役"的错误言论，指出知识分子虽然"使资产阶级获得了巨大的物质财富，使无产阶级的所得微不足道。但他们毕竟推进了文化，这是他们的职业"[①]。在此，列宁一方面指出了知识分子从事文化工作是社会分工使然，另一方面也洞察到知识分子的文化工作在整个社会结构中受阶级统治秩序的客观制约。因为在资产阶级占统治地位的社会形态里，资产阶级主宰和统治着由知识而产生的权威和力量，掌握着对知识的生产、拥有、解释和分配的绝对话语权。所以，摆在苏维埃政权面前的重要课题就是要创造一种符合社会化大生产的劳动秩序和知识结构，这样的劳动秩序是体力劳动与脑力劳动的共同协作，这样的知识结构是知识分子与工农群众的相互学习，因为任何止步于书本知识的知识分子都容易在文化工作中滋生脱离群众、脱离实际的缺点。对此，列宁找到的出路是"使资产阶级专家同觉悟的共产党员所领导的普通工人群众手携手地同志般地共同劳动，从而促使被资本主义分开的体力劳动者和脑力劳动者互相了解和接近"[②]。在社会主义劳动秩序中，发挥社会主义公有制的制度优越性和社会主义意识形态的感染力，使知识分子自觉意识到科学知识用于个人升迁和剥削他人是卑鄙的，而用之于为民族造福则是崇高的。如此，知识分子那种资产阶级意识和小资产阶级偏见将会随着社会存在和社会关系的改变而改变，"用广泛的无产阶级影响来熏陶那些落后的或者最近才开始摆脱'立宪会议'幻想或'爱国主义民主主义'幻想的人"[③]。

但也不可否认，这种熏陶和教育将是长期的历史过程，甚至也可能会因为资本主义意识形态的渗透和干扰而造成曲折与反复。所以，列宁强调要在复杂的社会环境中练就同知识分子打交道的本领，既要重视知识分子正当的利益需求，关怀知识分子的物质生活和精神生活，让知识

---

① 《列宁选集》第3卷，人民出版社2012年版，第767页。
② 《列宁选集》第3卷，人民出版社2012年版，第748页。
③ 《列宁选集》第3卷，人民出版社2012年版，第584页。

分子自觉产生事业归属感。同时，无产阶级先锋队也要坚持原则，果断将那些混进党内的、敌对的资产阶级知识分子清除出去。

在俄国的社会主义革命与建设中，列宁创造性地把马克思主义意识形态理论与俄国独特的国情结合起来，围绕知识分子劳动方式与阶级归属的特殊性、知识分子在党性之争中的文化自觉性、知识分子在政党建设中的角色两重性、知识分子认同社会主义的过程性等问题展开深入思考。这些探索性认识具有历史科学性与革命现实性，在苏维埃俄国社会主义意识形态建设中产生了积极效果，1925年联共（布）第十四次代表大会明确肯定了不同职业知识分子对社会主义的态度，"从苏维埃职员（教师、医生、工程师、农艺师等等）的倾向和情绪来看，他们开始真正成为苏维埃的了"[1]。列宁从社会主义意识形态建设的角度审视知识分子问题，不仅对于世界上第一个社会主义国家奠定马克思主义文化主旋律提供了理论指导，而且对于建构当代社会主义文化话语权和知识分子文化自觉提供有益参照。

第三节 毛泽东的知识分子观

任何思想理论体系的产生都基于一定的时代和历史条件。"所有这些体系都是以本国过去的整个发展为基础的，是以阶级关系的历史形式及其政治的、道德的、哲学的以及其他的后果为基础的。"[2] 在中国社会风起云涌的革命浪潮和举国上下艰辛求索的社会主义建设中，毛泽东始终坚持实事求是，创造性地将中国的知识分子问题置于革命与建设的国家宏观议题之中进行勘察与思考。所以说，毛泽东的知识分子观生成于中国复杂的社会结构与特殊的历史境遇之中，具有鲜明的时代特征和实践特色。

什么是知识？这是毛泽东知识分子观的认识前提。针对当时中国

---

[1] 《马列主义研究资料（1982年第5辑）》，人民出版社1982年版，第149页。
[2] 《马克思恩格斯全集》第3卷，人民出版社1960年版，第544页。

知识界的状况，毛泽东在《整顿党的作风》中特别强调："什么是知识？自从有阶级的社会存在以来，世界上的知识只有两门，一门叫做生产斗争知识，一门叫做阶级斗争知识。自然科学、社会科学，就是这两门知识的结晶，哲学则是关于自然知识和社会知识的概括和总结。此外还有什么知识呢？没有了。"[①] 在对知识重新阐释的背后，始终渗透着"理论与实践相统一"的思想理念，毛泽东还明确指出："真正的理论在世界上只有一种，就是从客观实际抽出来又在客观实际中得到了证明的理论，没有任何别的东西可以称得起我们所讲的理论。"[②] 毛泽东对知识的社会实践性和理论客观性的强调，破除了当时人们对某些"书本知识"的迷信以及剥削阶级占有和垄断知识先天合理的反动思想，为无产阶级和劳动人民群众在革命运动中的主体觉醒提供了一种强大的思想自觉。

一 知识分子的社会属性

近代以来半殖民地半封建的社会性质和社会结构赋予中国知识分子以深沉而艰巨的历史使命，他们心系国家的前途命运，将个人生命与国家命运紧密地联结在一起。毛泽东讲道，近代以来的数十年，中国出现了一支社会作用显著的知识分子群，他们虽然是文化工作者，但他们同时具有强烈的政治敏锐性与政治自觉，"尤其是广大的比较贫苦的知识分子，能够和工农一道，参加和拥护革命"[③]。以马克思主义者的态度，尊重和珍视知识分子，这成为毛泽东继承发展马克思列宁主义知识分子观的主旋律。

在对知识分子总体肯定的前提下，如何最大程度地发挥知识分子的革命性、克服知识分子的主观主义与个人主义倾向，必然要触及的就是知识分子的社会属性问题。无论是在革命时期，还是在建设时

---

① 《毛泽东选集》第3卷，人民出版社1991年版，第815—816页。
② 《毛泽东选集》第3卷，人民出版社1991年版，第817页。
③ 《毛泽东选集》第2卷，人民出版社1991年版，第641页。

期，毛泽东都始终坚持结合中国的社会性质与社会矛盾，分析和研判知识分子的现实属性。

首先，从民主革命时期的社会生产状况出发，研判知识分子从属于小资产阶级。在多种矛盾冲突并存的半殖民地半封建社会，知识分子并不构成一个具有独立经济利益和政治意志的阶级，而是帝国主义势力、封建统治阶级以及买办资本家等各种政治力量都在极力争夺的对象，因为"任何一个阶级都要用这样的一批文化人来做事情，地主阶级、资产阶级、无产阶级都是一样，要有为他们使用的知识分子"①。压迫者企图利用知识分子继续压迫人，被压迫者希望利用知识分子起来反抗压迫者。帝国主义为麻醉中国人民的反抗精神，积极推行文化侵略的政策，"传教，办医院，办学校，办报纸和吸引留学生等……其目的，在于造就服从它们的知识干部和愚弄广大的中国人民"②。毛泽东本人作为知识分子，深有同感地认识到当时中国社会正在活跃着的一些进步知识分子，他们为国家的前途命运苦苦求索、奔走呼告。但也不能否认，尚有部分知识分子站在了反动统治阶级的立场上。究竟如何厘清和划分知识分子的社会属性尤其是阶级属性？毛泽东强调要避免"唯成分论"的倾向，应当依据知识分子实际从事的社会职业与劳动方式，而不是仅仅依据家庭出身等因素来主观认定。从当时中国广大知识分子的实际情况来看，他们掌握文化知识，从事文化教育工作，具有一定程度的革命性和进步性，但是私有制的生产方式造成了绝大部分知识分子从属于小资产者的行列。因此，毛泽东于1939年在《中国革命和中国共产党》一文中指出："从他们的家庭出身看，从他们的生活条件看，从他们的政治立场看，现代中国知识分子和青年学生的多数是可以归入小资产阶级范畴的。"③虽然毛泽东将广大知识分子界定为小资产阶级，但在无产阶级完全知

---

① 《毛泽东文集》第2卷，人民出版社1993年版，第432页。
② 《毛泽东选集》第2卷，人民出版社1991年版，第630页。
③ 《毛泽东选集》第2卷，人民出版社1991年版，第641页。

化以前，还要利用别的阶级出身的知识分子为无产阶级解放事业服务，况且小资产阶级也是近代以来中国社会的一支重要革命力量。在此认识的基础上，毛泽东主张无产阶级政党和军队应大量吸收知识分子，克服恐惧和排斥知识分子的"左"倾关门主义错误，以发展革命的文化运动和革命的统一战线。

其次，从社会主义建设的政治高度出发，明确知识分子的无产阶级属性。新中国成立以后，面对积贫积弱、一穷二白的艰难处境，党中央非常重视知识分子在经济建设、国防建设、文化建设等方面的作用。为了调动广大知识分子投身社会主义事业的积极性、主动性，中共中央于1956年1月14日至20日召开了关于知识分子问题会议，周恩来在会议上提出知识分子已经是工人阶级的一部分的科学论断，强调要坚决摒弃在知识分子问题上的"左"的宗派主义倾向，明确把知识分子和工人、农民都看作是社会主义建设的依靠力量，知识分子同工人、农民是兄弟联盟的关系。毛泽东在知识分子问题会议闭幕式上对这次会议精神给了充分肯定，特别强调技术革命与文化革命的实质就是发展科学、破除蒙昧。在此过程中，没有知识分子就犹如无源之水无本之木。同时，中共八大指出，在社会主义社会，剥削阶级已经基本消灭，人民群众日益增长的物质文化需要同落后的社会生产之间的矛盾产生了对于知识分子和科学文化事业的强烈需求，知识分子在社会主义建设中承担着比革命时期更为艰巨的历史使命。毛泽东强调，社会主义建设需要庞大的知识分子队伍——不仅需要各行各业的专家教授与科技工作者，而且需要弘扬传播社会主义文化的新闻记者、文艺工作者和马克思主义理论家等。在知识分子是劳动人民的思想逻辑下，毛泽东将知识分子的思想分歧定位为非对抗性的人民内部矛盾。在"双百"方针的政策鼓励下，多数知识分子解除了思想疑虑，以极大的责任和热情投身文艺、科学事业，全国掀起了向科学进军的热潮，迎来了知识界生机勃勃的"文学和艺术的春天"。

再次，从思想领域阶级斗争的实际出发，研判知识分子的社会属性。社会主义改造完成以后，随着国际国内形式的变化，尤其是波匈事件的教训，毛泽东更为重视思想领域的阶级斗争问题。他认为，在群众性的阶级斗争基本结束的情况下，依然存在两条道路、两种阶级在意识形态领域的斗争和冲突，知识分子的资产阶级世界观正是剥削阶级意识在人民内部的思想体现。"我国社会主义和资本主义之间在意识形态方面的谁胜谁负的斗争，还需要一个相当长的时间才能解决。这是因为资产阶级和从旧社会来的知识分子的影响还要在我国长期存在，作为阶级的意识形态，还要在我国长期存在。"① 这也说明，意识形态具有相对独立性，"当旧的意识形态赖以存在的经济基础灭亡之后，其中的某些因素作为'遗迹'还会在新的意识形态中长期保留下去"②。在社会主义社会，意识形态领域的阶级斗争依然存在并有可能激化，错误思潮的泛滥会危及政权的稳定。1957年在中国共产党全国宣传工作会议上，毛泽东指出："我们现在的大多数的知识分子，是从旧社会过来的，是从非劳动人民家庭出身的。有些人即使是出身于工人农民的家庭，但是在解放以前受的是资产阶级教育，世界观基本上是资产阶级的，他们还是属于资产阶级的知识分子。"③ 毛泽东对思想领域阶级斗争现象的重视是必要的，但是由于混淆世界观与阶级属性的界限，将知识分子判定为资产阶级，则犯了思想上的"左"倾错误。

在不同的历史时期，对知识分子社会属性的研判，必然不能离开当时的社会实际状况。毛泽东继承并发展马克思、恩格斯、列宁的知识分子观，总体的思想主线是尊重和重视知识分子，注重发挥知识分子对于革命文化、科技文化的引领创新作用。但也必须承认，我们党在20世纪50年代的"左"倾错误导致了反右派斗争扩大化以及"以阶级斗争为纲"的政治实践，严重地伤害了知识分子的感情。同时，"四人帮"实施疯狂的政治迫害，令知识分子蒙冤受辱。邓小平在回

---

① 《毛泽东文集》第7卷，人民出版社1999年版，第231页。
② 俞吾金：《意识形态论》，上海人民出版社1993年版，第135页。
③ 《毛泽东文集》第7卷，人民出版社1999年版，第273页。

顾党的历史经验时，讲道："说深一点，社会主义时期我们的失误主要来自'左'的方面，而'左'的事情从一九五七年就开始了。"① 这里，'左'的错误从对知识分子社会属性的错误估计和对文化领域的粗暴干涉开始。

二 知识分子的革命先锋作用

毛泽东不仅继承了马克思列宁主义关于知识分子是脑力劳动者的正确思想，而且根据知识分子在中国革命中的实际作用，鲜明地提出了知识分子是中国革命的桥梁和先锋。同时，在深入分析中国社会结构和新旧政治经济力量的对比情况后，毛泽东讲道："西方资产阶级就在东方造成了两类人，一类是少数人，这就是为帝国主义服务的洋奴；一类是多数人，这就是反抗帝国主义的工人阶级、农民阶级、城市小资产阶级、民族资产阶级和从这些阶级出身的知识分子，所有这些，都是帝国主义替自己造成的掘墓人，革命就是从这些人发生的。不是什么西方思想的输入引起了'骚动和不安'，而是帝国主义的侵略引起了反抗。"② 质言之，中国知识分子的革命觉悟与中华民族的民族觉醒是一致的。饱受磨难的中国人民和中华民族在经历了地主阶级、资产阶级和农民阶级等各种社会力量的政治运动之后，依然没能挽救民族危亡，广大中国人民陷入深深的民族危机、信仰危机、文化危机之中。这时的中国迫切需要一场革命道路的转型，而中国革命的希望和出路在于无产阶级领导的反帝反封建的新民主主义革命以及社会社会主义革命。

中国知识分子深受国内外反动统治阶级的联合剥削和压迫，具有革命浪漫主义的激情，是中国革命的依靠力量。作为最先觉悟的社会力量，知识分子容易接受世界革命的经验，了解中国革命的需要。因此，在新旧政治力量和意识形态对峙中，以陈独秀、李大钊为代表的

---

① 《邓小平文选》第3卷，人民出版社1993年版，第253页。
② 《毛泽东选集》第4卷，人民出版社1991年版，第1513页。

进步知识分子于当时中国众多的社会思潮中辨识并接受马克思列宁主义，找到了应对中国社会危机的强大思想武器。在此起彼伏的革命风暴中，他们走出纯粹知识的象牙塔，充当着革命的桥梁和先锋，成为创建中国共产党的重要力量。因此，可以说，近代中国进步知识分子在整个社会的信仰重塑和组织重塑中发挥着至关重要的作用。

毛泽东曾讲过，纤笔一支可抵三千毛瑟精兵，中国革命必须是文武两条战线的结合，即文化战线和军事战线、笔杆子和枪杆子的结合。"在我们为中国人民解放的斗争中，有各种的战线，就中也可以说有文武两个战线，这就是文化战线和军事战线。我们要战胜敌人，首先要依靠手里拿枪的军队。但是仅仅有这种军队是不够的，我们还要有文化的军队，这是团结自己、战胜敌人必不可少的一支军队。"[1]革命知识分子在文化战线上充当着"指挥员"的角色，"革命文化，对于人民大众，是革命的有力武器。革命文化，在革命前，是革命的思想准备；在革命中，是革命总战线中的一条必要和重要的战线。而革命的文化工作者，就是这个文化战线上的各级指挥员"[2]。革命知识分子在近代中国的政治风云中自觉选择革命文化，自愿公开其前卫的革命姿态，通过理论创作和文艺作品向工农群众传递、声援革命的豪情与革命的真理。正如毛泽东1937年在陕北公学纪念鲁迅时所讲："这种先锋分子是胸怀坦白的，忠诚的，积极的与正直的；他们是不谋私利的，唯一地为着民族与社会的解放；他们不怕困难，在困难面前总是坚定的，勇往直前；他们不是狂妄分子，不是风头主义者，而是脚踏实地富于实际精神的人们。他们在革命的道路上起着向导的作用。"[3]

在社会主义政权刚建未稳的历史时期，无产阶级专政的国家制度面临着国内外敌对势力的干扰与破坏，一切旧的政治力量随时准备反

---

[1] 《毛泽东选集》第3卷，人民出版社1991年版，第847页。
[2] 《毛泽东选集》第2卷，人民出版社1991年版，第708页。
[3] 《毛泽东文集》第2卷，人民出版社1993年版，第42页。

攻，帝国主义国家趁势采取对抗封锁或者"和平演变"的策略。在此背景下，毛泽东强调，政权合法性问题的解决不能仅仅依靠国家机器的暴力强制，同样也需要从思想文化、意识形态角度进行论证和说服，发扬革命传统、继承革命精神的知识分子是提高我们党战斗力和维护国家政权稳定的重要力量。"如果我们党有一百个至二百个系统地而不是零碎地、实际地而不是空洞地学会了马克思列宁主义的同志，就会大大地提高我们党的战斗力量。"① 理论成熟、立场坚定的无产阶级知识分子有效宣传革命科学的理想信念，在工作中落实为人民服务的价值取向，能够有效提高人民群众为社会主义事业奋斗的自觉程度。

三　知识分子的文化使命

在《新民主主义论》中，毛泽东从哲学的角度对文化概念有一个十分经典的阐述："一定的文化（当作观念形态的文化）是一定社会的政治和经济的反映，又给予伟大影响和作用于一定社会的政治和经济；而经济是基础，政治则是经济的集中的表现。这是我们对于文化和政治、经济的关系及政治和经济的关系的基本观点。"② 在马克思主义的语境中，有什么样的经济和政治，就有什么样的文化。同时，文化具有历史继承性和相对独立性。中华民族悠久的历史和特殊的国情使得毛泽东对文化的意识形态属性有更为深刻的理解与把握。毛泽东认为，在阶级社会，知识和文化是专属于剥削阶级的，工农群众是没有文化的。所以，"我们要革除的那种中华民族旧文化中的反动成分，它是不能离开中华民族的旧政治和旧经济的；而我们要建立的这种中华民族的新文化，它也不能离开中华民族的新政治和新经济"③。

如果说，葛兰西形成了一套适合于西方工业社会的文化——意识

---

① 《毛泽东选集》第2卷，人民出版社1991年版，第533页。
② 《毛泽东选集》第2卷，人民出版社1991年版，第663—664页。
③ 《毛泽东选集》第2卷，人民出版社1991年版，第664页。

形态理论的话,那么,毛泽东则提出了一整套适合东方社会的文化——意识形态理论。① 毛泽东文化——意识形态理论的核心内容就是民族的科学的大众的文化观。近代以来,中国因落后而挨打,中华民族陷入生死存亡的危难关头,先进的志士仁人开始思考"中国向何处去"。其间,为了救亡图存,中国知识分子经历了从学习西方器物到学习西方制度再到学习西方文化的艰辛探索过程,结果都无果而终。正如毛泽东所讲:"在一个很长的时期内,即从一八四○年的鸦片战争到一九一九年的五四运动的前夜,共计七十多年中,中国人没有什么思想武器可以抗御帝国主义。旧的顽固的封建主义的思想武器打了败仗了,抵不住,宣告破产了。不得已,中国人被迫从帝国主义的老家即西方资产阶级革命时代的武器库中学来了进化论、天赋人权论和资产阶级共和国等项思想武器和政治方案,组织过政党,举行过革命,以为可以外御列强,内建民国。但是这些东西也和封建主义的思想武器一样,软弱得很,又是抵不住,败下阵来,宣告破产了。"② 当种种思想、学说、主义都无能为力之时,先进的中国人选择了"共产主义的宇宙观和社会革命论"即马克思主义,以此作为爱国救亡、反帝反封建的思想武器。马克思主义作为"批判的武器",不仅拯救了中华民族,也拯救了中国文化。在马克思主义的指导下,中国文化获得了新生。民族的科学的大众的新文化是追求中华民族独立、中国人民幸福的文化形态,也是中国社会先进文化的发展方向,具有驱除蒙昧的真理性、摆脱落后的进步性、反对侵略的正义性。这种新文化是"民族的","它是反对帝国主义压迫,主张中华民族的尊严和独立的。它是我们这个民族的,带有我们民族的特性"。这种新文化是"科学的","它是反对一切封建思想和迷信思想,主张实事求是,主张客观真理,主张理论和实践一致的"。这种新文化是"大众的","因而即是民主的。它应为全民族中百分之九十以上的工农劳苦民众

---

① 俞吾金:《意识形态论》,上海人民出版社1993年版,第219—220页。
② 《毛泽东选集》第4卷,人民出版社1991年版,第1513—1514页。

第一章 马克思主义经典作家的知识分子观

服务,并逐渐成为他们的文化。……须知民众就是革命文化的无限丰富的源泉"。①

马克思主义是时代精神的体现,也是对人类优秀文明的继承,更是代表无产阶级意志的先进知识分子历经艰辛研究而创造的思想文化成果。在马克思主义传入中国的过程中,在中国文化获得新生的过程中,掌握科学文化的知识分子承担着文化传播和信仰重塑的重要使命。对此,毛泽东给予高度的认可与赞誉,"马克思列宁主义思想在中国的广大的传播和接受,首先也是在知识分子和青年学生中。革命力量的组织和革命事业的建设,离开革命的知识分子的参加,是不能成功的"②。自从世界性的优秀文化——马克思主义进入中国,进步知识分子就担负着赋予马克思主义以中国作风和中国气派的文化使命,担负着传承和发展民族的科学的大众的新文化的历史使命。

在革命时期,无产阶级知识分子的文化使命主要体现为创作和传播革命文化。由于劳动方式、生活条件和教育背景等因素的影响,知识分子有特殊的兴趣、爱好和感情世界,他们对于革命和无产阶级的认识是抽象的,对于大规模群众斗争所带来的紧张和欢喜体验往往缺乏深刻的精神体认。如果知识分子和劳苦大众之间横亘着无法逾越的情感裂隙,那么革命文化的指导作用将无法实现。毛泽东说:"革命的文化人而不接近民众,就是'无兵司令',他的火力就打不倒敌人。为达此目的,文字必须在一定条件下加以改革,言语必须接近民众,须知民众就是革命文化的无限丰富的源泉。"③ 因此,知识分子要向工农兵取材,在语言风格和感情表达上走下"神"坛、接近民众,避免阳春白雪式的曲高和寡,通过生动活泼的语言形式,传播和发展革命文化。关于文学艺术要不要服务工农大众的问题,毛泽东主张,文学艺术作品必然存在为谁服务的立场选择问题,资产阶级文艺

---

① 《毛泽东选集》第2卷,人民出版社1991年版,第706—708页。
② 《毛泽东选集》第2卷,人民出版社1991年版,第641页。
③ 《毛泽东选集》第2卷,人民出版社1991年版,第708页。

家断然不会歌颂无产阶级和劳动人民,无产阶级艺术家也断然不会歌颂剥削阶级。所以,革命文艺家的根本使命在于一方面要揭露黑暗势力的反动和旧社会的缺陷,另一方面也要歌颂人民群众的革命实践和新时代的光明。

在建设时期,无产阶级知识分子的文化使命体现为繁荣发展社会主义文化。在对各种社会观念、社会意识的比较、鉴别与批判中,自觉提升马克思主义的影响力、凝聚力。社会主义社会仍然存在各种矛盾,知识分子对社会问题的理论思考多元多样,反映在社会意识领域就是各种思想文化并存,香花与毒草、真理与谬误共生。"现在思想这样混乱,汇集中提出的许多问题,就是社会基础变动而来的反映。"[1] 在复杂多样的社会环境中,毛泽东坚信马克思主义的理论魅力,提出了繁荣发展社会主义文化的"百花齐放,百家争鸣"方针。"艺术上不同的形式和风格可以自由发展,科学上不同的学派可以自由争论。利用行政力量,强制推行一种风格,一种学派,禁止另一种风格,另一种学派,我们认为会有害于艺术和科学的发展。"[2] 同时,毛泽东指出,艺术、科学领域的鸣放、辩论并不意味着各种思想可以放任自流,马克思主义理论家、无产阶级知识分子需要以真正马克思主义的态度,对一切人类文明成果博采众长、古为今用、洋为中用,以增强社会主义文化和意识形态的生命力及其对抗错误思潮的战斗力。"双百方针"的目的在于,以思想激荡和民主讨论的方式来凸显真理、暴露谬误。相反,如果采取行政命令的粗暴方法遮蔽矛盾,杜绝同错误思想和丑恶现象接触,不但不能保证社会主义意识形态的纯洁性,反而会弱化社会主义意识形态的生命力。

在特殊的国情和历史条件下,毛泽东并不是在一般的意义上理解知识分子的使命,而是在改造中国、改造中国文化的意义上理解和研判知识分子的社会角色。因为文化是民族和国家的灵魂。文化具有意

---

[1] 《毛泽东文集》第7卷,人民出版社1999年版,第250页。
[2] 《毛泽东文集》第7卷,人民出版社1999年版,第229页。

识形态属性，意识形态思想体系也需要通过文化来表达和传播。毛泽东的文化——意识形态理论重视知识、思想、文化的力量，同样也重视知识分子的文化主体性。中国知识分子向来以知识和文化作为救国、爱国、强国的思想武器，所以，毛泽东对知识分子文化使命的强调，实质上也是对中华民族历史命运、发展走向的文化关切。

四　知识分子的思想改造

思想教育与思想改造，首先是针对共产党员而提出的。早在1929年古田会议时，针对中国共产党内部农民占绝大多数的状况，毛泽东在《古田会议决议》中，就提出了思想教育问题。在延安时期，毛泽东又以自身的思想经历说明了共产党员思想改造的必要性。起初，毛泽东认为世界上干净的人只有知识分子。后来，在革命斗争中，彼此熟悉以后，思想感情发生了变化，"这时，拿未曾改造的知识分子和工人农民比较，就觉得知识分子不干净了，最干净的还是工人农民，尽管他们手是黑的，脚上有牛屎，还是比资产阶级和小资产阶级知识分子都干净"[①]。可见，毛泽东现身说法，把自己看作知识分子中的一员，而且首先就经历了思想感情的改造。

在挽救民族危亡、实现国家富强的实践中，知识分子面临着改造客观世界与改造主观世界的双重任务。毛泽东向来主张革命队伍的同志越多越好，向来主张尊重那些有知识、有专长的知识分子，向来主张对犯过错误的人要一看、二帮，而不是嫌弃他们、抛弃他们。因此，毛泽东多次提到要对知识分子实行"团结、教育、改造"的政策，这里的"改造"并不是武力的干涉、强制的灌输，而是思想境界的洗礼与提升，目的在于团结、帮助和教育知识分子。"不仅那些基本立场还没有转过来的人要改造，而且所有的人都应该学习，都应该改造……知识分子如果不把自己头脑里的不恰当的东西去掉，就不

---

① 《毛泽东选集》第3卷，人民出版社1991年版，第851页。

能担负起教育别人的任务。"① 通过思想改造，广大知识分子受益匪浅，破除了资产阶级、小资产阶级的影响，加深了知识分子与工农群众之间的感情，"大多数知识分子都感到有收获，通过学习，克服旧思想，接受新思想，树立为人民服务的观点，使自己获得了前进的方向和力量"②。

从改造内容来看，知识分子思想改造主要包括世界观、阶级立场和思想意识三个方面。其中，世界观的转变是知识分子思想改造的核心与宗旨，因为世界观的重要表现就是为谁服务，只有清除自己头脑中的唯心主义、形而上学世界观，树立起马克思主义世界观，才能最终在阶级立场和思想意识上转移到工农群众方面来。同时，知识分子只有坚持无产阶级的阶级立场和思想意识，才能真正确立马克思列宁主义的党性，坚持为革命服务、为工农兵服务的文化发展方向。针对文艺工作者忽视工农的思想偏向，毛泽东特别提出文艺家要向工农兵取材的问题，我们的文艺工作者"一定要把立足点移过来，一定要在深入工农兵群众、深入实际斗争的过程中，在学习马克思主义和学习社会的过程中，逐渐地移过来，移到工农兵这方面来，移到无产阶级这方面来"③。只有在政治立场和思想感情上站到无产阶级劳苦大众方面，坚持与工农、与实践相结合，才能真正践行无产阶级世界观。

从改造方法来看，知识分子思想改造要坚持理论与实践相结合的方法。之所以强调理论学习，一方面是因为马克思主义是研究社会历史的科学真理，不是直观的、浅层的生活常识。另一方面是因为理论学习是知识分子认知与理解世界的"天然"途径。之所以强调社会实践，是因为思想的生成根本上取决于实践，思想认识的形成、思想境界的提升依赖于日常生活化的社会实践。正如毛泽东在《实践论》

---

① 《毛泽东文集》第7卷，人民出版社1999年版，第271页。
② 中共中央党史研究室：《中国共产党的七十年》，中共党史出版社1991年版，第312页。
③ 《毛泽东选集》第3卷，人民出版社1991年版，第857页。

中所指出,人的认识过程是一个实践、认识、再实践、再认识的循环往复。理论与实践相结合的认识方法,正是人的认识过程否定之否定辩证规律的体现和要求,也是知识分子思想改造的有效途径。所以,知识分子思想改造成效如何,不仅取决于自觉的、深入的理论学习,还取决于形式多样的、具有现实针对性的社会实践。

一方面,理论学习是知识分子思想改造的认识论要求。毛泽东非常重视在知识分子内部开展卓有成效的马克思主义理论学习。在新民主主义革命与社会主义革命时期,革命运动轰轰烈烈,但毛泽东从来不放松理论学习,并且通过举办各种培训班、军政大学、革命大学等途径,有效帮助知识分子克服唯心主义思想倾向,确立唯物主义的科学指导。在1938年召开的中共六届六中全会上,毛泽东谈到"学习"时指出:"要学会把马克思列宁主义的理论应用于中国的具体的环境……使马克思主义在中国具体化,使之在其每一表现中带着必须有的中国的特性。"[①] 六中全会后,根据毛泽东的建议,中共中央发起了"全党干部学习运动"。正是在这场学习运动中,"学术中国化"被正式提了出来。"学术中国化"的提出,既是"马克思主义中国化"的必然要求,又是近代以来中国人对中西文化关系的认识不断深化和"九一八"后日益严重的民族危机对学术影响的必然结果。潘梓年在《新阶段学术运动的任务》一文中指出:"什么叫中国化的学术?就是把目前世界上最进步的科学方法,用来研究中华民族自己历史上,自己所具有的各种现实环境上所有的一切具体问题,使我们得到最正确的方法来解决这一切问题。"[②]

"学术中国化"提出后,立即得到了中国共产党领导下的延安、重庆等地知识界的积极响应,在科学理论与科学方法的指导下纷纷著书立说。一大批活跃于三四十年代的马克思主义学者,如郭沫若、范

---

① 《毛泽东选集》第2卷,人民出版社1991年版,第534页。
② 潘梓年:《新阶段学术运动的任务》,转引自李白鹤《20世纪30年代"学术中国化"的倡导与马克思主义中国化》,《哲学动态》2015年第5期。

文澜、翦伯赞、吕振羽、王亚南、周扬、艾思奇、胡绳等,成为新中国学术研究领域的主要领导者和优秀骨干。事实证明,在马克思主义中国化的进程中,深入的理论学习效果显著,成为革命年代"促进各个学术领域中马克思主义新生力量的成长的有效方法,是培养和组织理论工作的队伍的有效方法"[1]。同时,知识分子对马克思主义理论的学习,不是纯粹被动式理论灌输,而是具有理论自觉性和主体创造性的建构式学习。因此,在这个时期的哲学、历史学、经济学、政治学、思想史、文学艺术等领域,马克思主义的科学理论观点和学术研究方法成为知识界的主导力量,资产阶级唯心主义占统治地位的旧的学术格局被打破,极大地推动了中国学术的科学化进程,深深地影响了知识分子的学术立场、价值取向、思维认知等主观世界的建构。马克思主义中国化的结论与观点逐渐被知识分子接受,成为知识分子观察和理解中国与世界的分析工具,知识界也由此迎来了"学术运动的新时代"。

另一方面,社会实践是知识分子思想改造的实践论要求。毛泽东认为,只有理论学习,没有实践,那么得来的知识是"不完全"的。只有与工农相结合,与实践相结合,那些有知识的人才能成为"完全的"知识分子。所以,实践是知识分子思想改造的必然要求,也是知识分子思想改造的活动舞台。在延安文艺座谈会上,毛泽东指出:"中国的革命的文学家艺术家,有出息的文学家艺术家,必须到群众中去,必须长期地无条件地全心全意地到工农兵群众中去,到火热的斗争中去,到唯一的最广大最丰富的源泉中去,观察、体验、研究、分析一切人,一切阶级,一切群众,一切生动的生活形式和斗争形式,一切文学和艺术的原始材料,然后才有可能进入创作过程。"[2]受此思想影响,解放区文艺工作者参加群众实践的兴致很高,周立

---

[1] 中共中央文献研究室:《建国以来重要文献选编》第六册,中央文献出版社 1993 年版,第 66 页。

[2] 《毛泽东选集》第 3 卷,人民出版社 1991 年版,第 860—861 页。

波、丁玲等积极参与群众实践活动以及农村的土改工作组。在擘画新中国建设蓝图时,毛泽东对知识分子更是寄予厚望,他指出:"为着扫除民族压迫和封建压迫,为着建立新民主主义的国家,需要大批的人民的教育家和教师,人民的科学家、工程师、技师、医生、新闻工作者、著作家、文学家、艺术家和普通文化工作者……对于旧文化工作者、旧教育工作者和旧医生们的态度,是采取适当的方法教育他们,使他们获得新观点、新方法,为人民服务。"①

新中国成立以后,恰逢全国土地改革工作全面展开的时候,在全国政协一届二次会议的闭幕式上,毛泽东正式向全体人民发出思想改造的号召。知识分子参加(或参观)土改实践,最初是由知识界个别同志主动要求开展的,后来得到国家政策的支持。毛泽东在给中央局负责人的电报中写道:"民主人士及大学教授愿意去看土改的,应放手让他们去看,不要事先布置,让他们随意去看,不要只让他们看好的,也要让他们看些坏的,这样来教育他们。吴景超、朱光潜等去西安附近看土改,影响很好。要将这样的事例教育我们的干部,打破关门主义的思想。"② 在全国上下热情洋溢的思想进步运动中,包括大学教授、科学工作者、文艺界的进步知识分子等积极参与,在社会实践中自我教育、自我提高。

通过参加(或者参观)土改,广大知识分子对劳动的观点、群众的观点、阶级的观点等马克思主义立场、观点与方法有了更加深刻的领悟和体会。著名哲学家贺麟认为,土改经历给他带来了辩证唯物论学习上的新启示,"从土地改革工作之深入群众,深入底层,深入参加实际斗争里使我改变了从前认唯物论重外在现象,不能深入认识事物的本质的错误看法。现在我已亲切体会到惟有辩证唯物论才能动深入认识事物的本质,核心和典型"③。同时,土改实践也让知识分子

---

① 《毛泽东选集》第3卷,人民出版社1991年版,第1082—1083页。
② 《毛泽东文集》第6卷,人民出版社1999年版,第152页。
③ 吴景超、杨人楩、雷海宗等:《土地改革与思想改造》,光明日报社1951年版,第8页。

的思想认识和精神面貌发生了质的变化。由于从旧社会过来的知识分子大多出身非劳动人民家庭，这使得他们与工农之间存在天然隔膜，缺乏对劳动人民的感情。但是，土改实践不仅让知识分子重新认识工农群众，而且也让知识分子自觉培养为工农服务、为人民为学的精神。著名作家萧乾扛着背包深入湖南岳阳县更口乡，参加了土改运动的全过程。这段经历让他对土改、对人民都有了更深刻的认识，他写道："有什么比随着烧地契升起的黑烟，农民脸上泛出的喜悦，更能象征土改运动呢！""这是我第一次放下知识分子的臭架子，把铺盖搬到一个贫雇农家中，和农民一只锅吃饭，一个床困觉……他们痛苦的过去，本身就是一部历史。"① 在教育第一线上工作的知识分子也一改原来关在书斋里做研究的作风，主动提出要根据群众的要求来制定教学计划。广大知识分子的土改经历表明：与工农结合，与实践结合，这是知识分子思想改造的正确道路。

正如毛泽东所强调的那样，知识分子要学习社会发展史、历史唯物论等课程，坚持为人民服务、为工农服务的政治方向。"如果我们的知识分子读了一些马克思主义的书，又在同工农群众的接近中，在自己的工作实践中有所了解，那末，我们大家就有了共同的语言，不仅有爱国主义方面的共同语言、社会主义制度方面的共同语言，而且还可以有共产主义世界观方面的共同语言。"② 可见，知识分子思想改造的根本在于，通过理论学习与社会实践的结合，循序渐进地促成知识分子世界观的转变。

新中国建立以后的很长一段时间，的确存在着一些从事科技和教育工作的知识分子，受剥削阶级思想和旧文化影响比较深，在尖锐、激烈、复杂的阶级斗争中常常摇摆不定，不能自觉融入工农群众和社会主义文化建设之中。为了帮助他们适应社会主义新社会，毛泽东从

---

① 庄建：《有关"中国故事"的故事——中国外文局的国际传播》（上），《光明日报》2011年11月29日第1版。
② 《毛泽东文集》第7卷，人民出版社1999年版，第273页。

社会主义建设的长远利益出发，强调思想改造不是一蹴而就的，不能采取一刀切的方法，尤其是对于年龄偏大的知识分子，"对于只有严重思想错误、甚至反动思想、而没有反革命行为的高级知识分子，不应该将他们作为反革命分子对待；而应该采取严肃批评和耐心教育的方针，使他们逐步地认识和改正自己的错误"[①]。只要他们不反党反社会主义，就要最大限度地发挥其专业优势，为社会主义建设服务。

能否正确处理知识分子问题，关系到中国革命和建设事业的兴衰成败。毛泽东的知识分子观在革命和建设事业的实践中经受考验，被证明是对马克思、恩格斯以及列宁知识分子观的继承与创新，不仅捍卫了无产阶级的思想领导权，而且促进了社会主义经济、政治与文化事业的发展。

---

① 中共中央文献研究室编：《毛泽东著作专题摘编》（下），中央文献出版社2003年版，第1678页。

第二章　知识界思想认同的阐释

在民族文化的历史传承和人类文明的演进发展中，知识分子以思想文化的力量关怀社会、影响他人，这是一个没有争议的客观现实。但是，当今世界文化多元多样的事实、林林总总的思想体系并存能否推导出知识界思想认同"一切皆有可能""存在即合理"的相对主义结论？质言之，知识界思想认同是否天然合理？知识界思想认同是否具有普遍的、客观的评价尺度？对这些问题的回应与解答，关涉到一个前置性的"元"问题——何为知识界思想认同？

知识界思想认同是发生于一定历史条件、一定历史实践基础上的精神文化现象。知识分子以文化传承的方式关怀国家社会的未来发展走向，内在蕴含着知识分子秉持何种思想认同的问题。这不是纯粹抽象的理论问题，而是现实的实践问题。知识界思想认同基于文化主体的理性认知和情感体验相互交织而自觉生成，体现着时代精神和文化印记。同时，知识界思想认同又通过具体的文化表达形态或直接或间接地影响着社会成员的精神生活和社会实践。

第一节　知识界思想认同的含义

在人类的物质生产与精神生产活动中，知识分子通过理论求索和人文关怀等思想文化活动自觉表达其对社会价值规范和生命意义的眷顾。毛泽东曾说过："在现在世界上，一切文化或文学艺术都是属于一定的阶级，属于一定的政治路线的。"① 质言之，思想文化产生于一定的社会生产条件，是对一定社会经济、政治的反映，并且对经济、政治秩序的稳定与发展产生重要影响。在知识传承和文化创造中，知识界思想认同表明知识分子自觉的文化立场与文化价值选择，具有鲜明的时代性、阶级性与导向性。

一　认同

马克思主义哲学认为，世界万物既对立又统一，是对立性的统一。认同，就是对同一性的接纳、认可。但认同并不能改变或者消灭差异、对立，而是"求同存异"。只有那些具有同一性的存在或者价值才能实现认同或者被认同，在没有同一性的事物或者价值之间寻求认同，无异于缘木求鱼。既然同一性是认同的核心，那么，为什么在高度同质化的前现代社会，认同却并不构成"显学"？这是因为在传统社会，落后的生产力水平使得人们劳作、生活于相对封闭狭小的共同体，社会结构、交往方式、思想观念等具有较强的稳定性、一致性，"人的依赖关系"成为主导性的社会关系，皇权或者宗教等权威力量在维护社会秩序中发挥着重要作用。社会成员对权威的依赖与服从一旦确立，就会不知不觉内化成为稳定而持久的精神同化。所以，在高度同质化的传统社会，认同是作为"潜意识"或者"无意识"而存在的。质言之，因为没有差异，认同已经自然发生，认同根本不足以成为显性问题。但进入现代社会以后，社会化大生产的规模与速度日新月异，世界交往的多元与开放深刻地影响和改变着人们的社会关系、价值观念、自我意识，由异质性、开放性、流动性所织就的现代性之网将社会成员的身份认同问题置于突出的地位，人们不仅面临传统价值的失序和危机，同时也面临身份认同如何确认的现实问题。所以，认同是现代社会具有自我意识的人类所独有的认知方式和文化现象。

---

① 《毛泽东选集》第3卷，人民出版社1991年版，第865页。

20世纪中期以后,认同频现于哲学、心理学、社会学、文化学等人文社会科学领域,成为学术研究的"热词"。"'认同'起源于拉丁文 idem(即相同, the same 之意),包括客观存在的相似性和相同性,指向心理认识上的一致性和由此形成的社会关系。"[①] 精神分析学派弗洛伊德认为,认同就是自我对他人或群体本能性地模仿,进而实现主体人格同化或者人格趋同的普遍心理过程。心理学家埃里克森创造性地将认同与社会、文化等因素联系起来,将认同理解为对"我是谁"问题的或隐或显的回答,是主体的自我身份确认和自我塑造,表明主体生存状态以及价值信仰的选择。正如塞缪尔·亨廷顿所讲:"Identity 的意思是一个人或一个群体的自我认识,它是自我意识的产物:我或我们有什么特别的素质而使得我不同于你,或我们不同于他们。"[②] 在一定的交往共同体中,认同的价值在于为认同主体提供意义世界和身份归属。因此,认同是一种肯定性的心理倾向与情感归属,是共同体成员一致性行动的思想之源。

认同的本质在于价值认同。认同不仅仅是心理认知过程,同时也是社会交往过程的价值再现,表明自我与他者在社会交往中寻求或达致价值观的融合与共生。"将认同概念放到马克思主义哲学的视野中来考察,认同是人们在交往活动中彼此从自我出发而寻求共同性的过程和结果,它表征着人与人之间的共性关系,其核心是价值认同。作为价值认同,它是价值主体之间通过变化着的关系(对话、交往、混乱)使自身的价值观念或价值结构获得重新定位和重新调整的过程。"[③] 对于一定的交往共同体而言,无论是生命共同体、民族共同体、国家共同体,还是人类命运共同体,价值认同都是维系共同体的

[①] 詹小美、王仕民:《文化认同视域下的政治认同》,《中国社会科学》2013年第9期。

[②] [美] 塞缪尔·亨廷顿:《我们是谁》,程克雄译,新华出版社2005年版,第20页。

[③] 贾英健:《认同的哲学意蕴与价值认同的本质》,《山东师范大学学报》(人文社会科学版)2006年第1期。

精神命脉。认同的建构意味着价值共识的确立、坚持与共享，意味着社会成员对某种价值秩序的信仰以及对共同体组织的归属感。社会成员只有明确自身在共同体中的身份地位，才能获得方位感、安全感，否则只能以一种游离状态存在于一定共同体的边缘或者外围，这样的生存状态只会在心理上产生混乱感与危机感。一旦价值主体无法在共同体中获得身份确认和价值共识，那么认同的流失甚至精神的背叛就在所难免。

二 思想认同

无论是"思"还是"想"，都指向人的内心活动。在许慎《说文解字》中，"思"的解释为"容也。从心囟声。凡思之属皆从思"，即把人事放在头脑、心坎。"想"的解释为"冀思也。从心相声"，即因期望得到而思念。由此我们不难理解，思想就是意识运动形式的表达，是具有意识能力的主体在内心世界进行的意识的运动行为。无论是《现代汉语词典》还是《辞海》，对"思想"的解释相对较多，总体上偏重于对"思想"的外延阐释，对"思想"的内涵解释则相对单薄，并且偏重于对"思想"的"引用性"阐释。例如，从感性认识与理性认识的关系角度进行阐释，思想即理性认识，并且特别强调正确的思想来自于社会实践，是经过由实践到认识、由认识到实践的多次反复而形成的。

对思想内涵的理解，离不开哲学的武器。在人类哲学史上，思想是哲学家们尤其是唯心主义哲学家们的"宠儿"，他们赋予思想、精神以至高无上的荣耀与地位。在马克思、恩格斯之前的绝大多数哲学家那里，人是精神的载体，人类史就是精神史的展开。因此，这些貌似深奥的哲学只能在概念、思维中绕圈子，无法解决现实矛盾、现实问题。但马克思、恩格斯实现了哲学的根本变革，从现实的人的活动即社会生产实践出发，对思想的形成和本质进行了唯物主义的阐释，指出思想源于人的实践，人们的想象、思维、精神交往是人们物质交往活动的直接产物，一个民族的政治、法律、道德、宗教、形而上学等精神生产同样是物质活动的产物。当劳动区分为物质劳动和精神劳动时，意识才开始摆脱物质世界进而构造"纯粹"的理论，各种各样关于人类社会的学说就产生了。从唯物主义的思想前提出发，马克思、恩格斯从理论上进行阐明：一切剥削阶级的思想家之所以要制订出有利于本阶级的颠倒是非的意识观念，是因为他们自身存在的需要。

然而，在人类文明史的演进中，具有阶级性的思想往往以普遍性的文化外衣来表达。没有无思想的文化，也没有无文化的思想。质言之，思想是文化的内容，文化是思想的载体，内容离不开载体，载体也离不开内容。所以，在日常表达中，"思想文化"往往作为一个复合词来使用。在唯物史观的语境中，社会存在决定社会意识，有什么样的社会存在就有什么样的社会意识。思想作为理性化的意识表达，是客观存在反映在人的意识中经过思维活动而产生的结果或形成的观点及观念体系。毛泽东在《实践论》中有这样的判断："在阶级社会中，每一个人都在一定的阶级地位中生活，各种思想无不打上阶级的烙印。"[①] 在一定历史条件下，虽然存在政治思想、经济思想、社会思想、文化思想、哲学思想、科技思想、军事思想等各不相同的"思想"论域，但在诸种思想体系中，总有一种思想居于主导和统治地位，是"思想之灵魂"，即"意识形态"。

在马克思关于经济基础和上层建筑的地形学隐喻中，有这样一段经典表述："这些生产关系的总和构成社会的经济结构，即有法律的和政治的上层建筑竖立其上并有一定的社会意识形式与之相适应的现实基础。物质生活的生产方式制约着整个社会生活、政治生活和精神生活的过程。……随着经济基础的变更，全部庞大的上层建筑也或慢或快地发生变革。在考察这些变革时，必须时刻把下面两者区别开来：一种是生产的经济条件方面所发生的物质的、可以用自然科学的精确性指明的变革，一种是人们借以意识到这个冲突并力求把它克服

---

① 《毛泽东选集》第 1 卷，人民出版社 1991 年版，第 283 页。

的那些法律的、政治的、宗教的、艺术的或哲学的,简言之,意识形态的形式。"① 马克思主义认为,在整个社会结构中,意识形态是社会上占统治地位的物质关系在观念层面的反映,是"观念上层建筑",是特殊的社会意识形式,在内容体系上主要涵盖政治法律思想、宗教、艺术、哲学等。经济、政治、社会、文化、生态是人类生存的不同活动领域,随着人们活动的展开,不同的领域会出现不同的思想体系。从根本上来看,这些思想体系是对一定历史条件下生产力、生产关系的反映。同时,这些思想体系属于文化的范畴,代表着一定历史时期的文化高度和思想厚度。所以,政治法律思想、宗教、艺术、哲学等既是意识形态,又是思想文化。在此意义上,可以说,思想、文化即意识形态。

至此,也就不难理解:思想认同是特定共同体的社会成员在心理、观念和行为上对一定思想体系和文化观念的肯定性体认与自觉融入。思想认同的本质在于对特定阶级意识形态思想体系的价值认同。一定历史时期的思想文化必然浸染着特定时代的意识形态印记。毋庸置疑,意识形态本身就是思想体系,而且是一套理论化、系统化的思想体系。其中,阶级意识是其本质规定。在阶级依然存在的社会形态里,意识形态反映着一定阶级或社会集团在一定经济基础之上形成的关于社会制度的安排、人类生活方式的选择,体现着一定阶级或社会集团在解释世界和改造世界时的根本价值取向。特定阶级的利益诉求之所以能够获得社会认同,是因为当这个阶级处于上升时期的革命阶级的时候,这种利益诉求与人民群众的根本利益是一致的,因而能够得到社会认同。可是,伴随新的统治秩序和国家政权的建立,原来的革命阶级逆变成为统治阶级,原来的革命意识蜕变成为惧怕革命的统治阶级意识形态,统治阶级的利益诉求与人民群众的根本利益出现不可避免的矛盾与紧张。此时,统治阶级往往通过国家机器、教育、文化、宗教等各种力量,"赋予自己的思想以普遍性的形式,把它们描

---

① 《马克思恩格斯选集》第2卷,人民出版社2012年版,第2—3页。

绘成唯一合乎理性的、有普遍意义的思想"①。统治阶级意识形态由此而获得普遍性的外衣，也由此而成为"虚假意识形态"，它只是维护统治阶级利益的思想工具。

"统治阶级的存在不是仅仅依靠思想而存在的，思想统治之所以成为必要，目的还是在于占有物质生活资料的需要，在于要求被统治阶级心甘情愿地、源源不断为统治阶级提供劳动和劳动产品，两个对立阶级之间的这种物质关系得到了'合理'的解释。从这个意识上说，占统治地位的思想就是占统治地位的物质关系在观念上的表现。但是，一切统治阶级都不愿意这样解释统治思想产生的根源，它们大多抬出天、神、永恒精神等这些非经验性的存在说明思想的产生及其存在的理由。"② 马克思、恩格斯举例说，"在某一国家的某个时期，王权、贵族和资产阶级为夺取统治而争斗，因而，在那里统治是分享的，那里占统治地位的思想就会是关于分权的学说，于是分权就被宣布为'永恒的规律'。"③

统治阶级为何必然如此？因为思想是一种强大的力量，而统治阶级可以利用自身在物质生产上的统治地位来攫取思想统治。马克思、恩格斯指出，统治阶级的思想在每一时代都是占统治地位的思想。这就是说，统治阶级是社会上占统治地位的物质力量，同时也是社会上占统治地位的精神力量。支配着物质生产资料的阶级，同时也支配着精神生产资料，因此，那些没有精神生产资料的人的思想，一般是隶属于这个阶级的。占统治地位的思想不过是占统治地位的物质关系在观念上的表现，不过是以思想的形式表现出来的占统治地位的物质关系。为此，统治阶级致力于实现意识形态的制度化、社会化，将特殊的阶级意志转换成为社会成员的价值共识与思维方式，内化在社会生活的伦常日用之中。价值共识与思维方式犹如"思想观念中的一只

---

① 《马克思恩格斯文集》第1卷，人民出版社2009年版，第552页。
② 姜迎春：《马克思恩格斯对思想的科学定位及其方法论意义》，《南京师范大学学报》（社会科学版）2011年第5期。
③ 《马克思恩格斯文集》第1卷，人民出版社2009年版，第551页。

'看不见的手',它以文化传统、思维模式、价值尺度、审美标准、生活信念、行为准则和终极关怀等方式而构成思想的逻辑支点"①。价值共识与思维方式一旦确立,就会成为一种稳定、深刻的精神力量影响文化主体对现实生活世界的意义建构。所以,在阶级社会里,风俗习惯、文学艺术、法律规范、伦理道德等思想文化往往被隐性植入了统治阶级的意识形态。也正是在此意义上,葛兰西指出,掌握文化领导权的统治阶级进行意识形态的统治"无须'法律约束'或强迫的'义务'就能运转,但是照常可以带来集体压力,并且通过风俗的演化、思想和行为方式以及道德风尚等产生客观效果"②。在一定历史时期,一定阶级的意识形态所内涵的世界观、方法论、历史观、价值观等无形内化于具体的思想观念和文化形态中。一旦认同发生,这些思想内容就会成为社会成员自觉而稳定的文化心理、价值观念和思维方式,这恰恰也是社会成员凝聚思想和价值共识的关键所在。

在此需要澄清的是,无产阶级的阶级意识不同于任何剥削阶级的阶级意识。与剥削阶级意识形态的"虚假性"不同,无产阶级意识形态是科学的意识形态。无论在革命时期,还是成为统治阶级的时期,无产阶级都同样肩负解放全人类的历史使命。对于无产阶级而言,消灭阶级的革命运动不是手段和工具,而是这个阶级的历史归宿与价值取向。如果不消灭阶级,如果不废除阶级社会,就不可能获得自身阶级的解放,因为无产阶级只有解放全人类才能解放自己。因此,"它的阶级意识,作为人类历史上最后的阶级意识,一方面必须要和揭示社会本质联系起来,另一方面,必须实现理论和实践的越来越内在的统一。对于无产阶级来说,它的'意识形态'不是一面扛着进行战斗的旗帜,不是真正目标的外衣,而就是目标和武器本身"③。任何阶级

---

① 孙正聿:《崇高的位置》,吉林人民出版社1997年版,第2页。
② [意]安东尼奥·葛兰西:《狱中札记》,曹雷雨、姜丽、张跣译,河南大学出版社2014年版,第311页。
③ [匈]卢卡奇:《历史与阶级意识》,杜章智、任立、燕宏远译,商务印书馆1999年版,第134页。

如果不能将自身阶级意识有效合理地转化为人民群众的思想观念，它就不可能真正地组织群众，也不可能真正实现人民群众的根本利益。无产阶级意识形态作为科学的思想体系，不会在人民群众的头脑中自发产生，同样需要意识形态的理论灌输和社会化认同。在社会主义国家，思想认同的价值目标就是实现无产阶级意识形态认同，把马克思主义的立场、观点、方法内化于心，外化于行。

三 知识界思想认同

知识界是一个特殊的文化疆域，是一个以知识和思想为纽带、以知识分子为主体而结成的文化共同体。如何界定知识分子？北京大学教授何怀宏认为，划界"知识分子"的标准有两种——职业标准和精神标准。"'知识分子'在中国也主要是这两种用法：一种是比较广泛，也比较长期和通俗的用法，即指从事某些职业，或者有某种教育背景的人们，比如从事文化、教育、卫生职业的人们，或者接受过高等甚至一度是中等学校教育的人；一种是比较狭义，也比较晚近和狭窄的用法，即按照精神标准，指主要致力于观念的工作、具有某种精神气质或理念态度的人们。"[①] 在现代社会，知识分子仍然需要以职业作为谋生手段，仍然需要从事具体而现实的事务性工作，但他们并非或者不应该是工具性使用知识的"工匠"，而是那些试图用文化知识解读人类生活世界，试图为社会确立真理性认知和价值性规范的"文化人"。知识分子应该"在自己的专业活动之外，同时把专业知识运用于公众活动之中，或者以其专业知识为背景参与公众活动"[②]。知识分子以现代文化知识的方式回应和解答人与自然、人与社会以及人与自身的关系问题，对社会公共空间的关怀是知识分子的存在方式，也是知识分子的精神信仰。所以，"'知识分子'又可能是一种精神联系最紧密的群体，尽管在其内部也互相竞争或排斥，它却也可

---

① 何怀宏：《独立知识分子》，重庆出版社2013年版，代序第2—3页。
② 陈来：《儒家思想传统与公共知识分子》，江苏人民出版社2003年版，第10页。

以使一个人在最遥远的国度或者最预想不到的地方找到自己的同道并终生不渝"①。

　　知识界思想认同是指特定历史时代和民族国家的知识分子立足于一定的价值立场，在社会并存的多种意识形态思想体系中，在文化积淀和理性认知的基础上，以渗透文化价值观的学术话语或者社会实践的方式，自觉表达对某种意识形态思想体系合法性的偏向、认可与接纳，并通过精神文化力量辐射、影响社会成员的精神信仰。由于知识分子以知识传授、思想启蒙为志业，所以，文化自觉对于知识分子思想认同尤为重要。文化自觉标志着文化主体对特定文化传统根脉、发展走向的自我认知、自我觉悟。在费孝通先生看来，"文化自觉是指生活在一定文化中的人对其文化有'自知之明'，明白它的来历，形成过程，所具有的特色和它发展的趋向，不带任何'文化回归'的意思。不是要'复归'，同时也不主张'全盘西化'或'全盘他化'。自知之明是为了加强对文化转型的自主能力，取得决定适应新环境、新时代时文化选择的自主地位"②。对于知识分子而言，文化自觉不仅表征知识分子作为文化主体对民族文化的"自知之明"，而且意味着知识分子的"主动作为"——经由思想文化传播的中介而辐射和影响整个社会、民族国家的精神独立。所以，知识界思想认同不仅关系到知识分子文化传承的责任与自觉，而且关系到国家主流意识形态的社会认同。

　　对于知识分子而言，什么样的思想认同既是合乎理性又是合乎道德的？这并非一个可以任由知识分子自由发挥、自说自话的抽象问题，而是涉及坚守何种文化发展方向、如何进行文化创新的现实问题。近代中国知识分子进入历史舞台伊始，就面临着选择与建构何种思想认同的问题。以思想文化的力量影响近代中国的政治格局和社会发展走向，是时代赋予中国知识分子的历史使命。在近代中国新旧思

---

① 何怀宏：《独立知识分子》，重庆出版社2013年版，代序第2页。
② 费孝通：《文化与文化自觉》，群言出版社2016年版，第195页。

想体系的对峙中，如何处理传统与现代、中国与西方的关系问题，从未如此紧迫。一时间，"中体西用""全盘西化""复古主义"等各种思想学说披挂上阵，令人眼花缭乱、无所适从。近代中国知识分子的社会关怀愈深沉，就愈要直接面对意识形态思想体系的选择与认同问题。因为新旧思想体系的多元并立并非"一团和气"，而是竞争性、排他性的存在。"建立了新政权的一方，却在思想上还保留着旧秩序合法性的空间，而被推翻的旧统治者当然不会承认新秩序的合法性，他们依然保留着思想上的巨大优势。"① 在相互区别、相互冲突的意识形态思想体系中，知识分子的人文精神、社会关怀必然有一个立场选择的问题，否则就会左右摇摆、失去根基。不管是自愿选择，还是刻意回避，知识界思想认同问题都客观存在并发生作用，这源于知识分子与意识形态之间的关系"纠葛"。

一方面，一定的意识形态思想体系是知识分子文化自觉的思想坐标。意识形态作为阶级的集团性话语，代表着特定阶级的根本利益，但其思想体系、话语体系尤其是渗透其中的社会理想、价值理念等必然会有形无形地内化于社会成员的生产生活实践中。既定时代的知识分子生存于既定的历史文化背景与意识形态氛围之中，自觉不自觉地接受着传统思想和时代观念的熏陶与"洗礼"。因此，意识形态思想体系无可辩驳地构成知识分子生产交往活动的历史与文化起点。然而，知识分子不同于其他阶层的地方在于其"反叛"精神，他们往往不满足于既定的社会存在，具有超脱世俗物质世界的道德理想主义和革命浪漫主义精神，这极易成为"在精神上和感情上已从现存制度下解放出来的人们"②。历史的发展不断证明，代表进步阶级利益诉求、顺应历史发展潮流的意识形态对同时代的知识分子更具吸引力、凝聚力，但也不能排除落后、保守的意识形态对知识分子的文化渗透

---

① 侯惠勤：《意识形态的历史转型与其当代挑战》，《马克思主义研究》2013年第12期。

② [匈]卢卡奇：《历史与阶级意识》，杜章智、任立、燕宏远译，商务印书馆1999年版，第357页。

力。所以，先进与落后、激进与保守、革命与反动等异质性意识形态思想体系作为特定时代的文化资源，在一定程度上规范和限定着知识分子文化传承创新的方向与空间，潜在地构成知识分子文化自觉的价值坐标。

另一方面，知识分子是意识形态思想体系走向生活世界的现实载体。马克思认为，哲学与世界之间是互动的关系，世界的哲学化过程同时也是哲学的世界化过程。尽管意识形态以思想理论体系的观念形式存在，但任何意识形态都不满足于纯粹的理性思辨，与生俱来地有着外化为社会现实的实践诉求。在意识形态由思想观念走向生活世界的过程中，知识分子作为精神文化的创造者、传播者，是意识形态思想体系外化的现实载体和主体依托。这是因为，知识分子不仅在意识形态思想体系的构建、阐释、传播、发展、创新中发挥着主体作用，而且在意识形态从政治话语向民间话语、生活话语转换的过程中，同样也发挥着不可替代的中介和桥梁作用。葛兰西讲道："知识分子的特征之一，就是在意识形态领域里，用一种共同的概念术语，把自己和先前的知识分子范畴联系起来。每个新的社会集体（社会类型）都创造一种新的上层建筑，它的专业化的代表和标准——载体（知识分子），只能被看作其本身来自于新的情境、而并不是先前知识背景的'新'的知识分子。"[1] 尤其是在现代社会，由于人们对知识的倚重，那些掌握学术话语权的知识精英事实上已经成为意识形态思想体系的第一影响力群体。这说明意识形态的话语主体已经或者正在发生从政界向知识界的转移，"话语主体的转移必定导致话语方式的转换。不同的是，在现代中国政治的话语系统中，学术话语的含量越来越高，政治话语与学术话语兼容，政治话语向学术话语位移的现象已经很普遍。"[2] 在此背景下，知识分子的艰巨使命在于保持对时代精神

---

[1] ［意］安东尼奥·葛兰西：《狱中札记》，曹雷雨、姜丽、张跣译，河南大学出版社2014年版，第578页。
[2] 樊浩：《当前我国社会思想"多"与"一"的规律及其意识形态战略》，《哲学动态》2009年第11期。

和生活世界的研判与把握,借助于不同专业领域的话语模式展现"新的上层建筑"的文化领导权。

从根本上来看,知识界思想认同是知识分子在知识传承、文化创新过程中秉持何种立场、坚持何种方向的重大原则问题,内容涉及民族国家的发展方向、基本道路、根本制度等上层建筑领域。知识界思想认同作为一种特殊的精神文化现象,是文化主体的理性自觉与有意识选择,是知识分子社会关怀精神的重要衡量尺度,也是知识分子认识世界、改变世界的思想前提和精神动力。它表明一定历史阶段的知识分子在认识与思考社会问题与矛盾冲突时,对某种意识形态思想体系的倾向性立场和肯定性态度,并将其内化为主体人格结构和文化价值观的核心部分,成为其认知判断与行为实践的价值指引。

第二节 知识界思想认同的生成

恩格斯曾讲:"历史从哪里开始,思想进程也应当从哪里开始,而思想进程的进一步发展不过是历史过程在抽象的、理论上前后一贯的形式上的反映,这种反映是经过修正的,然而是按照现实的历史过程本身的规律修正的。"[①] 毫无疑问,在知识分子思想认同的生成运动中,思想的逻辑进程与客观现实的历史发展进程也是一致的。知识分子具有理性的文化自觉,其思想认同亦烙印理性文化人的思维底色,他们并非机械化、简单化地认知、理解与接纳某种意识形态思想体系,而有其独特的思想认同生成理路。知识分子思想认同的生成逻辑主要包括认知基础上的内化、反思与外化。这三个方面并非相互独立、相互割裂,而是内在统一于既定历史进程中知识分子自觉的文化传承中,并且相互影响、相互促进。

---

① 《马克思恩格斯全集》第13卷,人民出版社1962年版,第532页。

第二章 知识界思想认同的阐释

一 思想认同的内化

内化,在中国传统文化中的表述为"得道于心",即把外在于己的客观规律经由主体认知而转换为主体意识。作为现代哲学、心理学概念,内化是指外部世界的社会关系、客体表象、道德规范、价值信念等信息资源被主体感知、整合进而实现主体精神结构重塑的方式与过程。美国学者詹姆斯指出:"内化的概念,我们指的是精神结构要素的运动,其来自于现实中的资源,然后与精神结构中的被视作内部身份的自我进行整合。"① 从结果上来看,内化不仅在价值规范和思维方式等领域再造社会"主体",而且也为客观世界的认识与改造提供普遍交往的精神法则。

内化是现代民主国家意识形态建设的重要工作方法。对于知识界思想认同而言,内化是至关重要的逻辑起点。它是知识分子对某种思想体系在情感层面上的体认和理性层面上的自觉。任何意识形态,无论是虚假的思想体系,还是科学的思想体系,如果没有内化于心,它就只能徘徊在主体之外,无法成为塑造人格、改变世界的精神力量。

在逻辑顺序上,知识分子思想认同的内化依次包含信息传导、同化与顺应以及主体建构三个相互递进的逻辑环节。

首先,信息传导是内化的开端与条件。任何意识形态思想体系内化的实现都离不开信息传输与信息导向,因为渗透价值立场的信息是意识形态内容传播的基本单元。对于知识分子而言,信息是他们与外部世界交流沟通的桥梁与纽带。广大知识分子在日常生活和文化工作中,往往接触海量的意识形态信息资源,但并非所有信息能够"入心",而是有选择性地接纳。也就是说,在意识形态社会化传播的过程中,知识分子已有的文化积淀和独立思考能力使得他们一般不会被信息"裹挟",他们往往会在信息获取的基础上进行自觉的信息选择与信息识别,避免陷

---

① [美]柯纳斯、詹姆斯:《内化》,王丽颖译,北京大学医学出版社2007年版,第7页。

入"数字洪流"和"信息旋涡"的认知障碍之中。

其次,同化与顺应是内化的心理机制。同化是认知主体对外部事件和信息资源进行过滤和选择,进而将自我选择性的知识体系与规范体系纳入到自身的思想结构之中。同时,由于新旧信息的交织碰撞、要素整合与矛盾运动,认知主体的思想结构也必然会发生相应的改变,体现为认知主体"融入舆论主流"的心理倾向,即顺应。实质上,同化和顺应是同一心理过程的两个方面,它是主客体之间的"求同存异",是个体内部心理状态与社会外部环境的动态调试与不断整合。在当下自由开放的历史舞台上,多种文明文化和意识形态思想体系共存共在,那么,究竟何种思想体系能够进入知识分子的思想结构中,成为植根于心的价值、理想与信仰,这在很大程度上并不是单向地取决于意识形态的科学真理性或者知识分子的"善良意志",而是取决于意识形态思想体系与知识分子已有认知结构、文化品格和价值取向之间的契合程度和对话空间。

再次,主体精神建构是内化的实现与完成。内化的过程最终是通过主体的精神建构来实现的。在知识分子的文化传承与社会关怀中,某种思想文化体系植入主体思想结构的过程也是一个知识分子不断地发现自身,并确认其与世界的联系,建构生活意义、价值信念和精神世界的过程。一旦意识形态思想体系在知识分子的思想结构中完成内化,与之相应的世界观、历史观、价值观等就会成为知识分子稳定的心理结构与精神状态,成为知识分子理性自觉地审视自我以及进行文化创造和社会交往的精神坐标。因此,思想内化是作为文化主体的知识分子和作为思想客体的意识形态思想体系之间的精神交往与信息互动。由于内化主体与思想客体都处于开放的、变动的社会环境中,所以知识分子思想认同的内化也是一个动态的、反复的过程。

二 思想认同的反思

反思是一种不同于直观经验思维的哲学思维方式。人类哲学史的发展历时性地经历了本体论反思、认识论反思、逻辑学反思以及实践论反思的转换与跃迁。事实上，这种哲学思维方式的变换与更新反映了不同时代的哲学精神，展现出不同时代人们对真善美理想生活的追求和对自身与世界关系的理解。马克思讲道："对人类生活形式的思索，从而对这些形式的科学分析，总是采取同实际发展相反的道路。这种思索是从事后开始的，就是说，是从发展过程的完成的结果开始的。"① 这种"从事后开始"的反思已不是自然科学意义上的"反复思考"，也不是日常生活意义上对原有认识的重新认识，而是人们创造历史、传承文化的思维内省和理性觉知。

从思维对象来看，反思是对"思想"的思想。展开来讲，反思是"以人类把握世界的诸种方式（如常识、神话、宗教、艺术、伦理和科学）及其全部成果（知识形态的常识、神话、宗教、艺术、伦理和科学）作为'反思'的对象，去追问'思维和存在'统一的根据，去考察断定'思维与存在'相统一的标准，去揭示'思维与存在'之间的更深层次的矛盾，从而实现人类思想在逻辑层次上的跃迁"②。马克思主义哲学的反思逻辑植根于人类生产生活的实践活动之中，因为那些作为反思对象的思想材料本身不能自己生成自己，而只能是对客观存在的主观反映。所以，马克思主义哲学语境中的反思力图在科学性、超越性的层次上深刻把握思维与存在的统一性问题，并且以这种统一性去解释和塑造人类生产生活秩序，旨在为人类理想社会的建构确立科学的逻辑支点。

反思是知识分子独特的精神气质与思维品格。在中国文化传统中，省思已然成为"君子"完善人格、涵养品性的道德规范，"君子博学而日参省乎己，则知明而行无过矣"。"君子"不仅要有广博的学识，而且还要有自省、内省的道德自觉。虽然古代君子自我省思的伦理标尺是封建社会的纲常礼教，这早已被历史抛弃，但读书人、文化人"反求诸己"的省思品格却作为具有中华民族文化特色的思维

---

① 《马克思恩格斯文集》第 5 卷，人民出版社 2009 年版，第 93 页。
② 孙正聿：《哲学通论》，辽宁人民出版社 1998 年，第 147—148 页。

方式被保留下来。结合新的客观事实和认知材料，对已有思想认知进行反复推求、比较鉴别，形成更为深刻的认识结论，这是广大知识分子较为普遍的思维历程。

在认同中反思，在反思中认同，是知识分子思想认同的典型特质。在接纳、认同意识形态的过程中，知识分子必然触及的问题是认同的价值与意义何在。对思想认同价值与意义的反思，是知识分子走向文化价值觉醒的必然逻辑中介。反思意味着"自我"与"他我""他者"的精神对话，意味着对认同"意义"的追寻，意味着对盲目服从的排斥。在一定程度上可以说，没有反思，就没有真正意义上的理性认同。近代中国知识分子对马克思主义的传播、接纳也同样经历了由不全面到逐渐全面、由不深刻到逐渐深刻的过程。在此过程中，反思的思维品格弥足珍贵。早期马克思主义传播者李季在回顾自己思想转变历程时就讲道，他对社会主义的认识经历了"从道德观点出发"到"从历史的唯物论的观点出发"的转变，这种思想认识的转变与他1920年参加北京大学马克思学说研究会之后自觉的、理性的理论反思有莫大关系。可以断言：反思使知识分子在求解真理的道路上信仰弥坚。

必须强调的是，反思并不必然导致原有认同的强化，它也可能导致原有认同的颠覆。例如，马克思在深入资本主义社会内部结构进行追根究底的研究之后，得出了与资本主义统治思想根本不同的世界认知结论，在《〈政治经济学批判〉序言》中，马克思这样总结自己的反思结论："我以上简短地叙述了自己在政治经济学领域进行研究的经过，这只是要证明，我的见解，不管人们对它怎样评论，不管它多么不合乎统治阶级的自私的偏见，却是多年诚实研究的结果。"[①] 之所以出现这样的反思悖论，是因为马克思坚持了辩证唯物主义和历史唯物主义的哲学反思逻辑。在不同哲学思维方式的指引下，必然会得出不同的历史认知结论。那些资产阶级专家、学者虽然也进行反思，

---

① 《马克思恩格斯选集》第2卷，人民出版社2012年版，第5页。

但他们所使用的思想武器是唯心主义哲学,从抽象人性论以及抽象的自由民主概念出发,必然不能揭示思维和存在之间更深层次的矛盾,也就不能发现隐匿在历史现象背后的真实规律,对资本主义虚假意识形态的抽象认同使得资产阶级专家、学者在偏离真理和历史科学的道路上渐行渐远。所以,坚持何种哲学思维与反思逻辑,对于知识分子思想认同而言,具有前提性的价值与意义。正如哲学家冯友兰所讲,我们离不开哲学,不是因为哲学可以增加实际的知识,而是因为哲学可以提高精神境界。

三 思想认同的外化

外化是相对于内化而言的哲学范畴,是把内在的主体意识转化为外在的具体形式。内化(内在的主体意识)是外化的前提,外化(行为习惯)是内化的结果。内化与外化的关系可以比附中国传统文化中的知行关系。中国传统文化主张"知行合一",唯有"知行合一"才是真正的思想认同。可是,古往今来,人们总是发出"知易行难"的感叹,"非知之艰,行之惟艰","非知之实难,将在行之"。在认同生成的过程中,外化标志着认同的实现与完成,但外化也是最为复杂、最为多样的认同形态。学者邱伟光、张耀灿在《思想政治教育学原理》中指出:"所谓外化,指受教育者将个体意识转化为良好行为,并多次重复良好行为使其成为行为习惯,产生良好行为结果的过程。"[1] 习惯性行为不同于偶然性行为,它意味着理性的、反复的行为模式与行为方式,背后必然有稳定的、自觉的思想认同作为精神支撑。

信仰是思想认同的最高形态。正如孙中山所讲:"什么叫主义呢? 主义就是一种思想、一种信仰和一种力量。大凡人类对于一件事,研究当中的道理,最先发生思想;思想贯通以后,便起信仰;有了信仰,就生力量。所以主义是由思想再到信仰,次有信仰生出力量,然

---

[1] 邱伟光、张耀灿:《思想政治教育学原理》,高等教育出版社1999年版,第82页。

后完全成立。"① 思想——信仰——力量的逻辑转换也就是思想认同的发生逻辑。

对于广大知识分子而言，思想认同并不是独立于他们文化传承创新活动之外的话语系统，而是内嵌于他们文化传承创新活动之中的价值认同。"一种价值观要真正发挥作用，必须融入社会生活，让人们在实践中感知它、领悟它。"② 知识分子相较于其他社会阶层而言，知识与文化的传承创新是他们社会实践活动的特殊形式。因此，知识分子思想认同的外化就是广大知识分子在特定意识形态思想体系的指导下进行知识与文化的传承创新，在此过程中自觉向社会传递与之相应的价值取向和道德规范等。

在不同的时代境遇下，知识分子思想认同的外化具有不同的时代特征。在近代中国风雨如磐的岁月中，那些具有共产主义觉悟的先进知识分子在救国救民的道路上以信仰重塑和组织重塑作为马克思主义思想认同的外化形态。在上海中共一大会址纪念馆的馆藏文献《共产主义与知识阶级》小册子中曾专门论述和强调知识分子在共产主义运动和共产党组织中的地位和作用，指出中国知识分子要学习俄国革命知识分子，"把我们的知识贡献到劳动者的脑袋里去，我们要去教育劳动者，组织劳动者的先锋队，指挥他们与军阀官僚资本家抵抗，引导他们向着共产主义的道上走。因为只有共产主义是无产阶级的解放者，只有共产主义是解放世界的明星"③。这个时期，虽然也出现了代表国民党利益的知识分子研究和传播马克思主义唯物史观、阶级斗争、剩余价值学说等，但他们对马克思主义思想的研究甚至一定程度的内化与吸收完全是为着"三民主义"做思想舆论的，是为了国民党利益统治服务的，并不是为了无产阶级和全人类解放的共产主义事业。对于国民党知识分子而言，因为他们对马克思主义的知识内化只

---

① 《孙中山选集》（下册），人民出版社2011年版，第639页。
② 《习近平谈治国理政》，外文出版社2014年版，第165页。
③ 田子渝等：《马克思主义在中国初期传播史（1918—1922）》，学习出版社2012年版，第187页。

是停留在认知与研究的层次上，没有发生认同，更谈不上信仰，他们所表现出来的行为实践是反对和攻击马克思主义，认为马克思主义并不适合中国。

以思想的力量影响他人与社会，实现自己思想的社会认同，这是现代知识分子共同的精神追求。知识分子思想认同也必然要追求和实现外化，通过行为外化，我们可以感知和判断知识分子思想认同状况。在现代中国，中国共产党成为执政党，中国共产党的指导思想马克思主义也成为了国家主导意识形态，当代中国知识分子思想认同的外化形态更加纷繁多样，但在马克思主义指导下进行知识与文化的传承创新，在知识与文化的世界交流中传播中国声音、践行社会主义核心价值观，则是共同的、普遍的思想认同的外化形态。

第三节　知识界思想认同的结构

知识界思想认同是层次结构较为复杂的精神文化现象。之所以复杂，是因为知识界思想认同的内核、本质与灵魂在于阶级意识形态，而阶级意识形态既属于政治范畴，又属于文化范畴。意识形态是一种旨在夺取和巩固国家政权的阶级意志和信仰体系，关涉国家政治经济制度的建构与权力运作的规范。西方马克思主义学者伊格尔顿认为，意识形态"立志从平地开始重建精神，解剖我们接收和组合感觉材料的方式，以使我们介入这一重建过程并使它朝我们所希望的政治目标前进……意识形态研究不只是关于思想观念的社会学……思想观念被赋予一种积极的政治力量，而不是仅仅理解为对世界的反映"[①]。因此，知识界思想认同既关涉政治倾向，也关涉思想文化，具体表现为政治认同、真理观与价值观认同、哲学世界观认同，它们构成了一个从具体到抽象、从显性到隐性的有序结构。具体而言，政治认同是知

[①] ［英］特里·伊格尔顿：《历史中的政治、哲学、爱欲》，马海良译，中国社会科学出版社 1999 年版，第 80—84 页。

识界思想认同的底线要求与基本规定,真理观与价值观认同是知识界思想认同的显性形态,哲学世界观是知识界思想认同的隐性形态。

由于"思想价值取向是分层次的,作为世界观层面的哲学观念(如个人主义、集体主义)同政治和权力体系的联系是十分复杂的,并不存在简单的一一对应关系"[1],所以,在现实生活世界中,既要避免把哲学观念与政治取向作机械对应,又要在不同信仰的社会成员之间寻求政治认同的价值共识。这不仅是必要的,而且是重要的。这意味着,在当前思想文化多元多样的条件下,知识界思想认同的张力客观存在,但广大知识分子对中国特色社会主义政治认同是思想认同的底线,任何时候不能以任何理由逾越。

一 政治认同

政治认同即人们在一定的共同体生活中所产生的对政治权力的认可、同意。从内容来看,政治认同包含政治立场、政治观点、政治信仰、政治态度、政治选择等政治文化与政治价值的接纳、认同、同意。《中国大百科全书·政治学》对"政治认同"的界定是:"人们在社会政治生活中产生一种感情和意识上的归属感。它与人们的心理活动有密切的关系。人们在一定社会中生活,总要在一定的社会联系中确定自己的身份——如把自己看作某一政党的党员,某一阶级的成员、某一政治过程的参与者或某一政治信念的追求者等等,并自觉地以组织及过程的规范来规范自己的政治行为。这种现象就是政治认同。"[2] 政治认同不仅是一种心理归属,更是一种同意和承认的情感倾向。只有国家政治权力获得社会成员的认同,社会成员对自己属于哪个政治单位和哪个党派、阶级、群体的心理归属感得以建构,整个国家的统治秩序和政治稳定才是可能的、现实的。

---

[1] 侯惠勤:《马克思的意识形态批判与当代中国》,中国社会科学出版社2010年版,第484页。

[2] 《中国大百科全书·政治学》,中国大百科全书出版社1992年版,第501页。

第二章 知识界思想认同的阐释

知识界思想认同作为一种潜隐的文化心理与文化自觉，必然要外化为一定的社会实践。在一系列的社会实践活动链中，政治认同无疑是其中一个重要的表达方式。知识分子坚持何种思想认同，会影响到他对政治现实、政治理想的研判与期望。知识界思想认同之所以能够现实地体现为可感、可知的政治认同，是因为一旦知识分子以文化主体的身份自觉表达对未来社会建构的理想与信仰，那么就不可避免涉及政治认同问题。

当然，这里并非强调知识分子从事科学研究与思想文化事业只能从属于政治需要与政治实践，而是因为学术与政治、科学与政治之间在事实上存在着共生发展的关系。关于科学与政治的关系，胡乔木曾明确指出："我不倾向于提倡科学要为政治服务的口号。我认为这种口号本身不能说是十分科学的。马克思主义认为，从长远的历史来看，政治不是目的，政治主要是实现各个历史时期经济目的的手段，是实现劳动人民经济文化目的的手段。人民的需要才是目的，科学也是人民的需要。我们这样说，并不意味着政治是并不重要的，科学可以脱离政治。在我们的时代，科学是不能同政治脱离的。政治是实现人民经济文化需要的最重要、最强有力的手段，其他手段包括科学在内，在特定的条件下，不能不使自己的活动和政治要求协调一致。所以，意识形态的各个领域、各种各样的思想形式，各种科学思想的发展都不能离开政治。科学为政治服务，这是在特定意义上讲的，而不是在最一般意义上说的。"[①] 思想与政治虽然有各自的"疆域"与"目标"，但两者不是割裂的、对立的，而是相辅相成、共生发展的。

在中国知识分子的精神血统中，古代士人阶层"学而优则仕"，"穷则独善其身，达则兼济天下"的政治抱负、政治追求仍然存在影响。只不过，当代中国知识分子之于政治的关系不同于士人阶层对传统政治的依附，而是以独立自主的精神面貌去关心政治。根据樊浩教授《中国大众意识形态报告》数据显示，在知识分子是否应该关心

---

① 秦富平：《胡乔木谈历史科学与政治的关系》，《党史文汇》1995年第1期。

政治的问题上，绝大多数知识分子持肯定态度。在对知识分子群体的调研中，"36.9%的人认为知识分子都应该关心政治；30.0%的人认为应该关心，但不宜偏激；20.0%的人认为应根据专业和学习的领域来决定要不要关心；13.1%的人认为不应该关心政治"[①]。关心政治，在"书本知识"的"学统"之外，保持对当代中国社会的理想期盼与现实批判，是当代中国知识分子自觉的价值追求与思想倾向。

在当前意识形态渗透愈加依赖文化和学术力量的情况下，对于具有"议而不治"传统的广大知识分子而言，政治认同主要地并不体现在其直接参与政治批判、政治斗争的政治实践中，而是体现为知识分子在政治文化和意识形态理论体系的是非争论以及政治社会化过程中秉持何种倾向、坚持何种选择。质言之，基于知识界思想认同基础上产生的政治认同更多地表现为政治文化立场及其价值判断与价值选择，这也是知识分子不同于其他社会阶层政治认同的特殊表现所在。一方面，广大知识分子的文化传承不同于政治家的政治实践，但又离不开政治生态与政治意识形态；另一方面，广大知识分子以文化传承的方式影响社会舆论与"民心"塑造，而民心就是最大的政治。所以，知识界思想认同是影响和制约政治认同的内在"灵魂"，政治认同是知识界思想认同的表层直观。

在现实的社会生活中，知识分子以思想文化的力量影响社会，这容易给人以知识分子无关政治、远离政治的错觉，似乎知识分子的社会责任具有"全民性""非意识形态性"。之所以会产生这样的误判，重要的原因就在于知识分子"为民请命"的形象建构。那么，什么是人民？人民从来都不是一个抽象的概念，而是指革命阶级或统治阶级领导下的广大群众。在阶级斗争激烈冲突、革命浪潮风起云涌的时期，进步知识分子代表着普遍的人民群众利益，他们往往自觉站在革命阶级一边，表现出对政治的极大热情与关注。但是，在政治统治秩序比较稳定的情况下，现存秩序与制度的合法性尚未受到挑战和冲

---

① 樊浩：《中国大众意识形态报告》，中国社会科学出版社2012年版，第160页。

击，知识分子对政治的态度以冷淡和沉默居多。然而，这种态度并不表明知识分子的超脱和自由。恰恰相反，这表明知识分子对政治意识形态的服从和满足，因为"对斗争漠不关心，实际上决不是回避斗争，拒绝斗争或者保持中立。漠不关心是默默地支持强者。支持统治者。……政治上的冷淡态度就是政治上的满足"①。事实上，广大知识分子无论从事何种职业活动，永远都不可能"生活在别处"，历史发展的方向、国家道路的选择、社会制度的创建、生活意义的追寻都是知识分子"忍不住的关怀"，也是当代中国最为现实的"政治"。正如胡乔木在解释社会科学院等研究机构是党和政府的得力助手时强调："所谓助手，不是意味着做应声虫。如果要做应声虫，那就不需要科学，不需要社会科学院这样的机构，也不需要社会科学家的存在了。所以需要这个助手，是因为这个助手，能够用他以科学的良知和毕生的心血从事研究而得的科学成果，贡献给党和政府，并且通过党和政府，贡献给人民，贡献给历史。历史学家是历史的研究者，同时也应当是历史的促进者。我想，我们应当这样来看待科学和政治的关系，这样做，我们既不会对不起我们从事的历史研究工作，也不会对不起我们所贡献的社会主义政治。我们可以问心无愧地说，我们完成了历史所赋予的光荣使命。"②

政治认同是知识界思想认同的底线要求与基本规定，也是知识界思想认同中最为直观的层次结构。政治认同之所以直观，是因为它可以通过直接的、现实的感性活动来判断与评价，正如邓小平于1978年《在全国科学大会开幕式上的讲话》中所说："我们应当着重他们自己的基本政治态度，看他们自己的现实表现，看他们对社会主义革命、社会主义建设所作的贡献。"③新中国成立以后，尽管面临"一穷二白"的困难局面，但钱学森、华罗庚等老一辈知识分子毅然决然

---

① 《列宁选集》第1卷，人民出版社2012年版，第676页。
② 秦富平：《胡乔木谈历史科学与政治的关系》，《党史文汇》1995年第1期。
③ 《邓小平文选》第2卷，人民出版社1994年版，第93页。

选择回到自己的祖国，为社会主义现代化建设贡献才智。如果没有对新生国家政权的接纳与认同，很难想象这些知识分子能够冲破重重阻力，为国家富强人民幸福呕心沥血。这里，知识分子的贡献大小不能简单等同于知识分子对社会主义国家政权认同程度的深浅。但有一点是明确的，对于知识分子而言，没有远离政治的社会关怀，也没有远离政治的爱国主义。

二 真理观与价值观认同

知识分子以真理追求和道义担当为崇高使命。然而，什么是真理？什么是价值？在人类思想史上却意见不一、观点杂陈，形成了不同哲学学派、不同阶级立场的真理观与价值观，影响着一代又一代知识分子的科学实践与价值抉择。真理观是关于真理的总体看法和认识。价值观是对价值关系和价值意识的总体看法和认识，一方面表现为价值取向、价值追求，另一方面表现为社会实践活动的行为动机等精神调控因素。在知识分子的思想认同结构中，真理观与价值观是无法回避的内容，正如知识分子无法抛弃真理追求和道义担当一样。因此，真理观与价值观认同是知识分子思想认同的显性规定。

真理观和价值观是具有阶级属性和意识形态色彩的思想观点，表征着不同阶级立场的知识分子思想认同。恰如列宁所讲："写作事业应当成为整个无产阶级事业的一部分，成为由整个工人阶级的整个觉悟的先锋队所开动的一部巨大的社会民主主义机器的'齿轮和螺丝钉'。"[①] 这里，问题的关键并不在于知识分子选择和坚持何种真理观、价值观，而在于知识分子为何选择此种真理观与价值观。事实上，知识分子所秉持的真理观与价值观不仅取决于知识分子的思想自由与个人意志，也不仅取决于客观的真理与崇高的价值本身。除此之外，知识分子所秉持的真理观与价值观更主要地取决于社会上占统治地位的思想观念，即受统治阶级思想体系的制约。正如马克思所讲，

---

① 《列宁选集》第1卷，人民出版社2012年版，第663页。

第二章　知识界思想认同的阐释

"庸俗经济学则只限于把资产阶级生产当事人关于他们自己的最美好世界的陈腐而自负的看法加以系统化，赋以学究气味，并且宣布为永恒的真理。"① 从根本上看，统治阶级对真理观和价值观的思想支配权力源于其在物质生产领域的绝对支配地位。正是凭借物质财富的占有权和支配权，统治阶级才顺理成章地拥有思想支配权和知识占有权。所以，那些支配物质生产资料的统治阶级在对真理与价值的判断上也同时拥有绝对的话语权，是真理观与价值观的规则制定者。列宁认为，几何公理如果触犯了人类利益，也注定要被推翻。德国学者卡尔·曼海姆指出，即便是对于那些表面上看来似乎只涉及客观描述的知识话语体系，"我们也必须考虑到，对事实产生歪曲的，不仅仅是由于人们自身的不确当的感知和不正确的认识，而且还由于在某种环境下，人们不能或不愿诚实地说出自己的感知和观点"②。这种因"不能或不愿"造成的偏见与歪曲普遍地存在于维护反动阶级意志的话语逻辑中，统治阶级会不惜一切代价地赋予这种偏见和歪曲以普遍真理的外衣，然后以虚假的"绝对真理"来"指导"人们的思想观念、行为选择，达到意识形态控制的目的。

在吸取人类优秀文明成果的基础上，马克思主义确立了实践基础上科学的真理观与价值观。马克思指出："人的思维是否具有客观的真理性，这不是一个理论的问题，而是一个实践的问题。人应该在实践中证明自己思维的真理性，即自己思维的现实性和力量，自己思维的此岸性。关于思维——离开实践的思维——的现实性或非现实性的争论，是一个纯粹经院哲学的问题。"③ 这就意味着，仅从认识论的角度探求真理是不够的，必须超越传统认知真理观的局限，在更广泛、更深入、更坚实的社会实践基础上探求真理。只有建立在对客观世界正确认识基础上的实践活动，才能创造价值。真理观和价值观的

---

① 《马克思恩格斯文集》第5卷，人民出版社2009年版，第99页注释。
② ［德］卡尔·曼海姆：《意识形态与乌托邦》，李步楼等译，商务印书馆2014年版，第11页。
③ 《马克思恩格斯选集》第1卷，人民出版社2012年版，第134页。

辩证统一是马克思主义真理观的重要原则。在真理观与价值观的关系上，真理观与价值观彼此交融、不可分割。相对而言，真理观具有更为优先的意义，真理观高于价值观，真理观是基础、前提、必要条件。没有对客观世界真理性的认识，就无法作出顺应历史潮流、顺应人民群众利益的价值判断。所以，维护真理实际上是在捍卫一种由权力所控制的既定秩序，而诋毁真理则是旨在破坏这种秩序。

知识分子的崇高品质不在于抽象地谈论道德，而在于建立在科学真理观基础上的道德使命感，"知识分子更注重的是用何种方式和途径来关怀道德，而不是无原则地标榜道德"①。不同的真理观必然衍生不同的问题解释框架和不同的行为价值选择，任何回避真理观而空洞地讨论价值观都是抽象人道主义的表现。然而，在当下中国的知识界，却存在着一种重价值观、轻真理观的思想倾向。在一些学术研究和思想舆论中，经常会出现割裂真理观与价值观、无视真理观的基础性作用的情形，这也是造成知识界价值观在多元中走向失序的重要原因。如果离开马克思主义真理观，离开中国特色社会主义实践，离开中国社会发展的客观历史进程，抽象地谈论价值观，这样的结果很容易让人失去认识基础和判别标准，失去对价值观是非善恶的鉴别能力，失去抵制错误价值观的定力。

坚持什么样的真理观与价值观，关系到知识分子对社会现实、社会矛盾、社会问题的洞察与判断。同时，经由思想舆论的向外拓展，知识分子所坚持的真理观与价值观也会影响到社会成员对政治制度和历史走向的认知，因为"任何时期的观念氛围基本上都是由知识分子营造的，他们用以判断事物与观念的一系列假设组成了特定时期的精神导向。知识分子在判断与评价一种新的观念时，往往不是根据这种观念自身的特点，而是根据其是否现成地适合知识分子自己的意识形态"②。所以，知识界思想认同所辐射的范围已远远超出自身的界限，

---

① 原方：《知识分子论》，上海三联书店 2005 年版，第 20 页。
② 陶东风：《社会转型与当代知识分子》，上海三联书店 1999 年版，第 48 页。

直接影响到民族国家的"智识与道德领导权"(葛兰西语)。

三 哲学世界观认同

哲学世界观是人的精神世界建设的首要问题,表征着人们对物质世界和精神世界整体秩序和意义的理解方式。哲学是关于世界的本质和一般规律的学说,是对整个世界以及人和世界关系的总体性反映和把握,因此,它对一切具体科学和实践活动有普遍方法论的指导作用。世界观亦称宇宙观,是人们关于整个世界以及人和世界关系的总的根本看法和观点。哲学作为世界观的理论体系,是采用最一般的概念和逻辑形式进行理论加工而建构起来的知识体系。可以说,哲学是系统化、理论化的世界观。世界观是哲学的内容,哲学是世界观的理论体系。当今世界有两大哲学世界观,即马克思主义哲学世界观(亦称辩证唯物主义世界观)和唯心主义哲学世界观。伴随科技进步、生产发展,马克思主义哲学世界观的科学性、真理性经受了考验、锻炼。但也不可否认,面对世界形势的风云变幻,唯心主义哲学世界观也依然存在"受众",俘获着一些人的"芳心"。

自觉的哲学世界观是知识分子文化传承中最深沉、最隐秘的思维前提。现代知识分子在不同的哲学世界观指导下进行文化传承,也必然具有不同的文化追求、文化立场。以"中国元素"花木兰为例,当代中国知识分子在文艺作品中所展现的花木兰形象,代表着劳动人民的智慧与精神——勇敢淳朴、忠孝节义,作品讴歌的是人民群众的历史创造性。但是,在好莱坞的电影中,花木兰则突出强调着个人主义、英雄主义等西方价值理念。透过文艺作品的表象,可以窥见中西方文艺界知识分子不同的文化立场,而决定文化立场差异的正是中西方不同国家知识分子根本不同的哲学世界观。"知识分子的品格,主要体现在信仰追求、常识造诣、人格表率等方面,这些是世界观的不同侧面。几十年来,知识分子经历过艳阳天,也饱尝过酸甜苦辣。他们的爱国之心、爱社会主义之心、爱自由之心、爱科学真理之心始终不变。但他们的少数人,有时比较脆弱,在经历风霜、挫折时,'更古今之变,究天人之际'的浩然荡气无存了,把假的当成真的。"①不同的哲学世界观理解世界的方式有高低层次之分,正确的世界观与科学实践、人民群众的生产实践共生互动,推动着人类文明发展。相反,错误的世界观则违背客观规律,沉迷固执于歪理邪说,阻碍人类文明发展。如果没有正确世界观的指导,即便是掌握文化知识的知识分子,在面对复杂变幻的世界尤其是未解之谜时,也可能会作出是非不分、善恶不明、立场模糊的认知与判断。因此,每一位心系国家、心中有民的中国知识分子,都要在科学实践、文化创作和社会变革中自觉砥砺和升华哲学世界观。

在知识经济时代,当代中国知识分子为何要自觉涵养马克思主义哲学世界观?列宁指出:"最新的哲学像在两千年前一样,也是有党性的。唯物主义和唯心主义按实质来说,是两个斗争着的党派,而这种实质被冒牌学者的新名词或愚蠢的无党性所掩盖。唯心主义不过是信仰主义的一种精致圆滑的形态……经验批判主义的客观的、阶级的作用完全是在于替信仰主义者效劳,帮助他们反对一般唯物主义,特别是反对历史唯物主义。"② 因为哲学世界观是有鲜明党性的。正如并不存在永恒不变的世界历史一样,也不存在永恒"普世"的哲学世界观。唯物主义与唯心主义两种哲学世界观的分野与争议由来已久,至今也仍然改头换面、变换形式进行或隐或显的斗争。在诸多哲学世界观的党派林立中,任何人都无法逃避或者超越,他们所能做的只是在诸多哲学世界观中间进行选择,因为各种哲学世界观所代表的是不同的经济社会文化秩序以及不同的思维方式、立场选择。正是在此意义上,葛兰西讲道:"哲学与政治不可分割……对于一种世界观的选择和批判也同样是一件政治性的事情。"③ 阶级对抗的本性决定

---

① 郭成林:《精神世界建设的一个重要问题——哲学世界观的升华与沦落》,《理论探讨》2001年第4期。
② 《列宁选集》第2卷,人民出版社2012年版,第240页。
③ [意]安东尼奥·葛兰西:《狱中札记》,曹雷雨、姜丽、张跣译,河南大学出版社2014年版,第371页。

了统治阶级的哲学世界观与被统治阶级的民间哲学相互敌对，但由于统治阶级掌控绝对的意识形态话语权，造成了民间哲学及其世界观只能处于被动从属的地位。

在人类哲学发展史上，马克思的伟大功绩在于实现了哲学变革，通过对既往一切哲学的彻底批判而创建历史唯物主义哲学。这一哲学变革为人类提供了科学认识世界的工具，尤其给全世界被压迫的无产阶级提供了认识自身地位、历史使命以及争取解放的精神旗帜。列宁对马克思的哲学首创精神给予高度评价，"马克思的历史唯物主义是科学思想中的最大成果。过去在历史观和政治观方面占支配地位的那种混乱和随意性，被一种极其完整严密的科学理论所代替"①。马克思主义哲学是科学，也是关于无产阶级斗争学说的意识形态。马克思强调哲学要向社会实践开放、同现实世界接触、与人民群众共在，"我们是从世界本身的原理中为世界阐发新原理。我们并不向世界说：'停止斗争吧，你的全部斗争都是无谓之举'，而是给它一个真正的斗争口号"②。因此，马克思主义哲学从来不屑隐瞒自己的观点和意图，其哲学思想的阶级内涵与阶级立场是明确的，即无产阶级世界观，这也是人类历史上第一次赋予劳动者阶级以阶级意识的哲学世界观。从19世纪40年代诞生以来，马克思主义哲学就和形形色色唯心主义哲学派别和形而上学世界观展开激烈的思想角逐，至今仍然硝烟弥漫，最为根本的依然是阶级立场的冲突和对决。

只要在阶级矛盾和阶级冲突存在的地方，现代知识分子就必然面临着阶级立场和哲学世界观选择的问题。知识分子选择什么样的哲学世界观，也就意味着选择了什么样的世界认知方式和思想观念。同样，知识分子选择什么样的思想体系，也就意味着选择了支撑该思想体系的哲学世界观。在知识分子自觉的文化传承中，为谁发展文化、发展什么样的文化、怎样发展文化，这是文化发展的首要问题，也是

---

① 《列宁选集》第2卷，人民出版社2012年版，第311页。
② 《马克思恩格斯全集》第1卷，人民出版社1956年版，第418页。

哲学世界观在文化发展问题上的具体表现形态。从这个意义来讲，哲学世界观是知识界思想认同的隐性内核，对知识分子的科学实践、文化创作具有先导作用，是知识分子以文化方式表达社会关怀的哲学基石。

综上所述，知识界思想认同是由政治认同、真理观与价值观认同、哲学世界观认同三个层次共同构成的复杂结构体系。其中，政治认同是底线规定，真理观与价值观认同是显性表达，哲学世界观是隐性内核。三者之间并非简单的一一对应关系，这也正是知识界思想认同在当代世界具有多样性和复杂性的原因所在，同时，也是当代中国知识界思想认同能够走向更高层次的凝聚与整合的原因所在。

第四节　知识界思想认同的功能

结构决定功能。功能是蕴藏于事物结构之中的潜在效能，具有不以人的意志为转移的客观现实性。从根本上看，知识界思想认同的生成源于客观的社会存在，然而一旦认同确立，它就会凭借知识分子特有的文化权威或者文化精英身份而发挥能动的反作用，对认识与改造世界、塑造价值规范等发生重要的导航功能。尤其是在知识权力化愈益凸显的历史条件下，知识界思想认同对国家政权以及社会稳定等发挥着强大的"第二性"作用，主要有政治功能、社会功能与文化功能。

一　思想认同的政治功能

知识界思想认同表达着知识分子对特定时代政治秩序和国家制度的理想设计。但是这种谋划、设计与政治家的政治宣传、政治实践有着根本不同，知识分子往往通过学术性的专门术语和系统的理论论证，从文学、艺术、法律、道德、宗教、哲学等具体的文化形态表达既定政治制度、国家政权的合法性，为人们认同和支持国家政权提供文化依据。例如，在资本主义社会，庸俗经济学家的职责就是要简单

第二章　知识界思想认同的阐释

复制和理论再现资本主义社会的表面经济现象，掩盖现象背后的剥削劳动和剩余价值，为现存政治制度进行赤裸裸的辩护。因此，资产阶级经济学家、政治学家、法学家等知识分子就成为维系资本统治秩序的重要力量，他们在国家、社会、教育、科技、宗教等各种力量的训导下，自觉履行"牧师"角色，即给予那些人数众多的被压迫者以虚假安慰，"给他们描绘一幅在保存阶级统治的条件下减少苦难和牺牲的前景……从而使他们顺从这种统治，使他们放弃革命行动，打消他们的革命热情，破坏他们的革命决心"[1]。由于资本主义意识形态的虚假性以及抽象人性论的假设，这些知识分子在坚持真理的道路上要么选择对抗，要么选择妥协。为了生存，他们中的大部分注定坚持唯心主义与保守主义的立场、方法，他们主张淡化阶级斗争、肯定现存社会，其理论学说、思想观念在根本上维护的是资本主义的剥削关系与资产阶级的政治统治。

与资产阶级知识分子维护资本主义政治秩序不同，无产阶级知识分子以劳动人民的自由与解放作为省思、衡量和判断社会历史事件的价值坐标，为社会主义国家政权的建立与建设提供思想支撑。伟大的革命家、理论家马克思和恩格斯在领导工人运动的实践中，同形形色色的反动意识形态进行思想较量，开辟并坚定了"唯物主义和理想主义有机统一"[2]的科学意识形态取向，实现了革命导师自我建构性的思想认同，创立了伟大的马克思主义理论。这一理论不仅深刻地揭秘了"历史之谜"，而且为受剥削受压迫的民族国家指明了前进方向。近代以来中国先进知识分子在经历了多种改革方案纷纷破产以后，于多种社会思潮的碰撞中选择、传播、接纳马克思主义。从此，备受磨难的中国人民在马克思主义意识形态的引领下，建立无产阶级政党，推翻了旧的国家机器，建立了新中国。他们自觉地通过文化的社会影

---

[1]《列宁选集》第2卷，人民出版社2012年版，第478页。
[2] 侯惠勤：《马克思的意识形态批判与当代中国》，中国社会科学出版社2010年版，第290页。

响力,为政权合法性制造舆论、提供辩护。

在现代社会,民主是知识分子共同的追求。但民主从来都是一定阶级的民主,没有超阶级的民主。那些认同资本主义民主观念的知识分子,在政治道路上必然倾向于多党轮流执政;而认同社会主义民主观念的知识分子,在政治道路上必然倾向于无产阶级政党的领导。所以,知识分子一旦选择一定的意识形态思想体系,也就意味着选择了一种国家制度与政治秩序的理想模型。

二 思想认同的社会功能

任何时代的物质生产活动与社会发展都需要鼓舞人心的精神内驱力,知识界思想认同就是影响社会发展的重要精神力量。一般而言,知识界思想认同的社会功能体现为促进或者阻碍社会发展,这种功能发挥的效果主要取决于知识界思想认同所代表的阶级利益是否与先进生产力的发展要求相一致,是否与人民群众的根本利益相一致。思想认同并不是脱离现实、束之高阁的幻象,而是与社会现实密切相关的理念。美国学者迈克尔·罗斯金说:"当理念变得更加实用、更为现实,意识形态就成为一个重要的凝合剂,能够把各种运动、党派、革命团体都聚合起来。为了更好地奋斗,承受牺牲,人们需要意识形态的激励,他们需要某些东西成为信仰的对象。"[1]

从长远来看,如果知识分子坚持的是进步的、适应生产力发展要求的、为人民利益服务的思想体系,那么这种认同就能够产生一种积极向上的凝聚作用,促进社会发展。反之,则会阻碍社会发展。德国学者马克斯·韦伯将新教伦理视为维系资本主义社会发展的精神动力,也曾引来无数知识精英对新教伦理的信仰与传播,也曾为资本主义扩大再生产提供了有效的价值规范和信仰寄托,在一定时期、一定程度上起到了促进社会发展的作用。可从根本上看,新教伦理寄希望

---

[1] [美]迈克尔·罗斯金等:《政治科学》,林震、王锋、范贤睿等译,华夏出版社2001年版,第105页。

于从宗教信仰寻求社会发展的精神支持，注定无力解释现代资本主义充斥的社会危机与文化矛盾，终究无法构成促进资本主义社会发展的持续性精神力量。

知识界思想认同之所以能够影响社会舆论，这与知识分子的文化创造者、传播者的社会身份密切相关。在文化传承中，知识分子思想认同兼具理性思考与感性表达的双重特征。一方面，它凝聚着知识分子对社会现实与时代课题的理性自觉；另一方面，它表现在知识分子或绚烂多姿、或激越深刻、或浪漫细腻的情感表达与笔底世界中。恰恰是后者，反映了人的情感和生活世界，构成意识形态思想体系向日常生活渗透的重要途径。代表特定阶级精神意志的意识形态需要经由中间道路或者桥梁才能被植入人的内心，列宁称之为"灌输"。普通群众无法产生自觉自为的阶级意识，然而，知识分子天然地具有文化先觉与文化敏感，能够成为意识形态从特定阶级走向公众生活的桥梁与中介。知识分子以渗透思想认同的文化理念来影响人的情感世界，将本来距离人的生活世界较为遥远的意识形态思想体系自觉转化为社会成员心理、认知与言行举止中的下意识或潜意识，并由此成为社会成员的规范体系。尤其是在社会转型期和面临严重社会危机的时候，知识界思想认同对社会成员的思想观念、价值规范、行为方式、道德判断等更是发挥着不可估量的思想引领作用，深刻影响着整个社会的发展状况。

三 思想认同的文化功能

知识界思想认同蕴含着塑造社会成员价值观的文化教化功能。在现代社会，知识分子的价值与地位"不再取决于侃侃而谈，那只是情感和激情外在和暂时的动力，要积极地参与实际生活不仅仅是做一个雄辩者，而是要作为建设者、组织者和'坚持不懈的劝说者'（同时超越抽象的数理精神）"[1]。在文化传承与文化创造中，知识分子自觉

---

[1] [意] 安东尼奥·葛兰西：《狱中札记》，曹雷雨、姜丽、张跣译，河南大学出版社2014年版，第7—8页。

担负文化教化的使命，塑造和培育社会成员的文化"主体"意识，即作为社会成员的个人不是作为游离状态的"个体"而存在，而是自觉选择社会主流价值观念的"主体"而存在。西方马克思主义学者阿尔都塞认为："主体之所以是构成所有意识形态的基本范畴，只是因为所有意识形态的功能（这种功能定义了意识形态本身）就在于把具体的个人'构成'为主体。"① 在这里，"主体"不同于散漫的、孤立的个人，主体意味着社会成员在实践交往中自觉认识到个体与群体、阶级乃至整个社会之间休戚与共的关系，自觉萌发对某种价值与文化理念的理解、接受、认同与践行。

在当今两种意识形态对抗的时代背景下，知识界思想认同的主体塑造功能就是通过文化的力量，影响和培育社会成员的理性认知与思维模式，最终扩大特定意识形态的群众基础与社会影响力。文化是民族国家的精神血脉。无论是进步的、革命的阶级，还是落后的、反动的阶级，都会不遗余力地从已有的历史文化传统中寻求有利于自身意识形态建设的文化资源，同时也从中寻找对抗异己意识形态的文化依托。所以，不同的阶级在面对同样的文化资源时，往往都是根据自身的阶级利益需要，挖掘、整理并衍生出特定的文化样式，文学、艺术等无不体现着特定阶级的阶级意识和阶级利益。

具体而言，同样是面对中国传统历史文化资源，不同阶级立场的知识分子坚持不同的思想认同，作出截然不同的文化选择。在中国共产党的组织和领导下，进步知识分子坚持"取其精华、弃其糟粕"的文化发展方针，继承自强不息、厚德载物的传统文化，追求真理，鼓舞斗志，吸引广大工农群众自觉加入到革命队伍中来。与之不同的是，国民党反动派极力宣扬"君君臣臣父父子子""天不变道亦不变"的封建落后思想，那些追随国民党反动派的知识分子在历史规律面前逆向而行，不仅抑制了自身的爱国追求与事业抱负，而且也遭到人民群众的遗弃。

---

① 陈越编：《哲学与政治：阿尔都塞读本》，吉林人民出版社2003年版，第361页。

在现代社会，无论任何国家，知识分子的文化求索与社会关怀都无法挣脱特定的意识形态氛围，思想认同成为知识分子或显或隐的精神文化现象。知识界思想认同体现着作为文化主体的知识分子立足于一定的阶级立场或理论立场，自觉表达对某种意识形态合法性、合理性的偏向、认同、选择与坚持。按照从具体到抽象的层次结构，知识界思想认同可以分为政治认同、真理观与价值观认同、哲学世界观认同三个层次，蕴含着不以人的意志为转移的政治、社会与文化功能。总之，知识界思想认同具有鲜明的现实指向性与社会实践性，是一种实践理性精神，不仅影响到人民群众的思想观念，而且影响到社会秩序和国家政权的稳定。

第三章 国外知识界思想认同的镜鉴

在现代国家的经济、政治、社会、思想、文化建设中,知识界都发挥着至关重要的作用。知识界思想认同能够从一个侧面反映特定民族国家的文化软实力建设,也是衡量和评价国家主导意识形态思想体系真理性与价值性的重要解码器,对意识形态思想体系的建构、阐释、传播以及社会认同等发挥重要作用。在一定历史条件下,知识界思想认同甚至能够影响国家政权建设,成为特定阶级维系国家政权道义性合法性的重要文化力量。从国外实践中观照知识界思想认同的经验与教训,不仅有助于拓展深化意识形态建设中的文化主体研究,而且有助于为当代中国意识形态建设提供镜鉴。

第一节 苏联解体中知识界思想认同的迷失

1991年12月25日,克里姆林宫上空飘扬了74年的苏联国旗降落,标志着世界上第一个社会主义国家的解体和国际共产主义运动史上灿烂红星的陨落。翻阅苏联解体的历史史料,反思苏联亡党亡国的历史教训,人们至今仍然充满疑惑,缘何苏维埃政权会在没有激荡暴力革命的情况下顷刻覆灭?缘何苏共严肃的理论研究未能抵挡激进的政治蛊惑?缘何充满爱国热情的知识分子走向了背叛国家和人民的道路?追思这一系列的疑问,马克思充满智慧的警醒为我们提供了求解问题的线索,他讲道:"如果从观念上来考察,那么一定的意识形式

第三章　国外知识界思想认同的镜鉴

的解体足以使整个时代覆灭。"① 不可否认，苏联社会主义政权的解体是政治体制、社会经济与思想文化等多重历史合力综合作用的结果。然而，从社会心理与思想文化的角度来看，这一时期苏联知识界思想认同所发生的集体转向，即从对马克思主义、社会主义转向资本主义、新自由主义，却是苏联解体不可忽视的社会心理因素。

在苏联走向解体的过程中，知识界思想认同的集体转向与迷失是国内、国外力量交织共生的结果。国内因素在于苏联社会偏离社会主义方向的"人道主义"改革实践，国外因素在于西方国家蓄谋已久的文化入侵和意识形态渗透。在国内、国外力量的交错影响下，苏联知识分子所坚持的文化立场与思想方向发生了从马克思列宁主义到资本主义的集体逆转，对整个社会的思想瓦解和政权覆灭具有推波助澜的负面效应。

一　知识界社会主义思想认同的衰微

马克思指出："意识在任何时候都只能是被意识到了的存在，而人们的存在就是他们的现实生活过程。"② 归根结底，任何社会意识都不会凭空产生，它总是一定社会历史条件的产物。在由盛而衰的转变过程中，苏联高度集中的政治经济体制走向僵化，无法满足社会发展与人民生活的需要，旨在促进社会主义生产力发展的社会改革势在必行，改革的声音深得人心。尤其是苏联知识分子，他们历来具有深沉的爱国责任感和强烈的社会批判意识，所以苏联改革深得知识分子拥护与支持。

如果说苏联早期改革是对社会主义发展道路的积极探索的话，那么，苏联中后期的社会改革尤其从勃列日涅夫主政时期开始走向退步，专断集权与官僚特权、民生问题严重，知识分子的改革建议和政治热情受到政治集团的极力抑制，他们逐渐失去对社会改革的信任与

---

① 《马克思恩格斯文集》第 8 卷，人民出版社 2009 年版，第 170 页。
② 《马克思恩格斯选集》第 1 卷，人民出版社 2012 年版，第 152 页。

信心。到了戈尔巴乔夫执政时期，苏联改革更是遭遇"历史拐点"，"人道主义"作为社会改革的总路线被高高举起，逐渐偏离了社会主义的历史方向。长期以来知识分子的精神压抑犹如决堤的洪水，释放出强大的破坏性力量，知识分子对国家政权和主导意识形态的态度呈现出扭曲与非理性特征。

肇始于西方文艺复兴时期的"人道主义"是新兴资产阶级反对封建专制和宗教统治的哲学武器，倡导人的高贵和尊严，其批判的所指是抬高神、贬低人的"神本主义"。因而，"人道主义"在历史上曾经是资产阶级革命的精神武器。但是在资产阶级统治地位确立并巩固以后，以"自由、民主、平等、博爱"为价值标签的资产阶级"人道主义"哲学以抽象人性论为理论基础，逐渐逆变成为西欧社会民主党极力推崇的超阶级思想体系，此时的"人道主义"丧失革命性并且蜕变成为遮蔽劳资矛盾、掩盖阶级属性的虚假意识形态。

"人道主义"在苏联的滋生蔓延开始于赫鲁晓夫批判个人崇拜的"非斯大林化"运动中。这个时期的"人道主义"批判虽然并未上升到改革总路线的层面，但却为苏联的历史悲剧埋下了思想祸根。在苏联社会改革与知识分子批判现实的双重变奏中，"一切为了人，一切为了人的幸福"的人道主义哲学对苏联"60年代人"产生了深刻的影响。所谓"60年代人"指苏联在"赫鲁晓夫解冻时期"的一代自由主义知识分子，他们主张尊重人权、个人自由和公开性。他们曾经接受了苏联正统的社会主义意识形态教育，但在世界观、人生观成熟的关键时期却又经历着赫鲁晓夫执政时期对"精神领袖"斯大林的彻底否定与批判，这对他们原有的精神信仰造成强烈的震荡与冲击。戈尔巴乔夫在接受采访时谈及"60年代人"的心路历程，曾透露苏联60年代的批判运动严重冲击着当时的青年知识分子对马克思主义的信任与坚守，同时也造成了他们对自由化、民主化改革的盲从与渴望，这为后来苏联"政治精英"与"知识精英"合谋推动"人道主义"改革埋下伏笔。

1987年11月，苏联出版了戈尔巴乔夫的著作《改革与新思维》，高调复兴抽象人道主义哲学，宣称"人是改革的中心"，"全人类的价值高于一切"，"人类的生存价值高于一切"。在苏共倡导"人道主义"改革的社会背景下，坚持自由主义思想倾向的激进民主派知识分子相当活跃。来自经济学、哲学、法学等领域的"行家里手"凭借较高的社会威望，异口同声地污蔑苏联体制为"极权官僚式社会主义"。其中，雅科夫列夫获得博士学位之后不久，就很快跃升至中央政治局委员，成为戈尔巴乔夫的"军师"。他推崇资本主义，同时又深谙苏联人民的思维惯性——马克思主义意识形态不会立即消逝，所以他主张苏联要发展"人道的民主的社会主义"，企图掩盖推翻苏联社会主义制度的险恶用心。在雅科夫列夫看来，与布尔什维主义的斗争要"走这样一条路从表面上看来是真心诚意的、道德上是纯洁无瑕的，但在与布尔什维主义作斗争的具体条件下，这条路有同自我欣赏混杂在一起的利己的味道。应该讲策略，对有些事缄默不言，有些问题要绕着走，但这样却能达到在'纯洁'的斗争中是不可达到的目的"①。由此可以断言，苏共所推行的"人道的民主的社会主义"改革实质上是修正主义的别名，目标是要彻底改变苏联的经济结构、政治秩序、思想基础，葬送苏联社会主义制度。

苏共"人道主义"改革成为知识分子意识形态立场走向分化与多元的逻辑起点。同时，知识分子社会主义思想认同的衰微又起到为苏共"人道主义"改革廓清思想障碍的作用。伴随戈尔巴乔夫领导集团"民主化""公开性""多元化"三个革命性倡议的问世，苏联知识界旋即活跃起来，"填补历史空白点"迅速演化成为揭露历史黑暗面的非理性狂潮，各学科领域的知识分子甚至违背科学求真精神，任意抹黑苏俄的革命历史与社会主义制度。1988年苏联哲学博士齐普科将历史反思的矛头直接指向马克思主义意识形态，他在《斯大林主义的根源》一文中讲道："改革使我们恢复了曾经失去的现实感和对

---

① [俄]亚·尼·雅科夫列夫：《一杯苦酒——俄罗斯的布尔什维主义和改革运动》，徐葵等译，新华出版社1999年版，第349页。

自己力量的相信。我们具备过像样生活的一切必要条件。我们现已从给真理'恢复名誉'出发开始书写自己新的历史，我们就应沿着这条路走到底。再不能撒谎作假和杜撰神话了。"① 同年，苏联出版了汇集知识界名流的作品集《别无选择》，风靡一时，被称为"改革力量的宣言书"。

事实上，苏共偏离社会主义方向的改革也引发了部分知识分子的抵制态度。1988年3月13日《苏维埃俄罗斯报》刊登了列宁格勒工学院女教师尼·安娜列耶娃的公开信《我不能放弃原则》。在信中，这位普通的女党员知识分子表达了对苏联社会非理性狂潮的担忧，主张坚持和捍卫马克思列宁主义的指导原则，因为这些原则是无产阶级政党和革命的人民群众用流血牺牲换来的。可是，戈尔巴乔夫领导集团态度强硬、坚决打压，不允许任何怀疑和妨碍"改革"的声音出现。虽然安娜列耶娃坚持原则的呼吁是出于道德真诚和科学精神，但还是被判定为"反改革分子的宣言"，安娜列耶娃本人也被污蔑为异端分子、"斯大林主义者"。安娜列耶娃事件之后，迫于政治压力，苏联知识分子捍卫真理的声音越来越弱，修正主义、"民主社会主义"等各种反马克思主义思潮泛滥，整个文化领域充斥着刻薄、偏激与怨恨，马克思主义成为嘲讽的对象，那些曾经坚定的共产主义者逆变成为反对"极权主义"的斗士。

苏联社会逐渐"变质"的改革实践使得苏联知识分子的世界观、历史观、价值观发生了深刻的改变，诱发知识分子价值立场、思想认同的迷失与混乱，严重冲击着知识分子的科学理性精神，也严重伤害着知识分子社会主义思想认同，构成知识分子意识形态立场转向的根本原因。戈尔巴乔夫也承认，在这个过程中"重提旧事往往缺少认真的分析，未能揭示其全部复杂性和当时国内情况的矛盾性。撕去了紧紧掩盖着我国许多历史事件的谎言和蛊惑宣传的层层面纱，但偏见和

---

① [苏] A. 齐普科：《斯大林主义的根源》，池超波、伊丛译，《哲学译丛》1989年第5期。

怨恨往往导致企图以'白色'神话代替'红色'神话，否定那场革命的某些正面内容"①。在这个过程中，苏联共产党"人道的民主的社会主义"政治路线和政治实践是诱发知识分子社会主义思想认同走向迷失的主导性因素。在一定程度上可以说，苏联知识分子尤其西化派知识精英事实上成为苏联社会走向衰落的"吹鼓手"与"先锋队"，成为苏联社会主义制度的"掘墓人"。

二 知识界资本主义思想认同的放任

如果说苏联"人道主义"改革是苏联知识界、文化界广大知识分子思想转向的内因和逻辑起点的话，那么，西方资本主义国家蓄意已久的文化入侵则是苏联知识分子思想倾向发生根本逆转的外因，并且这种文化入侵在美苏对峙的过程中始终在场。可以说，与苏联国内激情高扬的"人道的民主的社会主义"改革同步，以美国为首的西方资本主义国家也加紧实施对苏联文化核心分子式、渗透式入侵的国际战略。所谓文化核心是指能够表征民族国家精神、凝聚民族国家认同的思维模式、道德规范与价值理念等，"包括对世界和人、善与恶、美与丑的观念总和，包括大量象征和形象、传统和成见、许多世纪的知识和经验。只要这个核心是稳定的，社会上就有旨在保存现有秩序的'稳固的集体意志'"②。由历史积淀而来的文化核心能够为意识形态领导权、话语权提供有效的文化支撑，西方国家深谙意识操纵的原理与方法，只要一定社会共同体成员的文化核心保持稳定和连贯，那么代表国家意志的意识形态领导权的稳固就是可能的、现实的。相反，对文化核心的肢解与破坏就成为解构和消解意识形态领导权、话语权的隐蔽路径。但是，由于文化核心具有超稳定的内在结构，不容

---

① [俄]米·谢·戈尔巴乔夫：《真相与自白——戈尔巴乔夫回忆录》，转引自郭春生《勃列日涅夫时期苏联知识分子的政治立场——剖析知识分子抛弃苏联的一个历史原因》，《俄罗斯研究》2003年第2期。

② [俄]谢·卡拉-穆尔扎：《论意识操纵》（上），徐昌翰等译，社会科学文献出版社2004年版，第79页。

易在短期内发生急剧转变,所以,侵略国对目标国文化核心的入侵绝非一日之功,而是点滴渗透和长期为战。

在美苏对峙的过程中,西方国家实施"超越遏制战略",以"团结一致""和平竞赛"为幌子,试图通过贷款、贸易、文化等各种非军事力量,实现苏联东欧社会主义国家向西方资本主义自由、民主的靠拢、转化。在此过程中,知识分子成为西方国家实施文化入侵战略的重点目标人群,而新闻媒体、文学艺术和学术研究则是西方意识形态渗透的重点舆论阵地。

首先,西方国家专门建立了针对苏东国家进行舆论宣传攻势的广播电台,如"美国之音""自由欧洲电台"和"自由电台"等。无论是议程设置,还是报道频率,这些广播电台都严格管控、部署周密,它们以制造混乱、颠覆苏东国家政权为己任,大肆宣扬意识形态对峙的时代已经结束,广泛地进行西方自由民主人权和生活价值观的宣传,利用大众传媒诋毁和丑化苏联领袖人物、苏联历史和社会主义建设、利用苏东战乱局势煽动宗教与民族复仇情绪。对此舆论攻势,戈尔巴乔夫不但没有建立思想"防火墙",反而放任和鼓励报刊界、文艺界人士与西方世界进行所谓的"文化交流","从1988年12月起,苏联停止对过去视为反动电台的多家西方电台的干扰,并决定拨款400万外汇卢布,进口20个西方国家的报刊,在国内公开出售"[①]。

其次,西方国家设立各种激进组织,协助"持不同政见者"创办"非正式"出版物,资助反共反社会主义势力发表反动言论并偷运到西方刊印发行。在"民主化""公开性"口号的推动下,数以万计的"非正式组织"涌现出来。在西方国家的资助下,它们不仅有纲领、有组织,而且还通过笼络反共知识分子、创办非正式出版刊物等达到蚕食苏共舆论阵地的目的。例如,"持不同政见者"萨哈罗夫创办《公开性》,鼓吹"公开无限制,批评无禁区"的社会批判,以野蛮

---

① 王正泉:《苏联东欧大事记(1985.3—1990.7)》,转引自李慎明编《居安思危——苏共亡党二十年的思考》,社会科学文献出版社2011年版,第464页。

的、粗俗的、赤裸裸的谎言扭曲历史，严重加剧社会动荡。面对苏联舆论界对苏联历史的诋毁与污蔑，美国学者米克尔·达维多就曾感叹苏联知识分子一度将国家涂染成为阴暗的色调，这种现象是美国历史所未曾有的。米克尔·达维多直言，如果说以往对苏联历史的歪曲主要是国外势力蓄意制造的话，那么到了后来则主要是苏联知识界与报纸杂志的主动作为。尽管西方学者的这种判断有推卸罪责之嫌，但可以洞察到苏联解体过程中媒体知识分子事实上成为西方"和平演变"战略安插在苏联内部的"第五纵队"。

再次，文学艺术领域是西方意识形态渗透的重灾区。资本主义国家正是利用了文学艺术夸张和虚构的表现手法，以此作为蛊惑思想、颠覆社会主义的突破口。曾任美国中央情报局局长的艾伦·杜勒斯在其《战后国际关系原则》中提出消除文学和艺术的社会本质，通过文学艺术来颠覆人们的价值观念、宣扬错误的政治理念，使卑鄙"神圣化"、使理想"庸俗化"。对于苏联社会上曾经流行的"解冻文学""回归文学"等批判主义文学思潮，西方国家则表现出罕见的热情，不断对苏联当局施加压力，鼓励和支持那些具有自由化倾向、攻击社会主义的文学作家，通过秘密渠道帮助他们出版被禁作品。例如，20世纪50年代苏联被禁小说《日瓦戈医生》在境外广为传播并且获得1958年诺贝尔文学奖；索尔仁尼琴反映劳改营和流放地的小说《古拉格群岛》被偷运到西方并于80年代"回归"苏联，《新世界》杂志于1989年刊登这部作品后发行量猛增。苏联社会到处充斥着否定历史、否定十月革命、否定社会主义题材的文学作品。这种现象再现了恩格斯对斐迪南·拉萨尔作品《济金根》的评论："主要的出场人物是一定的阶级和倾向的代表，因而也是他们时代的一定思想的代表，他们的动机不是来自琐碎的个人欲望，而正是来自他们所处的历史潮流。"[①] 对于社会主义文化基础相对薄弱的苏联而言，文学作品被视为"生活教科书"，具有很强的政治倾向性。但是，国内外敌对

---

① 《马克思恩格斯文集》第10卷，人民出版社2009年版，第174页。

势力相互勾结，精心策划政治阴谋，将苏联文学艺术领域中大部分知识分子引向不自觉的毁灭之路，其中当然也不排除有些知识分子本身就具有"亲资反社"的政治倾向。

最后，通过学术交往和思想交流，开展西方意识形态渗透。号称"反共斗士"的美国总统尼克松别有深意地讲道："他们无法把自己同世界完全隔离开来。当他们打开门，伸手去拿他们想要的东西时，我们就竭尽全力把尽可能多的真理塞进门里去。"[①] 西方国家以知识精英为演变对象，采取广泛接触的文化外交政策，通过资助访学和重点培训，在不断扩大的学术文化交流中渗透与传播资本主义意识形态和个人主义价值观。在美国中央情报局的重金资助下，设立各种学术基金会和研究机构，如福特基金会、国际科学研究和交流理事会、革命与和平研究会、文化自由大会、兰德公司等，这些机构以学术创新的名义源源不断地向苏联知识界输送西方意识形态。在20世纪80年代，苏联经济自由化改革就是哈耶克自由主义经济学渗透的产物，改革中大显身手的盖达尔、丘拜斯等都是哈耶克的得意门生，也是为西方政治经济学说进行正义性解读的理论急先锋。

西方国家在美苏所谓的"和平竞赛"中，打着自由、民主、人权的幌子，利用知识分子在文化交流中的媒介作用，加剧错误思潮与资本主义思想观念在苏联社会愈演愈烈，放纵和支持苏联知识分子在偏离社会主义方向的道路上越走越远，成为苏联知识界思想转向不可忽视的外部力量。

三 知识界思想认同迷失的社会后果

俄罗斯民族的辉煌与苦难都与知识分子息息相关，正如俄罗斯著名的历史学家维·马斯拉科夫所言："他们不仅仅是历史的客体，而且是历史进程的主体。现在与未来的俄罗斯都依赖于他们的世界观、

[①] [美]尼克松：《真正的和平》，转引自曹长盛、张捷、樊建新编《苏联演变进程中的意识形态研究》，人民出版社2004年版，第487页。

精神趋向、公民地位和政治意志。"[①] 在苏联社会，知识分子的思想认同对于社会成员的政治信仰和政治情感具有直接且强烈的影响。如果说苏联"改革"前由于体制弊端和特权腐败现象的暴露引发了社会不满心理和知识分子批判倾向的话，那么伴随苏联"去政治化""去意识形态化"改革的推进，知识分子在这场激进的政治变革中逐渐走向思想迷失与自我沉沦，发生了意识形态立场的扭曲。苏联知识界、舆论界暴露出知识分子抽象人道主义价值取向和历史虚无主义思潮的泛滥，这直接导致资产阶级意识形态和错误思潮占领舆论阵地。

在1986年召开的苏共二十七大以后，经济领域"自由化"、政治领域"民主化"、思想领域"公开性"走向极端，苏联知识分子引领社会舆论走向偏激，各种小说、文章和回忆录等文学体裁以夸张手法或者"纪实文学"的方式披露不为人知的所谓"事实"，真实的历史与文学虚构、历史编纂之间的界限日益模糊，但毫无二致的是这些文化现象几乎共同指向斯大林的"罪行"，并且将斯大林主义的根源归咎于乌托邦式的马克思主义。在苏联知识分子的思想表达中，流露出对十月革命暴力夺取政权的鞭笞与否定，对领袖人物的肆意污蔑与抹黑，对苏联苦难历史的庸俗嘲讽。苏联社会汹涌而来的历史"真相"强烈吸引着广大社会成员的政治热情，使得他们在泛滥成灾的蛊惑与谎言中歪曲地认识历史。如此一来，不仅共产主义理想面临边缘化的命运，而且在社会主义与资本主义的思想冲突中，社会成员的精神信念不可能一下子确立起来。更为可怕的后果是，社会主义事业接班人对苏共丧失信任，思想武装被解除，不自觉地陷入一种激进与颓废并存的精神状态。苏联整个社会出现了强烈的反社会主义情绪，民族的自尊心和自豪感荡然无存，对苏联十月革命的鄙视与疏远，对苏联共产党和苏维埃政权的厌恶与反感在人民群众的生活中广泛流行。

一向被认为具有强烈爱国情感的苏联知识分子事实上却"在群众

---

① 文池编：《在北大听讲座（第八辑）：俄罗斯文化之旅》，新世界出版社2002年版，第179页。

中进行了放弃社会主义原则的准备"①。之所以如此，是因为知识分子所主张和支持的多党制、民主化、自由化不但没有拯救苏联陷入停滞的发展困境，反而愈发加剧了苏联社会的经济危机、政治动乱和民族分裂。面对苏联解体的残酷现实，很多知识分子在经历了政治狂热之后开始反思甚至忏悔，曾经支持"改革"的女诗人德鲁宁娜以死明志，表示不愿看到俄罗斯翻车颠覆；具有强烈反斯大林倾向的小说《阿尔巴特街的儿女们》作者雷巴科夫表示"很难理解和不能饶恕"苏联的毁灭。那些曾经拥护"改革"、为"改革"制造舆论的知识分子事实上成为瓦解苏联民众思想防线的推动力量，"这一社会阶层的绝大多数人对建设性的改革活动并没有多少准备，没有能力把抽象的民主价值观运用于改革实践，而仅仅是充当了苏共的'反对派'角色，成为攻击和摧毁从'官僚制度'、斯大林体制到整个社会主义制度的重要社会力量"②。受知识界思想扭曲的影响，苏联普通民众也丧失了意识形态认同的思想根基与精神感召，整个社会充斥着背叛流行病。"1985年以后的广泛的流行病：反爱国主义、自我侮辱、失败主义、对西方的卑躬屈膝、对西方国家人民的嫉妒、仿效一切西方的事物——特别是对西方的两面派和直接背叛的恶习的效仿，是任何一个欧洲民族都不曾允许的。"③ 结果，一个具有光辉革命历史的国家在政权顷刻覆灭之际竟然没有出现丝毫的抵抗，以"静悄悄的革命"方式和平地实现了向资本主义社会的倒退与复归。

苏联解体的沉痛历史教训表明，作为社会主义文化建设的生力军，知识分子的思想认同不是纯粹个人思想领域的认识问题，而是关系民族凝聚力和国家政权合法性建构的实践问题。知识分子对国家主导意识形态的偏离与背叛在一定条件下可能会演变成为瓦解和分化社会的精神力

---

① 黄立茀：《苏联社会阶层与苏联剧变研究》，社会科学文献出版社2006年版，第447页。
② 陆南泉等编：《苏联兴亡史论》，人民出版社2002年版，第792页。
③ [俄] 亚历山大·季诺维也夫：《俄罗斯共产主义的悲剧》，侯艾君、葛新生、陈爱茹译，新华出版社2004年版，第15页。

量。在当今中国越来越接近世界舞台中央的新时代,当下中国知识分子的文化自觉和爱国责任都无法悬置国家意识形态安全的时代课题。在为世界文明贡献中国智慧的过程中,自觉保持思想认同的理性选择,自觉守护中华民族的精神家园,是当代中国知识分子的神圣使命。

第二节　西方国家对知识界思想认同的干预

在新科技革命引发剧烈的、全方位的社会秩序变动中,毋庸置疑的就是生产方式从劳动密集型向知识密集型的转变。由于劳动方式的深刻转型,西方知识精英的思想倾向呈现出"从统治阶级意识向中层意识转化"①的特征。在资本主义市场交换中,知识精英以知识成果谋取生活资料,现代雇佣关系使得知识精英原本尊崇的社会地位下移,知识精英与统治阶级之间的疏离与紧张不可避免。在此情况下,限制与管控知识精英的社会疏离感与紧张感,有效引导知识精英对国家意识形态思想体系的精神认同,自然成为国家制度执行力和国家精神塑造的重要表征。为了赢得知识精英对国家意识形态的精神认同,维系和经营资本主义的制度精神与核心价值理念,西方国家尤其注重政治、经济、文化等多重合力的作用。

一　制度改良:引导知识界思想认同

在西方国家,由于教育和社会环境的浸润,知识精英对西方资本主义制度建构的价值导向——自由主义精神仍然保持着相当程度的认同感。西方国家知识精英虽然也有批判精神,但他们的社会批判主要聚焦于资本主义自由、民主的价值理念与现存社会状况之间的差距问题,而不是自由主义的精神理念本身。对于资本主义统治秩序而言,缓和理念与现实之间的冲突成为维系社会稳定的重要砝码,也是赢得知识精英对资本主义思想认同的力量源泉。

---

① 陶文昭:《知识分子与现代西方政治》,《社会主义研究》1996年第6期。

在资本主义国家,生产的社会化与生产资料的资本主义私人占有之间的客观矛盾犹如生长在机体中无法根除的"病灶"。资本主义的发展不能摆脱财富积累与经济危机并存的悖论,金融风暴和"占领华尔街"等事件使得资本主义的制度合法性问题再次被提上议事日程。西方国家应对统治秩序危机所开列的"处方"依然是制度改良,即在不触动政治制度根基的前提下进行局部的政策调整。面对社会利益的分裂和剧烈的社会冲突,资本主义国家回避对抗,将制度改良作为解决危机与矛盾的唯一出路,鼓吹"告别革命""意识形态终结",极力为现存世界的冲突进行纯粹人道主义的辩护。正如批判理性主义创始人卡尔·波普尔所预设:"我们永远不得不生活在一个不完善的社会中……没有冲突就不会有人类社会:没有冲突的社会不是朋友的社会而是蚁类的社会。即使能达到这样的社会,有些最重要的人类价值就会由于达到了这种社会而被毁灭。"① 按照这样的分析逻辑,为了保护人类重要的自由、民主价值,只能认同并接受现存的秩序冲突,革命反倒构成对人类重要价值的破坏。"资产阶级意识形态'告别革命'的蜕变,使之真正沦为'虚假意识',主义不再是信仰的方式,而是实用主义的工具,是实现其卑劣思想霸权目的的手法。"②至此也就不难理解,西方国家总是在遭遇经济社会秩序的重创之后,总是会不失时机地进行制度的改良。从自由主义到凯恩斯主义再到新自由主义的政策调整表明,资本主义国家基于世界霸权的制度修复能力和自我组织能力仍然不可小觑。

资本主义的制度改良除了对生产关系的适当调整之外,还通过政府力量支持名目繁多的"权利运动"以及推行社会福利制度、失业保障制度、医疗及食品补助计划等。这一系列的制度改良使得资本主义释放出一定程度的生产能力,缓和特定时期的社会冲突,造成资本主义"永恒合理"和"高度宽容"的历史假象。所以,在资本主义

---

① [英]波普尔:《波普尔思想自述》,赵月瑟译,上海译文出版社1988年版,第159页。
② 侯惠勤:《意识形态的历史转型及其当代挑战》,《马克思主义研究》2013年第12期。

世界出现了这样的悖论：处于社会中下层的传统产业工人对资本主义的抗争运动相对沉寂，而拥有话语权的知识精英则积极参与新社会运动，例如和平运动、生态运动、女权运动等广泛兴起。与之相应，西方思想界一度盛行具有批判性倾向的"正义论""平等理论"等，例如当代西方左翼理论家齐泽克、拉克劳等，尽管他们也对合法对抗资本主义的占领运动表现出热忱的欢迎与激情的态度。但深究就会发现，声势浩大的占领运动缺乏严密组织和统一纲领，最终只能逆变成为合法化范围内被压迫者的情绪宣泄。这些运动和理论尽管表现形态多种多样，但它们共同的效果就是敦促社会改良，敦促西方国家在微观层面上修补或改变局域性的不合理政策措施，没有也不可能触及资本主义所有制本身。

在制度改良的温床上，西方知识精英对资本主义的批判主要是源于理想与现实的差距而进行技术与道德层面的批判，即停留在"解释世界"的层面，较少触及意识形态层面的彻底批判或"改变世界"的制度批判。西方知识精英对资本主义的社会批判不但没有触及问题的根本，即推翻私有制；相反，资本主义的制度改良恰恰在一定程度上迎合不同学科领域知识精英对"开放社会"的主观幻象。美国学者乔治·索罗斯认为："完美是不可能实现的；我们必须让自己满足于一个不完善的但欢迎完善的社会。对不完善性的接受，伴随着对改善的不懈找寻，以及愿意服从批评性的检查，这是一个开放社会的指南性的原则。"[①] 西方国家通过制度改良所营造的"开放社会"在表面上维护着相对稳定的统治秩序，这也在事实上构成西方国家维系知识精英思想认同的根本之道。

二 精英政治：培育知识界思想认同

西方社会具有精英主义的政治文化传统，从柏拉图"哲学王"的

---

① [美]乔治·索罗斯：《索罗斯论全球化》，王荣军译，商务印书馆2003年版，第153页。

构想到培根"新大西岛"的规划以及圣西门关于"实业制度"的空想,都有精英统治的思想印记。二战以后,西方资本主义国家对科技的依赖程度更为强烈,国家进行社会管理和政治决策的科学化、专业化迫切需要知识精英尤其是技术专家的广泛参与。

丹尼尔·贝尔认为,伴随后工业社会的来临,社会的关键性资源由土地和机器转向知识,知识在西方国家的资本主义自由市场中占据的分量愈加重要,以至于被称为"三权分立"之外的"第四种权力"。在艾尔文·古德纳看来,欧美国家的知识分子已经成为当代世界的"新阶级"也就是芭芭拉·埃伦赖西所谓的"职业管理阶级",他们秉持社会治理的"专业主义"理念,认为生产力的发展主要依赖于现代科技,一切社会冲突和社会问题都可以用通过教育获得的技能加以解决。这就意味着作为"新阶级"的知识分子与其他阶层相比,更具维护社会秩序的主体自觉和合法地位。在这种背景下,知识精英参与和影响政府决策成为必然。西方的精英统治模式不但没有因为一人一票的普选制而走向式微,反而因为知识的资本化而抵消草根阶层的政治影响,同时强化西方精英主义的统治模式。主要表现如下:

知识精英直接参与政权机构。面对复杂和专业的现代国家管理事务,西方国家普遍设立政府顾问机构,通过专业人员的集团内部考核,网罗知识精英和专家学者,使之直接参与政府在经济、法律、军事、外交等领域的决策规划。近代西方知识精英直接参政的现象始于英国著名经济学家凯恩斯,他作为学者直接参与政府的经济管理决策,开辟了英国内阁设立经济顾问的先河,此后英国政府聘请经济顾问参与政务成为常态。第二次世界大战结束后20年间,在英国"参加政府中工作的经济学家人数并未超过20人……1979年达到顶峰,共有390人"[①]。美国"遏制"政策的鼻祖乔治·凯南曾是普林斯顿大学高才生,于1926年以优异成绩考入美国国务院,在其游说和推

---

① [英] A. 科茨:《英国:专家的兴起》,《国外社会科学》1982年第12期。

动下美国成立了政策规划司和中央情报局。美国的 K 街是距离华盛顿白宫宫邸不远的职业游说业中心，素有美国"第四权力"中心之称，那里群英荟萃，聚集着数以万计的知识精英。这些知识精英在资本利益集团和高层政治权力之间长袖善舞，搭建起利益与政治之间的"双通道"，上演着一幕幕知识精英和政治精英之间角色互换的"旋转门"事件。

知识精英通过思想生产形成"智库"，影响政府决策。"智库"最初是用于军事战略的专业术语，后来泛指一切进行未来规划研究并为政府提供决策参考的非政府研究机构。尽管"智库"标榜自己的无党派和中立性，但事实并非如此，"2000 年，美国政治领域里影响政策制定的独立智库仅有 300 多家，这个数字是 1970 年的 4 倍，新增加的智库都与意识形态有关"[①]。"智库"集团的权威理论往往能够得到政府的高度重视，成为意识形态建设和国家决策的重要参照，因此"智库"被形象地称为"影子内阁"。这些思想"智库"的理论学说貌似客观中立，实际上，在"旋转门"机制的作用下，这些资产阶级的专家学者们早已和政府官员结成巩固的思想联盟，他们的关注议题和理论体系绝对地效忠于国家核心价值理念。以现代化理论为例，20 世纪 60 年代西方学者建立现代化理论的一个基本前提就是服务于冷战时期对抗社会主义的战略需要，因此西方视野中的现代化唯一地指向"开放"的资本主义，社会主义则被污蔑为专制极权、法西斯主义。1993 年美国《外交》季刊刊载亨廷顿的《文明的冲突》一文，影响尤为深远，"文明冲突论"事实上为美国对外政策的制定与国家战略的调整提供理论模型。正是由于国家战略对于理论支持的强烈需求，以美国为首的西方国家非常重视"智库"建设，主要的"智库"集团每年都会开展相关的活动并出版大量的研究成果，如简报、评论、期刊、著作、网站、论坛、会议等。其中，《外交》《国

---

① [美] 安德鲁·里奇：《美国智库——专业知识与意识形态的政治》（http://www.china.com.cn/opinion/think/2016-06/29/content_38769281.htm）。

家利益》《外交政策》《华盛顿季刊》《布鲁金斯评论》《兰德评论》等被列为国会议员和政府官员的必读刊物。

在广泛的政治参与过程中,知识精英获得了表达利益诉求与文化诉求的通道,得到展示学术专长的空间,增强了知识精英的归属感与荣誉感。这不但不会构成对既定统治秩序的威胁,反而会强化知识精英完善、修复、建构自由主义意识形态的主体自觉性和身份优越感。因为自由主义作为西方政治的基本价值理念,"其前提是承认存在'不可避免的和无法根除的'不平等……这里讲的不平等不是指人们的自然差别,而是社会差别,主要是经济政治差别。它认为能够为优越意识提供发泄渠道的是:企业家的经济活动、民主政治以及'体育、登山、赛车等纯粹形式上的活动'"①。当西方国家的普通民众表现出对政治参与的淡漠时,当西方国家的普通选民以拒绝投票来表达"政治冷淡症"时,在优越意识和精英民主的刺激下,知识精英却成为西方政治的重要影响力量,成为西方国家竞选活动的重要选民集团。

政治参与成为西方国家对知识精英意识形态操控的现实力量,这种力量貌似表征着资本主义社会的开放与民主,但却无法掩盖西方国家敌视、对抗异质性意识形态的非理性本质。正如列宁在《马克思主义和修正主义》中所讲的情形,"无论是借驳斥社会主义来猎取名利的青年学者,后者是死抱住各种陈腐'体系'的遗教不放的龙钟老朽,都同样卖力地攻击马克思"②。从美国的忠诚调查到麦卡锡主义的迫害,从资本对媒体的管控到斯诺登"棱镜门"事件,都可以窥见西方国家打压迫害异己声音,实施思想控制和舆论管控的极端做法。

然而,西方国家为了掩饰这种绝对管控,又惺惺作态,在一定程

---

① 侯惠勤:《意识形态的历史转型及其当代挑战》,《马克思主义研究》2013年第12期。

② 《列宁专题文集·论马克思主义》,人民出版社2009年版,第148页。

度上允许左翼思想家们言论自由，例如左翼公共知识分子诺姆·乔姆斯基被视为美国政治制度和外交政策的左派批评人物，这位政治斗士经常针对美国现实政治秩序展开批判，连乔姆斯基都承认美国在言论自由方面世界领先。但必须要澄清，当代左翼思想家们的理论学说并不像当年马克思那样，主张对资本主义制度的彻底颠覆。质言之，只要建立于资本主义私有制根基上的社会制度不变，那么西方资本主义意识形态的虚假性与欺骗性也断然不会改变，它不会也不可能因为知识精英的政治参与而发生改变，其"选票民主"和"形式平等"不会也不可能因"专家治国"而走向实质民主和事实平等。

三　文化产业：强化知识界思想认同

文化产业既是一种特殊的文化形态，也是一种特殊的经济形态，是指现代社会凭借科学技术手段，按照标准化、规模化、流水线的工业生产方式，进行文化产品与文化服务的生产、再生产、储存以及分配。由于文化产业面向的是作为文化消费者的大众，其产业运营的目标不在于追求思想、意义与价值，或者说文化只是充当工具和手段的功能，其目标在于生产能够迎合和吸引民众、在民众中流行传播的通俗文化。所以，文化产业又被西方有些思想家理解为大众文化。阿多诺和霍克海默认为，文化产业通过广播、影视等大众传播媒介将文化产品批量呈现给消费者的时候，原本意义上致力于激发否定和反思意识的文化角色逐渐褪去，文化产品的唯一角色成为认可决策、鼓励消费。英国学者阿兰·斯威伍德感慨道："如果说人类以文化作为手段，确认其人文性质与人生标的，并以文化作为鼓舞自由与尊严之追求，那么大众文化这样的概念与理论，也就否认了、拒斥了文化的这些意义。"① 在西方社会由资本逻辑主导的文化景观中，资本与文化合谋所生成的文化产业事实上已经演变成为维护资产阶级文化话语权的手

---

① ［英］阿兰·斯威伍德：《大众文化的神话》，冯建三译，生活·读书·新知三联书店2003年版，第173页。

段与工具。走在文化产业发展前列的是美国，它从文化沙漠到思想霸权的地位置换依靠的就是政府牵头、基金会支持、知识精英主导的文化产业发展模式。如果说在资本主义发展之初，把创造财富视为"天职"的新教伦理是激发资本积累的精神原动力的话，那么在当代资本主义发达阶段，新教伦理却无力解决资本主义社会物质主义与享乐主义滥觞的问题。在此情势下，文化产业成为资本主义国家操控社会精神秩序的路径选择，也是操控知识精英思想认同的隐形牵制。

在工具理性和实用主义盛行的当代西方社会，文化自身的价值和意义让位于功利主义的经济算计，充当着经济增长的引擎，文化产业假借文化的名义兜售可以获利的商品以及附着在商品之上的资本主义价值观。资本主义国家更是倾注力量发展文化产业，制造了表面上极其繁荣的文化景观"轰炸效应"，从影视传媒到图书出版、从读者俱乐部到"无障碍"音乐会、各种画廊，琳琅满目的文化商品应有尽有，"文化事件和文化庆典在美国和其他西方国家中如雨后春笋般出现，每个沉睡的乡镇似乎都拥有一座博物馆、至少一个遗产中心"[①]。但是，在表面繁荣的文化景观背后，却是大众文化的流行与平庸崇拜的泛滥。在文化产业的发展中，人们日益丧失对真理本身的价值追寻，文化的生产和消费成为文化机构和知识界首当其冲考虑的因素。例如，沙奇广告公司为一家大型博物馆推出的广告语"一流咖啡，附带相当不错的博物馆"，英国教育大臣查尔斯·克拉克声称他的政府没有兴趣支持"为教育而教育"这种不切实际的教育理念，消费主义、媚俗文化、工具主义等庸人世界观在文化领域颇为流行。

为了制造文化繁荣的表象，西方资产阶级凭借其占有文化资源的优势地位，高调打出"包容"牌。"包容首先被描绘为一个心理过程，认可大众，以使他们感到舒服。这一原则的必然推论就是，公共团体，包括文化和教育团体，应该不遗余力地避免尝试那些可能使人

[①] [英] 弗兰克·富里迪：《知识分子都到哪里去了》，戴从容译，江苏人民出版社 2012 年版，第 8—9 页。

们自我感觉糟糕,甚至不能感觉良好的举措。"① 以肯定大众、认可大众的心理机制来实现包容、克服排斥是西方大众文化发展的共识,这不仅是文化产业谋求利润的社会基础,更是西方国家进行思想控制的有效手段。

在文化产业的发展过程中,追求自我实现、自我表达的知识精英被无形卷入到资本力量所制造的意识形态操控之中,其典型表现就是知识精英对资本主义社会现代性危机的无意识或者视而不见。西方金融危机爆发后,"撒切尔之问"令西方经济学家们集体失语,这种情形与19世纪以马克思、恩格斯为代表的无产阶级理论精英的社会批判形成鲜明对比。现代西方知识精英的社会角色发生了很大的变化,表现出前所未有的自我满足与自我陶醉。"颂扬和试图维护现状的,不再是文化保守主义的代表们……传统上由政治右翼承担的对文化和教育机构的维护,现在由从事学术工作的专业人士和专家接手了。一种深刻的保守主义情绪主宰着对知识精英角色的思考。自进入现代社会以来,还从来没有一个时期像现在这样,从事思想方面工作的人对他们的角色如此自得。顺从主义风气在职业学者中尤其明显。"② 在文化产业的生产与消费中,再生产出来的不再是人类对更美好世界的价值追寻,而是知识精英对于资本主义自由民主秩序与经济秩序的高度顺从。正如海尔布隆纳所描述的,"通常用来赞颂资产阶级精神自由的所谓'思想市场'的说法,无意中揭示了许多资产阶级思想是世俗的、形同商品,甚至最激进的观点也被作为时髦东西迅速被接受,或者甚至被用来谋利,成为生活商业化的一部分"③。思想商品化的结果是,现代西方知识精英不再以"青春期的焦躁心态"来看

---

① [英]弗兰克·富里迪:《知识分子都到哪里去了》,戴从容译,江苏人民出版社2012年版,第96页。
② [英]弗兰克·富里迪:《知识分子都到哪里去了》,戴从容译,江苏人民出版社2012年版,第37页。
③ [美]R. L. 海尔布隆纳:《马克思主义:赞成和反对》,易克信、杜章智译,中国社会科学院情报研究所1982年版,第115页。

待自己的国家,他们在更加舒适和安逸的生活中开始屈从资本主导一切的现实。

西方资本主义国家深谙意识形态操控的技巧与策略,无论是国家制度的改良,还是知识精英的参政行为,抑或是发展文化产业,西方国家始终不变的就是要在思想自由的名义下,于无声处实现对知识精英的思想操控,维护资本主义意识形态的思想霸权。恰如萨义德所讲:"对政府而言把那些知识精英充作仆役是多么重要的事——把知识精英招来不是为了领导大众,而是为了巩固政府的决策,发表文章打击官方的敌人,制造委婉圆滑的用语,而且更大规模地设立类似奥威尔式的新语那样的种种体系,以体制的'权宜措施'或'国家荣誉'之名来掩盖真相。"[1]

在西方国家表面的文化繁荣背后,那些依附于国家机器和统治集团的知识精英在政治实践中充当着权势集团的"思想俱乐部",日益丧失对社会不合理现象的批判精神和对人类命运的深沉关怀,最终使得那些代表反动阶级立场的思想观念日益走向工具化,逐渐沦落成为政治实用主义的虚假外衣。

---

[1] [美]爱德华·萨义德:《知识分子论》,单德兴译,生活·读书·新知三联书店2002年版,第13页。

第四章 当代中国知识界思想认同的背景与格局

时代是思想之母,实践是理论之源。20世纪90年代以来,国内外环境发生了深刻的历史变迁,当代中国知识分子对意识形态思想体系的态度在经历了80年代初期的热切关注和80年代末期的相对沉寂以后,逐渐呈现出与以往历史时期不同的思想格局,体现出鲜明的时代特征、民族情怀、世界视野。完整勾勒当代中国知识分子思想认同格局,需要从纷繁复杂的社会现象中挖掘和梳理关键线索与思想逻辑。

在多元多样的思想文化体系中,并非所有的思想文化都具有同等重要的地位,也就是说,思想认同格局的阐发首先需要确立思想坐标。当代中国社会坚持马克思主义理论指导,以马克思列宁主义、毛泽东思想、中国特色社会主义理论体系作为党和国家的指导思想,这就确定了当代中国知识界思想认同的坐标系参照应当是马克思主义及马克思主义中国化理论成果。正如党的十九大报告指出:"发展中国特色社会主义文化,就是以马克思主义为指导,坚守中华文化立场,立足当代中国现实,结合当今时代条件,发展面向现代化、面向世界、面向未来的,民族的科学的大众的社会主义文化,推动社会主义精神文明和物质文明协调发展。"[①] 在推动社会主义文化繁荣兴盛的

---

① 习近平:《决胜全面建成小康社会 夺取新时代中国特色社会主义伟大胜利——在中国共产党第十九次全国代表大会上的报告(2017年10月18日)》,人民出版社2017年版,第41页。

过程中，增进当代中国知识界思想认同，使广大知识分子在理想信念、价值理念、道德观念上紧紧团结在一起，为实现中华民族伟大复兴的中国梦提供思想支撑。

第一节 当代中国知识界思想认同的发生背景

20世纪90年代以来，中国知识界呈现出多元多样的思想状况。总体而言，这种状况的发生不是孤立、静止的精神现象，也不是当代中国文化主体的无病呻吟，而是当代中国知识分子对国内外经济、政治、社会、文化结构变迁的反思与观照。从发生背景的角度而言，当代中国知识界在知识文化传承创新中，主要面临和平与发展的时代背景、分层与多样的社会背景、冲突与融合的文化背景。时代背景、社会背景、文化背景相互联系、相互交织，共同构成当代中国知识界思想认同状况的客观环境。

一 和平与发展的时代背景

一定历史时期的发展主题是由社会基本矛盾决定的，反映着时代的潮流、时代的声音乃至时代的意识形态氛围。从宏观来看，整个世界依然处于马克思、恩格斯所讲"我们的时代，资产阶级时代"[①]的历史时代当中，依然处于列宁所讲的帝国主义和无产阶级革命的大时代之中，社会主义和资本主义两种制度既竞争又合作的局面将长期存在。20世纪80年代末90年代初，东欧剧变，苏联解体，世界局势发生急剧变化。美苏两极对抗格局走向终结，新的世界秩序呈现出政治多极化、经济全球化态势。邓小平根据世界经济与政治发生的重大变化，敏锐地把握到时代主题已开始由战争与革命转变为和平与发展，提出和平与发展已经成为当今世界的两大主题的科学论断。和平与发展互为条件，相互联系，相互影响。只有在和平的国际环境中，世界

---

① 《马克思恩格斯文集》第2卷，人民出版社2009年版，第32页。

各国才能保持正常的经济交往和顺利实现本国的发展计划。同时,世界经济特别是发展中国家经济的发展有利于世界和平力量的壮大,因为经济贸易往来能增进各国人民的相互交流,有可能抑制世界战争的爆发,有助于消除世界不稳定的因素。所以,在和平与发展的时代背景下,国际国内局势总体上趋于缓和,科技创新对于经济发展的驱动乃至对于人类生产生活方式的变革,无论是从广度还是从深度上来讲,都是以往任何时代无可比拟的。

和平与发展的时代主题意味着中国要在坚持社会主义根本方向的前提下与资本主义同台竞争、对外开放、与国际市场接轨,进一步解放和发展社会主义生产力。以邓小平1992年南方谈话和社会主义市场经济体制改革目标的确立为起点,中国逐步开启了以经济领域为核心并迅速拓展至社会生活各领域的全面改革进程,这些变革深刻地影响和改变着知识分子的职业结构与群体镜像。和平与发展的时代背景既为知识分子提供了安定和谐的社会环境、民主包容的政治氛围与自由竞争的学术空间,同时也对知识分子的知识创新与社会责任提出了更高的要求。在和平与发展的时代背景下,整个社会因科技进步与分工明细而拓展了更多的职业发展空间,打破了以往计划经济时代知识分子统一归属于体制的整体性、单一性模式,体制内知识分子与体制外知识分子的分野更加普遍。知识分子已然不再是天然神圣崇高的特殊社会阶层,他们凭借专业知识而嵌入到社会各领域不同的劳动者阶层,融入具体的利益群体之中,成为活跃在各种经济政治和文化组织中并从事专业性科技工作的社会阶层。在社会分工以及社会各领域更加注重文化知识的背景下,知识分子"与掌握着组织资源和经济资源的国家与社会管理者阶层、经理人员阶层和私营企业主阶层保持良好的关系"[①]。这说明,当代中国知识分子尤其是各行业领域的知识精英在推动科学技术进步和传播主导价值观念方面仍然发挥着举足轻重

[①] 陆学艺:《当代中国社会阶层研究报告》,社会科学文献出版社2002年版,第17页。

的社会作用。

  不容忽视的是，在日益突出经济建设的时代背景中，国内某些领域在突出经济发展先导性的同时，也存在着弱化、淡化意识形态甚至"去意识形态化"的隐忧。"'和平与发展'的时代主题的出现，使得社会主义的强项'革命'被弱化，而其缺少实践经验的弱项'建设'则被强化。这不仅意味着社会主义会因其经济社会发展的程度和经验不足丧失在世界上的主导地位，而且意味着社会主义原来占有的意识形态上的优势也在不断被削弱。"① 在思想文化多元多样的知识界，在革命意识形态话语体系弱化、淡化的同时，出现了价值追求的世俗化与日常生活化倾向，这实际上是物质对精神的遮蔽、财富对思想的限制。商业和市场逻辑的导向必然要重新调整不同知识体系在社会关系结构中的序列，这种调整所依据的准则就是知识体系与物质生产力之间关系的密切程度。由于整个社会对可量化经济指标和物质财富的倚重，因此，衡量知识价值的依据就不可避免地蒙上了物质主义的色彩。科技管理类知识与现代化建设具有直接而紧密的联系，而人文知识则相对远离物质生产实践，这种对比的反差造成了知识分子内部科技知识分子与人文知识分子的分化。科技管理类知识分子在市场经济大潮和知识经济风暴中异常活跃，走上了技术专家型知识分子的道路。相比之下，那些探寻生活意义和价值哲学的人文知识分子逐渐失去精神"导师"的"光荣与梦想"。即便是在人文知识分子内部，也出现了学院知识分子与媒介知识分子的分化，那些秉承纯粹而超越的文化批判精神并未与市场接轨的知识分子被划归到学院知识分子的行列，备受冷落；那些调整话语立场并面向市场和生活哲学的媒介知识分子则备受青睐。面对"导师"角色移位和知识权力分化的现实，更多的青年知识分子选择顺应市场化潮流，自觉融入能够带来高额"回报"的企业精英和市场新贵中，知识分子出国、"下海"、参政潮

---

  ① 侯惠勤：《马克思的意识形态批判与当代中国》，中国社会科学出版社2010年版，第2—3页。

流涌动,"孔雀东南飞""一江春水向东流"成为时尚,"海归""儒商""知本家""媒介知识分子"等新型知识分子的角色形象大受追捧。

伴随生产生活时代背景的变化,知识分子突破行业界限、地域限制,出现了较为频繁的职业流动,自觉地追求自身利益与社会价值的实现,知识分子的自我意识、主体意识得到强化。同时,知识分子职业结构的分化也造成知识分子在经济社会地位和公众影响力上的显著差异,知识分子群体意识的同质性特征淡化,这直接影响到知识分子身份认同的裂变和价值取向的分化。"知识分子身份的政治色彩、意识形态色彩逐渐淡化,知识分子进一步分化,一部分进入了政治中心,引导政治的发展方向;一部分仍留在学院恪守学术本位,形成各自的专业领地;一部分在公共领域中参与公众活动,面向公众发言;还有一部分则通过制造大众文化产品,成了市场经济中的文化新贵。"[1] 所以,和平与发展的时代背景既为知识分子提供了难得的发展机遇,也在客观上造成了知识分子在身份地位、社会影响、价值观念等方面的分层分流现象。

二 分层与多样的社会背景

改革开放以来,党的工作重心从"以阶级斗争为纲"转移到以经济建设为中心的社会主义现代化建设上来。然而,任何拨乱反正的思想观念要为社会所接受并且转化为行动,都需要一个较为漫长的过程。经历了一段时期的舆论先导和思想解放,1992年中国共产党第十四次全国代表大会明确提出,我国经济体制改革的目标是建立社会主义市场经济体制。1997年中国共产党第十五次全国代表大会把公有制为主体、多种所有制经济共同发展的经济制度确立为社会主义初级阶段的基本经济制度。社会主义初级阶段的基本经济制度决定了收

---

[1] 徐艳:《大众社会中知识分子的立场与使命》,《内蒙古社会科学》(汉文版)2004年第2期。

入分配领域必然实行按劳分配为主体、多种分配方式并存的分配制度。这些制度不仅保证了社会主义市场经济体制的建立和运转，而且推动了国民经济持续快速健康地发展。当今中国成为世界第二大经济体、世界第一大贸易国，人民生活总体上达到小康水平，距离全面建成小康社会的目标日益接近。改革开放四十年，中国的现代化进程稳步推进，中国现代化的成果正以客观的事实表达和确证着20世纪90年代初期国内学者对中国现代化模式的哲学解读。例如，李秀林、李淮春等学者在《中国现代化之哲学探讨》中认为，随着现代化的推进，社会生活领域必将发生"十大变迁"，即"社会经济的变迁、科学技术的变迁、政治变迁、法律变迁、观念变迁、组织变迁、行为活动的变迁、人际交往的变迁、居住方式的变迁、能源利用的变迁"[①]。

在社会生活变迁的背景下，原来计划经济时代那种经济生活单一化、利益主体同质化的社会结构逐渐被经济生活多元化、经济利益分殊化所代替。当代中国经济生活的调整与变迁导致社会结构的分层与多样，伴生利益主体的分化。计划经济时代那种干部、工人、农民三层结构的社会格局被打破，呈现出阶级的分层化和阶层的多样化特征。一方面，阶级的分层化现象是指在现有阶级内部，因社会经济地位的不同而划分为不同层次的社会群体，这种分层主要是以职业分化为基础，改变了之前以政治身份、户口身份和行政身份为依据的划分。例如，在社会主义初级阶段的经济发展过程中，在工人阶级内部，由于职业和分工的不同，出现了贫富差距甚至贫富悬殊，造成了高收入阶层与低收入阶层之间利益需求和价值观念等方面的分化现象。另一方面，阶层多样化现象是指在整个社会中伴随劳动方式的多样化，逐渐分化出具有不同社会特征的群体。由于获取社会资源的数量和方式不同，社会成员在政治、经济、声望地位以及升迁机会上也显示出不同的特征。这导致部分知识分子阶层在世俗化浪潮的冲击下

---

① 李秀林、李淮春、陈晏清、郭湛：《中国现代化之哲学探讨》，人民出版社1990年版，第11—12页。

走向迷惘和失落,"在为官与为学之间、在为商与为文之间、在媚俗与高雅之间、在济世与谋利之间进行着艰难的抉择"①。"现代的高度分工和专业性,必然制造出一种严格的身份辨识以及等级秩序。"②伴随新的身份辨识以及由此产生的等级秩序的确立,原来那种单一的社会系统走向分层与多样。于是,"在众多的社会子系统中,个人以各种不同方式(阶级、性别、种族、地域、行业、宗教、民族……)同他者或社会建立了复杂关系网络。这样一来,意识形态论域与话语对象就大大地被拓宽了……作为结果,对个人的社会经济地位的表述已经由过去的支配性表述转化为今日众多表述中的一种,在阶级分析之外,还出现了其他样式的意识形态分析或话语格式"③。

与改革开放之前中国社会的高度同质化不同,改革开放的不断深化和社会经济的急剧变迁,使中国的社会阶层结构发生了深刻变化。中国社会阶层结构已不再是简单的工人阶级、农民阶级和知识分子阶层,有学者指出当代中国划分为十大阶层,即国家与社会管理者阶层、经理人员阶层、私营企业主阶层、专业技术人员阶层、办事人员阶层、个体工商户阶层、商业服务业员工阶层、产业工人阶层、农业劳动者阶层和城乡无业失业半失业者阶层。十大阶层的划分是以职业分类为基础,以组织资源、经济资源和文化资源的占有状况为标准,能够较为准确地反映当代中国社会阶层结构的基本形态。十大阶层的划分表明,社会经济变迁已导致了一种新的社会阶层结构的出现,当代中国新的社会阶层分化机制已经逐渐取代过去的以政治、户口和行政身份为依据的分化机制。在多元多样的经济社会结构中,利益主体的分化成为必然。

经济社会结构的深刻转型必然带来社会价值观念的变化。20世纪90年代之前普遍流行的理想主义和集体主义价值观在经济建设浪

---

① 原方:《知识分子论》,上海三联书店2005年版,第256页。
② 蔡翔:《革命·叙述:中国社会主义文学—文化想象:1949—1966》,北京大学出版社2018年版,第306页。
③ 戈士国:《重构中的功能叙事——意识形态概念变迁及其实践意蕴研究》,人民出版社2013年版,第241—242页。

潮中逐渐弱化，整个社会充斥着商业文化和市场功利的气息，个人主义、实用主义、物质主义、消费主义、世俗主义、享乐主义等挤压着共产主义理想信仰的生存空间。在整个社会多元化价值取向的冲击中，大多数知识分子依然保持着对理性、真理、正义、价值和尊严的自觉坚守，捍卫着知识分子的历史使命和社会责任。但是，毋庸置疑也出现了"一些知识分子的精神心态伴随价值观的多元化而呈现出失衡倾向。他们的心灵深处越来越多地打上了功利主义的烙印，在对物欲的追逐中日渐于精神上迷失了自我，甚至不能在政治上明辨是非"①。此种社会现象被中国知识界、思想界察觉并作出回应，引发了1993年至1995年间的"人文精神"大讨论以及"保尔和盖茨谁是英雄"等思想文化领域的思考。

如果说20世纪80年代前后知识分子的思维惯性还依然保持着对社会历史宏观议题的关注，积极参与到社会主义现代化建设问题的理论思考之中，先后进行了社会主义生产目的的讨论、关于按劳分配的讨论、关于社会主义经济规律的讨论、关于集体所有制的讨论、关于经济体制改革的讨论，等等，这表明知识分子对意识形态战略调整的高度关注和高昂热情。那么，到了90年代以后，在知识界则流行起了生活哲学，一些知识分子选择远离政治意识形态，转向棋艺、茶道、养生、老庄等日常生活世界，讲究闲适和超脱成为时尚，非理性主义思潮一度盛行，后现代主义的包容与多元成为潮流。在这样的社会背景下，知识分子对历史发展走向"宏大叙事"式的理性思考逐渐淡化，"他们变得什么也不在乎，什么也无所谓。他们比中国历史上任何其他年代的知识分子都更无信仰的牵累和制约，但是也比任何一代的知识分子更加缺乏创造未来的未来指向以及反叛的明确目的"②。知识分子价值取向的自我化、功利化以及社会理想的世俗化对当代中国思想文化格局产生了直接影响，也影响到社会成员对历史走向的判

---

① 原方：《知识分子论》，上海三联书店2005年版，第293页。
② 陶东风：《旷野上的碎片：关于知识分子的报告》，《当代作家评论》1996年第4期。

断和历史使命的认知。

三 冲突与融合的文化背景

差异产生冲突，对话产生融合。冲突与融合是人类文化发展的永恒法则。当代世界不同民族国家的文化正是在差异与对话、冲突与融合的过程中共生共荣，但也客观存在强势文化殖民、剥夺和消融弱势文化的风险。在中国，"古今中外"的文化论争自20世纪初期伴随知识界探寻救亡图存道路而产生，至今从未中断。在早期的中国知识界中，依次出现过维新派"中学为体，西学为用"的文化观、激进派"全盘西化"的文化观以及李大钊等共产主义知识分子将马克思主义作为超越中西文明的"第三种文明"观。事实证明，马克思主义在拯救中国的同时，也拯救了中国文化。但是，传统文化与现代文化、本土文化与外来文化的关系问题在中国知识界从未退场。在20世纪30年代，中国知识界出现了"追求民族自觉和自信"的新启蒙运动；在20世纪80年代，中国知识界出现了激烈的文化反思热潮，这些都不是孤立的文化事件，分别是摆脱国难以及社会变革的产物。所以，"古今中外"的文化之争从来都不是单纯的文化问题，而是一定历史条件下政治、经济、社会问题在文化领域的反映。在20世纪90年代以来的中国现代化进程中，社会历史条件的深刻变化引发知识界深沉的文化忧思，当代中国知识界面临着传统文化与现代文化、本土文化与外来文化既冲突又融合的文化背景。

（一）传统文化与现代文化的冲突与融合

传统文化与现代文化的关系问题，即"古今"文化关系问题。文化具有时代性、创新性，因而，传统文化与现代文化的差异、冲突是客观的、必然的。同时，文化具有民族性和继承性，因而，传统文化与现代文化的差异融合又是可能的、现实的。对一个民族、一个国家而言，古文化与今文化、传统文化与现代文化不是绝对对立而是辩证统一的关系，这恰恰也是历史与文化延续的体现。"传统与现代性是现代化过程中生生不断的'连续体'，背弃了传统的现代化是殖民地或半殖民地化,而背向现代化的传统则是自取灭亡的传统。"① "现代化在实质上是传统的制度和观念在科学和技术进步的条件下对现代社会变化需要所作的功能上的适应。"② 因此,成功的现代化必然是一个古与今、传统与现代双向运动的过程,既是对传统文化中阻碍现代化运动的因素的克服,也是对传统文化中思想精华的挖掘与保留。

可是,"近现代以来,在处理现代化与传统文化的关系问题上,存在相反的两个极端:一是文化民族主义者高举传统文化旗帜,强调文化的民族特性,只认西方物质文明,不认西方精神文明。这种体用二元的思维模式,依然是'中体西用'论作怪。二是文化自由主义者坚持体用一元,坚持物质文明与精神文明不能分开,强调文化的时代性,认为传统文化是封建时代的文化,必然被现代化所抛弃,这也就是著名的'全盘西化论'。这两种情况在本质上都是割裂了传统文化与现代化的关系,传统文化不但没有成为现代化的一个基础和支撑,反而成为它的绊脚石"③。在20世纪80年代的文化热潮中,多数知识分子尤其是青年知识分子对中国传统文化与现代文化关系的主导倾向是"文化冲突论",指陈中国传统文化存在的"八大缺陷"以及其与现代化的"十大冲突"④。当时知识界激进反传统的"文化冲突

---

① 罗荣渠:《现代化新论——世界与中国的现代化进程》,商务印书馆2004年版,第376页。

② 何星亮:《文化模式:传统模式向现代模式的转换》,《中南民族大学学报》(人文社会科学版)2014年第3期。

③ 张小平:《非西方化的现代化道路与中华传统文化的更新创造》,《学术论坛》2018年第3期。

④ "八大缺陷":1. 以官为本,缺少民主;2. 以农为本,缺少工商;3. 以儒为本,缺少平等;4. 以人为本,缺少法制;5. 以土为本,缺少开放;6. 以经为本,缺少自由;7. 以家为本,缺少个性;8. 以德为本,缺少科学。"十大冲突":1. 传统的垂直隶属型社会结构与现代网络型社会结构的冲突;2. 传统的贵贱等级原则和人身依附原则与现代平等原则的冲突;3. 法制社会要求与人治传统的冲突;4. 现代民主制度与传统家长宗法制忠孝观念的冲突;5. 现代人个性全面发展与传统的共性至上群体矛盾的冲突;6. 创造需求与保守心理的冲突;7. 开放与封闭的冲突;8. 竞争原则与中庸信条的冲突;9. 物质利益原则与伦理中心原则的冲突;10. 现代社会消费需要与传统文化中崇俭反奢原则的冲突。参见邹东涛《文化冲突、文化整合与中国现代化》,《中国社会科学院研究生院学报》1999年第6期。

论"热潮不是偶然发生的,而是有着深刻的社会历史原因。当时国门虽然打开,但现代化进程依然缓慢,在利益格局调整的过程中,社会上有些人心态失衡,自觉不自觉地阻碍改革进展,这种现象触动知识分子从文化的角度思考问题所在。同时,当时中国知识界受马克斯·韦伯《新教伦理与资本主义精神》的影响,认为以儒家思想为代表的中国传统文化缺乏"资本主义精神",不能促进现代化的开展。所以,当时知识界对中国社会现实文化忧思的结果就是,认为封闭、保守的传统文化阻碍了中国的改革进程,要深化经济体制改革就必须改造国民的文化气质。于是,批判和鞭笞传统文化成为当时知识界的潮流与时尚。

20世纪90年代以后,随着中国社会经济体制改革的深入推进,以及知识界对激进反传统倾向的反思,在拥有五千年华夏文明史的中国出现了弘扬传统文化的热潮。这时,知识界依然走在时代精神的最前沿,出版发行大量文化古籍。传统文化和现代文化在差异中走向融合的问题成为知识界面临的时代课题。一方面,改革开放以来中国特色社会主义事业的蓬勃发展为社会主义现代文化的发展提供了鲜活的标本与素材,是现代文化繁荣发展的历史机遇期。另一方面,没有传统文化的继承和弘扬,就没有现代文化的发展和繁荣,任何国家现代化的发展都离不开历史文化传承和精神积淀,离不开传统文化的依托。传统文化是特定民族国家精神追求、价值理念、思维方法和行为模式等的历史积淀,不仅承载着历史的集体记忆,而且以精神内化、思想渗透的隐性方式参与现代意识形态的建构,成为现代社会主体生存以及认识与改造世界的精神力量。正如习近平所讲:"中国是有着悠久文明的国家。在世界几大古代文明中,中华文明是没有中断、延续发展至今的文明,已经有5000多年历史了。我们的祖先在几千年前创造的文字至今仍在使用。2000多年前,中国就出现了诸子百家的盛况,老子、孔子、墨子等思想家上究天文、下穷地理,广泛探讨人与人、人与社会、人与自然关系的真谛,提出了博大精深的思想体系。他们提出的很多理念,如孝悌忠信、礼义廉耻、仁者爱人、与人为善、天人合一、道法自然、自强不息等，至今仍然深深影响着中国人的生活。中国人看待世界、看待社会、看待人生，有自己独特的价值体系。中国人独特而悠久的精神世界，让中国人具有很强的民族自信心，也培育了以爱国主义为核心的民族精神。"① 实现中华民族伟大复兴的中国梦，必须复兴中华优秀传统文化，挖掘、整合传统文化资源，使之成为中国特色社会主义现代化事业成功推进的保障，而不是绊脚石。即便是在当今西方学界，我们也依然可以看到，在寻求解决生态问题等全球性世界难题的时候，西方知识分子也更加钟情于中国传统文化。

在这个过程中，实现传统文化的创造性转化、创新性发展，在文化的"自我觉知"基础上进行传统文化的审视与选择，使优秀传统文化在当代中国熠熠生辉，是当代中国知识分子责无旁贷的文化使命。

（二）本土文化与外来文化的冲突与融合

司马迁在《史记》中讲道，"百里不同风，千里不同俗"。"风""俗"的差异表明"百里"与"千里"的不同地域是不同文化形态得以形成的自然条件。所以，在世界文化交往中，就有了本土文化与外来文化的区分。本土与外来首先是地理意义上的概念，其次才是文化意义上的概念。本土文化与外来文化之间的区别与差异是客观的，因为不同民族国家往往有不同的文化模式，而文化模式既体现在社会成员日常生活的表层，如饮食习惯、服饰特色、劳动习惯、行为趋向等，也隐含在民族国家的政治制度、经济制度、社会制度等理性化、规范化的律令条文之中。

对于中华民族而言，本土文化与外来文化的关系问题，即"中外"文化关系问题，近现代以后更多地指向"中西"文化关系。中国历史上曾经多次掀起"华夷之辨""体用之辩""优劣之辩"等文化讨论，每次文化论争都伴随着中华民族对于中华文化如何存续这一

---

① 《习近平在布鲁日欧洲学院的演讲》，《人民日报》2014年4月2日第2版。

第四章　当代中国知识界思想认同的背景与格局

问题的思考与领悟。中华文化思想史的发展轨迹证明，中华文化是具有强大包容性、整合力与生命力的文化。在漫长的历史中，中华文化世代永续，以兼收并蓄、有容乃大的文化气派，吸收外来文化的精华以滋养中华民族的文化血脉。同时，在与外民族文化系统的交流中，和平相处，传递出中华文化独有的"智慧之光"，为人类文明作出中国贡献。近现代中国知识界在"中外"文化的短兵相接中，虽然曾经出现过"全盘西化论"的声音，但这种声音从来都没有占据过知识界的思想主流。广大知识分子既没有简单地采取"拿来主义""全盘西化"，也没有武断地坚持"关门主义"、故步自封，而是自觉地将外来文化与本土文化相融合，创新和发展具有中国特色、中国气派的中华文明。

改革开放以来，尤其是中国加入世界贸易组织以来，中国与世界的交往成为影响世界格局的重要力量。同时，世界各国也都更加关注中国，与中国进行更加深入的政治、经济、文化交往。世界历史进程的加速推进使得各民族国家的文化交流与融合更加普遍、更为深入。不同文化之间的交流与碰撞更加活跃，更加频繁，这意味着不同文化有了更多文明互鉴的空间，但在当下的国际秩序中，外来文化的融入也可能会给本土文化的生存提出挑战。

文化的接触和交流并不总是公平公正、和谐有序的，不合理的国际政治经济秩序的存在使得发展中国家在世界文化交往中存在被殖民、被西化的风险。"当今世界舞台也正目击着为控制资源而进行的一系列争斗，这种争斗也常常表现为文化的或民族的冲突。"[1] 所以，文化日渐走向世界交往的前台，不同民族国家的文化交往甚至具有了政治色彩，日渐成为西方国家推行文化霸权的隐形武器。"'文化'概念随着近代思想的发展不仅被赋予了重要意义，而且因为此种被赋予的意义，文化成为运动的旗帜与理论的依据，甚至不断引发摩擦和

---

[1] 联合国教科文组织编：《世界文化报告——文化、创新与市场（1998）》，关世杰等译，北京大学出版社2000年版，绪论第1页。

战争。"① 在当代中国本土文化与外来文化的交往中,中国知识界、文化界出现了西方话语体系鱼贯而入的情形。更具蛊惑性的是,一些非马克思主义、反马克思主义的社会思潮披着文化和学术的外衣,试图挤迫和侵占马克思主义意识形态思想体系的生存空间。恰如萨义德所说:"文化成了一种舞台,上面有各种各样的政治和意识形态势力彼此交锋。文化决非什么心平气和、彬彬有礼、息事宁人的所在;毋宁把文化看作战场,里面有各种力量崭露头角,针锋相对。"② 西方资本主义国家利用其在世界经济、政治秩序中的统治地位,到处兜售代表西方文明和价值观的文化产品与文化符号,大众文化在中国的流行与泛滥就是西方文化渗透的直观表现。大众文化的概念由美国哲学家奥尔特加在《民众的反抗》一书中首次提出,指借助于报纸、杂志、电视、网络等大众传播媒介、由消费意识形态筹划的批量化生产的精神文化形态。大众文化追求人的生活世界的自我满足,其简单化复制、平面化思维严重消解着马克思主义文化的崇高与卓越。

在本土文化与外来文化的交往中,坚持本土文化的独立与自主,这是本土文化得以维系与存续的前提。同时,坚持对外来文化保持开放的、包容的态度,是一个民族、一个国家文化自觉、文化自信的表现。对于当代中国文化建设而言,"构建现代中华文化模式如果照搬西方模式,必然被西方文化所同化,中华文化将失去自己的特色和优势,成为西方文化的附庸,根本不可能复兴中华文明,中华民族伟大复兴的中国梦也不可能实现"③。由是观之,理性地对待中华文化与外来文化尤其是西方文化的交流、冲突与融合,在全球泛滥的伪文化压力面前自觉捍卫马克思主义意识形态对中华文化前进方向的指导,坚持、发展和创新中国特色社会主义文化,是当代中国知识分子义不

---

① [日]镜味治也:《文化关键词》,张泓明译,商务印书馆2015年版,第8页。
② 转引自骆郁廷、史姗姗《论意识形态安全视域下的文化话语权》,《思想理论教育导刊》2014年第4期。
③ 何星亮:《文化模式:传统模式向现代模式的转换》,《中南民族大学学报》(人文社会科学版)2014年第3期。

容辞的文化责任。

对于当代中国知识分子的文化传承而言，和平与发展的时代背景、分层与多样的社会背景、冲突与融合的文化背景既是历史机遇，又是现实挑战。在机遇与挑战并存的背景下，知识界思想认同不仅是知识界观察、理解和思考社会现实与历史发展走向的重要参考向度，是知识界引领社会成员思想价值观念的重要思想前提，而且也是马克思主义意识形态社会认同的重要风向标，是衡量马克思主义意识形态思想体系合理性、合法性、合时代性的重要标尺。

第二节 当代中国知识界思想认同的总体态势

时代越发展，社会越进步，思想文化与科学技术的社会功能越突出，知识分子的社会责任、历史使命也越艰巨，知识界思想认同的社会影响力也就越重要。在中国特色社会主义事业的历史征程中，知识界思想认同呈现出总体良好的态势。广大知识分子在各自的职业领域，自觉践行社会主义核心价值观，弘扬社会主义文化主旋律，表现出对中国特色社会主义道路、理论、制度、文化的积极认同。同时，当代中国知识界又呈现出"言论自由"和"七嘴八舌"的包容性特征。一方面，这是当代中国思想文化领域包容开放的舆论环境使然，另一方面，这也从一个侧面表现出当代中国知识界在阐释"中国问题""世界问题"过程中的思想主张与自觉参与。

一 当代中国知识界思想认同的精神涵养

知识分子精神是知识分子作为文化主体的集体意识和思想品格，反映着一个民族国家、一定历史时期知识界对社会主流思想体系的认同状况。20世纪90年代以来，当代中国知识分子的精神风貌既有传统的延续，也有现代的拓新。在知识分子的血脉中，始终绵延、流淌着文化传承、道义担当、建功立业的精神基因。他们以实际行动诠释着由社会主义思想认同涵养生成的爱国精神、求真精神、奉献精神，响应党的号召和祖国召唤，把个人事业追求自觉融入中国特色社会主义现代化建设之中。具体而言，当代中国知识界思想认同的精神涵养主要体现为：爱国奋斗的光荣传统、开拓创新的求真精神、参政议政的民主意识、自尊自强的主体意识。

(一) 爱国奋斗的光荣传统

中华民族悠久的历史与独特的文化铸就了当代中国知识分子爱国奋斗的责任意识和精神传统。改革开放以来的社会主义现代化建设实践，为广大知识分子施展才华提供了更为广阔的舞台与空间。习近平总书记指出："幸福不会从天而降，梦想不会自动成真。"爱国意味着脚踏实地的奋斗精神。爱国奋斗的光荣传统要落到实处，离不开广大知识分子对本职工作的坚守与敬业。新时代优秀知识分子"心有大我、至诚报国"的爱国情怀使得他们具有强烈的事业心、责任感和奉献精神。

然而，广大知识分子的爱国奋斗精神不一定都是惊天动地、轰轰烈烈。由于社会分工不同，广大知识分子处于不同的工作岗位，有的处在"顶天"的位置，他们跟踪、追赶甚至领跑世界科技创新，天宫、蛟龙、天眼、悟空、墨子、大飞机等重大科技创新成果离不开"高精尖"科技知识分子的智慧与贡献；有的处在"立地"的位置，如小学老师、社区医生、乡镇技术员，他们既是基层群众的一员，又是拥有文化技术的基层知识分子。只要小学老师上好每一节课、社区医生认真对待每一个病人、乡镇技术员努力让农民朋友掌握好种植技术，真正干一行爱一行精一行，都是在为国家富强、人民幸福作贡献。

在党的领导下，当代中国知识分子不仅热爱科学文化知识，而且热爱祖国与人民。把国家利益和人民利益摆在首位，为民族复兴与人民幸福贡献才智，是广大知识分子最高的价值追求。

(二) 开拓创新的求真精神

知识分子以掌握已知、探索未知、创造新知为使命担当。对于知识分子而言，探求真理必须要有开拓创新的精神，开拓创新必须要以

第四章　当代中国知识界思想认同的背景与格局

探求真理为精神动力。当今世界，知识更新日益频繁，科技革命日新月异，创新成为国家兴旺发达的不竭动力，科技创新更是成为国之重器。改革开放以来我国科技创新能力与科技事业发展都有了较大提升，但科技创新对经济增长和社会发展的贡献率仍低于发达国家水平，关键核心技术创新能力同国际先进水平尚有较大差距。因此，以全球视野谋求和推动自主创新、实施创新驱动发展成为中国社会长远发展的国家战略。紧紧围绕经济社会发展突出问题，以国家发展需要为导向推进科技文化创新，成为当代中国知识分子开拓创新的精神动力，也是当代中国知识分子的"用武之地"。

当代中国知识分子是先进生产力和科学技术的开拓者，是人类科学文化知识的重要继承者和传播者，是美好精神产品的重要创造者，是知识创新、人才开发的主力军。他们在不断变化的事实面前，理论联系实际，解放思想，实事求是，以开拓进取、求真务实、科学理性的态度探索事物本质，修正认识结论，追求客观真理。

在这个过程中，广大知识分子坚持党和国家的基本方针政策，坚持四项基本原则，把解放思想、实事求是的思想路线转化为追求真理的实际行动。他们不满足于守成持旧，不固执于既定历史条件下的现成结论，不唯"书"、不唯"上"，只唯"实"，从当代中国正在进行的事业和实际出发，以科学的、理性的、批判的态度研究改革开放和社会主义现代化建设中的新情况、新问题。他们大胆假设，小心求证，"百花齐放，百家争鸣"，创造出适合于中国社会、中国人民的秩序、规则与成果，生动诠释着当代中国知识分子尊重实践、注重实效、开拓创新、勇于探索、坚持真理的科学精神，也以实际行动诠释着当代中国知识分子对党和国家路线、方针、政策的思想认同。

(三) 参政议政的民主意识

随着科教兴国战略的实施和高等教育的发展，我国知识分子队伍不断壮大，广泛分布于政治、经济、教育、科技、文艺、新闻出版、医疗卫生等各个社会领域，成为中国特色社会主义政治、经济、社会、文化等事业发展的重要依靠力量。在国家建设、社会发展和知识经济的深入推进中，广大知识分子对国家政治生活的参与意识、对社会主义民主法治建设的关注热度呈现出积极的发展态势和较高的发展期望。同时，宽松良好的政治环境以及社会主义民主政治的发展也为党内外知识分子参政议政提供了有利条件和平台支持。

知识分子是一个具有科学文化知识和独立思考能力的社会阶层，所以，在参政议政的过程中，他们往往具有浓厚的民主意识，忧国忧民，体察民情，关注并研究公平正义、就业分配、弱势群体、生态环境等社会热点问题，建言献策，直言相谏，不随声附和、不随波逐流，勇于表达和坚持自己的政治信念。在建立和完善社会主义市场经济体制和全面深化改革的历史进程中，广大知识分子要求立足中国国情，借鉴人类政治文明建设经验，不断推进中国特色社会主义政治体制改革，扩大社会主义民主，健全社会主义法制，提高政府决策的制度化、规范化、程序化、透明化，完善民主监督和政治协商制度，惩治腐败，呼吁要有更多地参与'民主协商、民主决策'的机会，积极参与和促进社会公共问题的解决，希望他们的建议与批评能被接纳。

（四）自尊自强的主体意识

"天行健，君子以自强不息；地势坤，君子以厚德载物"是传统文化对"君子"人格的概括。当代中国知识分子继承自强不息、厚德载物的文化传统，同时受改革开放、解放思想的社会环境熏染，他们的主体意识、自我意识凸显，具有更加突出的自尊、自强、自立、自信观念。

一方面，知识分子的主体意识体现在自我价值追求中。当今知识分子队伍已经打破了计划经济体制下教师、医生、科研人员等有限的行业和领域，随着社会主义市场经济和社会分工日渐完善与发展，律师、私企与外企管理人员、自由职业者、留学人员、新媒体中的代表性人士、非公有制经济人士等不断扩充着知识分子队伍的来源与构成。在当今社会的职业环境中，知识、信息已经成为重要的社会资源。知识分子作为思想文化知识的传播者、创造者，他们希望知识的价值得到承认,希望整个社会进一步树立尊重知识、尊重人才、尊重创造的社会氛围,让追求知识、崇尚知识成为社会风尚。所以,新时期知识分子具有强烈的平等意识、法治意识、利益观念、竞争意识、进取意识,他们相信知识和智慧的力量,相信自己的才能,渴望实现自己的人生价值。面对自由、开放的职业环境,他们要求有更好的发展机会、物质待遇和工作环境,要求有充分的机会施展抱负、展露才华。

另一方面,知识分子的主体意识还体现在社会价值追求中。当代中国知识分子不再纠结于在朝在野的抉择,无论从事何种社会职业,都可以利用专业知识勤勉工作、奉献社会、履行社会责任。他们具有文化自主性,不迷信、不盲从,能够理性看待和分析社会问题,引导公众思考,启迪公众思想。在中外文化交流交往过程中,他们自觉担当,坚守中华文化立场,表达中国声音,弘扬中国精神。

在当代中国知识分子的自我主体意识中,无论是对个体价值的追求,还是对社会价值的追求,都渗透和彰显着个体与国家、个人与社会之间的融洽与和谐。

二 当代中国知识界思想认同的表现形态

伴随当代中国经济社会发展"世纪崛起"的繁荣景象,知识界自觉弘扬民族的科学的大众的社会主义文化主旋律,对马克思主义指导的中国特色社会主义道路、理论、制度、文化保持着较高的认同度,总体上呈现良好态势。2010年中国思想政治工作研究会、中宣部思想政治工作研究所课题组针对当下中国"社会思想动态"展开调研,调查结果显示:"70%以上的专家学者对当前国家整体发展状况比较满意,对社会各个方面的发展状况评价较高。"[①] 这表明大部分专家学者对中国特色社会主义事业以及国家未来发展走向和前景保持乐观

---

① 中国政研会、中宣部政研所课题组:《2010年社会思想动态调查研究报告》,《思想政治工作研究》2011年第5期。

▶ 当代中国知识界思想认同研究

并充满信心。如果说专家学者因其自身社会地位较高而表现出思想认同度高不具有有效说服力的话，那么，2013年河南省中国特色社会主义理论体系研究中心课题组所做的"关于当前知识分子对主流文化认同情况"的调研则更具普遍性，因为这项报告具有覆盖范围广泛、调研层次随机的特点。该课题组在北京、上海等12个城市的5个国家级研究院所、16所高校以及4家市级文化和医疗机构，对1000余名大专以上学历的专业技术人员展开问卷调查。调研结果显示："分别有37.8%和51.4%的被调查者认为马克思主义对中国的革命和建设'有重要的指导意义'和'有一定指导意义'。超过68%的知识分子认为'21世纪中国主导精神'是中国特色社会主义理论体系。"①知识分子对马克思主义以及马克思主义中国化理论成果主导和指导地位的认同，不仅体现着知识分子自身对中国社会主导思想体系的自信，而且也对其他社会成员具有重要的示范与引领效应。

由于职业分工的差异，当代中国知识界思想认同并不意味着所有知识分子都要在马克思主义理论研究上取得突破，而是要在各自具体的思想文化工作中坚持马克思主义的精神实质。正如卢卡奇所讲，"正统的马克思主义"并非马克思本人的词句，而是"方法"，即坚持马克思主义的立场、观点与方法。对于当代中国知识分子而言，坚持马克思主义的"方法"意味着自觉践行爱国主义、集体主义以及社会主义核心价值体系，将马克思主义文化理念、社会主义文化主旋律内化到职业活动和社会理想中，自觉履行"为人民服务""为社会主义服务"的"二为方针"。

在当代中国，这样的知识分子不胜枚举。例如，中国中医科学院中药研究所研究员屠呦呦，在摘取2015年诺贝尔生理学或医学奖桂冠后，屠呦呦的一番话道出了无数中国知识分子胸怀家国天下的思想境界。她说："青蒿素是传统中医药送给世界人民的礼物，对防治疟

---

① 王桂兰、高斐、马小利：《把人生理想融入国家和民族的事业中——关于当前知识分子对主流文化认同情况的调研报告》，《光明日报》2013年5月14日第15版。

疾等传染性疾病、维护世界人民健康具有重要意义。青蒿素的发现是集体发掘中药的成功范例，由此获奖是中国科学事业、中医中药走向世界的一个荣誉。"① 科学进步、知识增长，不是自然发生的，这是人类在自然面前的主动作为。这些主动作为必然涉及"为了谁"的价值追问，这也是当代科学家们从事科学研究不容回避的问题。在今日之中国，正是一批又一批的"屠呦呦们"恪尽职守、脚踏实地、艰辛求索、默默奉献，才创造了中国乃至世界知识界的辉煌。这种责任意识与担当精神不是个人主义价值取向所能比拟的，体现着当代中国知识分子对集体主义、社会主义思想价值观念的自觉认同。

正如前文所述，当代中国知识分子的生存境遇发生了很大变化。与之相应，20世纪90年代以来，当代中国知识界思想认同的表达方式与表现形态亦烙印时代印记，具有时代特征。

（一）知识分子思想认同是国家社会整体利益认同与自我利益诉求的相互交融

思想认同本质上反映的是利益认同。意识形态是阶级利益的反映，马克思主义意识形态代表着无产阶级的阶级意志，旨在实现全世界无产阶级和劳苦大众的解放。从深层来看，马克思主义意识形态在追求无产阶级的根本利益的同时，没有也不可能否定和排斥无产阶级正当的、合理的个人利益诉求。在革命与战争年代，一批又一批知识分子为了民族独立、人民幸福，克己奉公，以革命的大无畏精神诠释着他们对马克思主义的思想认同。当下中国，马克思主义作为党和国家的指导思想，是13亿中华儿女团结奋斗、凝心聚力的精神源泉，是代表全国各族人民根本利益的思想学说。因此，广大知识分子对马克思主义以及中国化理论成果的思想认同，根本而言，是对国家社会整体利益的自觉认同。

从国家社会整体利益认同的角度，审视和研判当代中国知识分子

---

① 屠呦呦就获得诺贝尔奖发表获奖感言（http://scitech.people.com.cn/n/2015/1006/c1057-27665747.html）。

思想认同，无可厚非。但是，仅仅强调思想认同的"整体"面相，则是不完全的、不充分的。任何一种思想体系，当它不能为个体存在的意义和价值提供论证时，当个体无法从中体会自我与世界的关系时，思想就会成为远离人的生命存在的纯粹抽象，逐渐丧失其思想魅力。在和平与发展的当代中国，知识分子的自我意识、个体意识增强，他们对个人利益、个体价值的追求也逐渐显化。据人民网报道，2004年中国教育和科研计算机网以3390名高校教师为调研对象展开调研，结果显示："1175人最关心的问题是'自己的待遇'，占34.66%。"[①] 在新的历史条件下，以高效教师为代表的知识分子关注个人正当利益无可厚非，但是这不应当成为知识分子推卸社会责任的理由。相反，正是由于身处前所未有的国家发展机遇期，我国广大知识分子更应主动担当，将个人前途与国家命运融合在一起，在奉献祖国和人民的过程中，实现自身价值。这也从侧面表明，随着社会发展以及个人权利意识的增强，寻求马克思主义理论指导与个人利益诉求的结合点，将成为坚定当代中国知识分子思想认同的重要着力点。因此，从增强马克思主义思想认同的角度而言，"我们在继续坚持共产主义信仰的宏大叙事特质之外，还应该转换思路，思考共产主义信仰与个体生存的关系问题。这种转换，并不是将共产主义信仰窄化为个人小天地中的自我吟唱，并不是要否定其传统的优势所在，而是要结合新的时代背景，把集体信仰引入个体生活中来，搭建起政治信仰与人生信仰相融合的桥梁"[②]。

（二）知识分子思想认同是理性认知与情感认同交互作用的结果

知识分子一般具有较高程度的文化素养，其思想倾向往往是在一定事实和文化积淀的基础上独立思考和理性判断的结果。因而，当代中国知识分子思想认同的发生必然是建立在理性认知基础上的自觉选

[①] 中国高校教师关心自己的待遇胜于国家大事？（http://www.people.com.cn/GB/jiaoyu/1055/2337733.html）。

[②] 杨德霞：《试论当代共产主义信仰教育的实效性》，《教学与研究》2012年第3期。

择，不是随波逐流的"无意识"行为和盲目追随。理性认知的特点在于，它通过去粗取精、去伪存真的抽象思维，透过现象把握本质，从偶然事件中揭示必然规律。因而，理性认知具有理论性、稳定性的特征。正如刘少奇所讲："一个人的阶级觉悟仅仅从感性知识中、从实际生活中得来是不够的，还要提到理论的高度。"[1] 对此，拉法格对马克思的回忆颇有启发性，他说道："马克思虽然深切地同情工人阶级的痛苦，但引导他信仰共产主义观点的并不是任何感情上的原因，而是研究历史和政治经济学的结果。"[2] 一种思想体系，只有经得起科学的理论论证，才能以真理性力量赢得人心，才能在现实中找到实现它的力量。

知识界思想认同的理性特征，并不否定和排斥情感认同的意义和价值。在知识分子的思想认同中，理性认知与情感认同是交互作用的。马克思曾讲："激情、热情是人强烈追求自己的对象的本质力量。"[3] 列宁也指出："没有'人的感情'，就从来没有也不可能有人对于真理的追求。"[4] 当代中国知识分子受传统文化影响，往往具有强烈的人文主义思想倾向，注重思想理论体系的人文精神与情感温度。马克思主义思想体系所内蕴的自由平等、公平正义等始终是广大知识分子选择之、认同之、信仰之的重要动力来源。同时，现代社会意识形态本身也呈现出日常生活化、感性化的趋势，"各种意识形态以其特殊的文化理念和价值符号，以长期潜移默化的功能作用于人们的现实生活中。人们的日常生活中越来越多地体现着意识形态的价值追求。"[5] 面对世界和当代中国的客观实际，知识分子也容易从生活体验和朴素的情感上认知、评价社会意识形态。

---

[1] 《刘少奇选集》下卷，人民出版社1985年版，第81页。
[2] ［法］保尔·拉法格等：《回忆马克思恩格斯》，马集译，人民出版社1973年版，第2页。
[3] 《马克思恩格斯全集》第42卷，人民出版社1979年版，第169页。
[4] 《列宁全集》第25卷，人民出版社1988年版，第117页。
[5] 侯惠勤：《我国意识形态建设的第二次战略性飞跃》，《马克思主义研究》2008年第7期。

知识分子思想认同一旦发生，这种理性的选择往往也将伴随真挚而丰富的情感体验。同时，这种情感认同又作为一种非理性因素强化和巩固着知识分子对思想体系的理性认同。因此，增进当代中国知识界思想认同，一方面要注重理性认知的力量，另一方面要注重情感认同的力量，两者缺一不可。

（三）知识分子对马克思主义思想体系总体认同但存在认知程度上的差异

从总体上来看，随着"实践是检验真理的唯一标准"大讨论的深入人心，随着改革开放事业的深入推进，随着我国科学、教育、文化、卫生事业的发展，绝大多数知识分子能够正确理解党的路线、方针和政策，认同国家基本制度、基本纲领、基本路线。中国特色社会主义共同理想和社会主义核心价值体系在广大知识分子群体中有较强的感召力和影响力。他们能够自觉遵循马克思主义的理论指导，从事思想文化知识的传承与创新工作。

但是，对于当代中国知识分子而言，在相对和平安宁的环境下，在舒适安逸的生活中，他们也在不同程度上表现出对"务虚"的政治理论学习兴趣有所降低的倾向。轻视理论学习或者理论学习不充分的结果就是，部分知识分子对中国社会发展物质成果的心理认同重于对马克思主义意识形态思想体系的精神文化认同。同时，由于理论学习兴趣的降低，部分知识分子对当代中国发展过程中出现的一些矛盾与问题缺乏辩证的、科学的认识。以市场经济的社会影响为例，在一项对知识分子群体的调查中显示，"55.4%的人认为增强了社会主义的内在活力；29.2%的人认为强化了个人主义、唯利是图"；"39.2%的人认为破坏了中国传统的东西"。[①] 这也从一个侧面表明，当代中国物质文明建设与精神文明建设"两手都要抓，两手都要硬"的任务依然艰巨。

---

① 樊浩：《中国大众意识形态报告》，中国社会科学出版社2012年版，第159页。

三 当代中国知识界思想认同的多样并存

一元指导与多样并存，是当代中国知识界思想认同状况的集中概括。马克思主义是党和国家的指导思想，也是当代中国知识界求实创新、服务人民的指导思想。当代中国广大知识分子从事科学文化工作的价值目标是一致的，即实现民族复兴、人民幸福、世界大同的社会理想，这表现出知识界的"一致性认同"。但知识分子作为一个社会阶层和文化群体，其思想文化观念从来都不是定于一尊，从来都不是只有一种声音，尤其是对于一些具体社会问题的研判上，总是会存在差异化、多样化的解读，此即当代中国知识界思想认同的"多样并存"。如果说当代中国知识界思想认同的"同"侧重"主旋律"的话，那么其中的"异"则更加突出"包容性"。

（一）知识分子对社会主义现代化的理性回应同中有异

改革开放以来，中国社会的经济、政治、文化等领域都出现了知识界无法回避的现实问题，诸如观念的冲突、思想的矛盾、利益的博弈等。所以，在知识界产生了反思现代性的思想潮流与思想论争。20世纪90年代中后期围绕中国现代化发展道路的重大核心问题，在知识界内部发生了一系列论战，形成了不同的思想断层和价值取向。这场争论的三方分别是现代派、后现代派和新儒家，争论的结果是现代派获胜，中国必须走现代化道路。不容否认，在这场争论中，后现代派和新儒家的观点也在一定程度上启发了现代派知识分子更加全面地思考现代化问题，也让他们对中国如何走现代化道路的问题有了更为清醒的认识。可以说，这场争论终结了20世纪80年代中国知识界所形成的启蒙阵营，也构成了当今知识界思考公共问题的一个基础和出发点，是当代中国知识界从呼唤现代化到反思现代性的话语转换的开端。

何为现代化？为何要反思现代性？广义的现代化主要是指工业革命以来现代生产力导致社会生产方式的大变革，引起世界经济加速发展和社会适应性扩大的趋势。具体来说，这是以现代化工业、科学和技术革命为动力,实现传统农业社会向现代工业社会的深刻转变。一般认为,现代化主要表现为经济领域的工业化和市场化、政治领域的民主化和法制化、思想文化领域的理性化和科学化等。之所以反思现代性,是因为在西方现代化运动的发展过程中,暴露出了人性异化、资源短缺、环境污染、贫富分化、核武器威胁等严重的社会危机。关于西方现代化所伴生的社会问题,马克思主义经典作家在批判资本主义的过程中曾有科学的论断。在中国大地发展社会主义现代化,运用民族的智慧解决现代社会人类面临的共同问题,必然成为时代发展的内在要求。

事实证明,在世界现代化潮流中,中国作为一个具有古老文化传统的东方国家,在西方现代文明的直接冲击下,在马克思主义指导下以及中华民族文化精神的影响下,以中华民族特有的方式走出了一条具有中国特色、不依附西方的独立自主现代化发展道路。"中国道路"的成功打破了西方现代化唯一合理性的狂妄神话,也给世界上其他发展中国家的现代化道路提供了方法论上的启示。但中国特色社会主义现代化道路没有终结现代化发展过程中的"问题",在中国悠久的历史文化传统与社会主义现代化发展道路的耦合过程中,在中国社会主义现代化与西方资本主义现代化交往的过程中,必然会出现各种各样的矛盾和问题。其中,既有世界普遍性问题,例如生态理性与经济理性的关系问题;也有传统文化的现代化问题,例如市场经济条件下的义利关系问题,以及如何继承发展传统文化的问题;更有中国特色社会主义现代化所面临的崭新时代课题,例如在经济全球化过程中如何提升中国特色社会主义文化话语权,以及如何更好地为世界文明作出贡献的问题,等等。中国现代化发展之路没有可供参考的母版,所以,"中国道路"的成功开拓需要集合全党全国人民的智慧与力量。面对改革开放以来中国社会出现的新矛盾和新问题,广大知识分子心系祖国发展与人民幸福,解放思想,突破既定的思维框架,积极为解答与回应时代问题建言献策、提供文化阐释。他们对现代化问题的回应与阐释各有千秋、各有长短,或强调"中国问题",或关注

"中国特色"，或倚重"中国传统"，或关切"世界视野"。于是，在思想文化领域出现了各种学说、观点"百家争鸣"竞相发声的思想文化生态，这也是当前中国特色社会主义文化繁荣发展、包容多样的表现。

中国的现代化建设是综合性、系统性的社会工程，因此，任何一己理性或者局部理性都不可能一下子掌握全部的事实与全部的真理，加上一些矛盾和问题也是在历史发展过程中产生、发展并走向消亡的，甚至还存在矛盾与问题被时代暂时遮蔽的情形。所以，对于那些在某一文化领域见长的知识分子而言，由于视野、专业等局限，其对现代化发展过程中问题与矛盾的回应与判断也同样存在正确与错误之分，存在先进与落后之别。

不可否认，在回应当代中国"发展起来以后的问题"中，出现了一些非马克思主义的解读与阐释。非马克思主义与马克思主义分别具有不同的思维方式、价值立场和理想信仰。马克思主义以其科学的、与时俱进的理论品格不断向前推进，彰显出磅礴的思想伟力，在回应和解答中国特色社会主义现代化道路时具有理论的彻底性。但是，非马克思主义局限于社会生活的某个局部，可能在一定的时空范围内有一定的知识分子受众群体，但这与马克思主义对社会主义现代化建设的根本理论指导和广泛群众基础不可同日而语。

在对现代化问题的诸多回应中，客观存在着诸如保守主义、民族主义、消费主义、物质主义、存在主义、后现代主义、女权主义、生态主义等各种社会思潮和文化力量。这些社会思潮是"特定社会的各种矛盾尖锐化、复杂化在思想领域的反映，通常是从知识分子群体发端，推向或大或小的社会层面，进而影响到生活世界与民众心理的思想运动"[①]。当代中国社会思潮往往披上文化外衣，以文化作为影响民众心理的中介。在这个过程中，一些具有价值立场倾向性的知识分子就被置于社会思潮传播的前沿阵地。所以，社会思潮具有一定的社

---

① 高瑞泉：《中国近代社会思潮》，华东师范大学出版社1996年版，第12页。

会心理基础,这种社会心理基础经由知识分子的文化包装而呈现特殊的文化形态,反映着一定范围内群众所希望的历史发展走向。

对此,必须坚持马克思主义文化观,既要辨识文化思潮背后的经济社会基础,承认其存在的客观性;同时,也要主动担当、积极作为,坚持马克思主义对非马克思主义文化思潮的引领与指导,扩大并提升马克思主义的传播空间与传播效果。

(二)知识分子对社会现实的批判之声多元多样

知识分子具有强烈的社会责任意识,坚守理想、追求真善美是他们可贵的精神品质。所以,知识分子往往具有理想主义和浪漫主义的精神气质,习惯于以美好的社会理想来对照和审视现实世界。这种对照与审视的结果,往往不是放弃理想、顺从现实,而是坚守初心,以思想文化的力量,为整个社会的革故鼎新提供精神支持。在此,广大知识分子在坚守理想时,普遍存在着这样的情况——"理想"高于"现实",但知识分子仍然忍不住会拿理想来对照和衡量不尽如人意的现实世界。这样的结果就是——知识分子往往以社会批判者的姿态存在,对社会现实的批评之声、建议之声从不间断。

批判并不等同于对立、对抗与斗争。这是因为批判存在善意的批判与恶意的批判两种不同的批判动机。善意的批判不但不会制造社会矛盾,相反还有助于社会发展进步;而恶意的批判则是为了制造矛盾、制造分裂,消解与解构社会凝聚力。对于任何具有爱国情怀的知识分子而言,社会批判的目的从来不在于毁灭,而在于建设,因而是一种建设性批判。

从社会批判精神的层面来讲,知识分子可能都是潜在的马克思主义者。立足实践,变革不合理的社会现实,实事求是地对不断变化的社会现实作出回应,既是马克思主义批判精神的体现,也是知识分子人文关怀和社会批判意识的体现。在一定程度上可以说,正是这种善意的社会批判精神成就了知识分子作为"社会良知"的角色。法国学者雷蒙·阿隆指出:"至少在知识分子里面,道德批判可能最经常地成为整个批判的深层根源,这使他们同时获得了'错误纠正者'

的荣耀与总是说不的精神。"① 专业素养和理性判断赋予知识分子以观察世界的敏锐性，道义担当和价值理想使得知识分子并不简单地接受和认同现实。

在"发展才是硬道理"的观念日益深入人心的今天，当代中国知识分子往往具有特别突出的发展意识，在推动社会变革与社会发展方面往往走在时代前列。当面临新旧观念冲突时，知识分子倾向以新观念衡量是非，要求用更合理、更进步甚至超前性观念引领变革，尽管有时会暴露出脱离实际的倾向，但如果能够正确引导，这种思想观念上的超越与批判能为社会变革与发展进步提供精神动力。所以，建设性的批判精神是当代中国知识分子社会关怀的重要方面。他们从不同层面对社会现实的善意批判是文化发展、文明进步的重要力量。

当代中国依然处于社会主义初级阶段，在社会主义市场经济和改革开放的发展过程中，一些社会矛盾与问题依然非常突出，例如贫富悬殊、诚信缺失、生态问题、信仰危机、道德滑坡、腐败滋生、医疗改革、教育公平等。所以，邓小平讲道，发展起来以后的问题不比不发展时少。社会发展以后，人民群众对美好生活的需要也会多元、多样、多层。哪里有矛盾和问题，哪里有人民呼声，哪里就应当有中国知识分子的社会关怀。从经济活动到政治文化，从伦理道德到法制建设，从生态环境到人文精神，基于对人民利益的关切和特定的理性认知，知识分子以冷峻的眼光发现问题，开展批判，自觉表达其拳拳的爱国之心和理想追求。所以，知识分子善意的社会批判意味着警醒，意味着摆脱不合理的社会现实，意味着走向更高程度的社会发展。

但也不可忽视，在当前意识形态对抗与对话并存的格局中，知识界、思想界、文化界和舆论界也存在这样的情形——以批判现实为幌子，意在批判社会主义、马克思主义，于是出现了各种妖魔化、"棒杀"或者"捧杀"社会主义、马克思主义的论调，例如，"国家资本

---

① ［法］雷蒙·阿隆：《知识分子的鸦片》，吕一民、顾杭译，译林出版社2005年版，第220页。

主义""意识形态终结论""中国威胁论""中国责任论",等等。在这样的舆论环境中,当代中国知识分子唯有保持高度的政治清醒和意识形态自觉,谨防盲目的批判崇拜所带来的潜在危险,才能在文化交往中避免误入西方批判话语的思想陷阱,因为"过于高抬批判,容易有一种怀疑主义、相对主义乃至走向虚无主义的倾向,这种倾向其实会使知识分子失去批判的根基,甚至也能够客观上为完全辩护现实、全然失去批判精神开辟道路"[①]。

中国文明的发展进步与中华文化的传承创新需要并且尊重知识分子与生俱来的批判意识,但这种批判的动机是善意而不是恶意,批判的前提是建设而不是破坏。广大知识分子的社会批判之所以能够促进社会进步,是因为这样的社会批判建立在社会关怀的基础上,不是为批判而批判,而是为建设而批判。知识分子的社会批判无论是疾风骤雨还是和风细雨,只要是为着人民的根本利益和国家的未来发展,就是善意的,具有非对抗性。因此,知识分子对社会现实的批判之声并不意味着对国家主导意识形态和社会主导价值观念的消解与否定,相反,它可能蕴含着促进社会走向更加美好的精神力量。

(三)知识分子对主流意识形态思想体系的理论认知参差不齐

从认识论的角度来看,思想认同是知识分子作为文化主体在一定理论认知基础上作出的自觉选择。这里,认知是思想认同的前提,也是基础。没有正确的理论认知,就不会有坚定而自觉的思想认同。质言之,坚定的、自觉的思想认同需要充分的理论认知。对于知识分子而言,不仅需要学习理解专业领域内的思想文化观念,还要以追寻真理的勇气和毅力认真学习科学的马克思主义理论,坚决反对把马克思主义同人类文明成果割裂开来、对立起来的错误倾向。

如果没有马克思主义理论认知,谈何马克思主义思想认同?谈何马克思主义信仰?我们党历来重视理论学习对马克思主义思想认同的促进作用。在马克思主义的思想来源上,我们党注意区分根本来源与

---

① 何怀宏:《独立知识分子》,重庆出版社2013年版,第22页。

认识来源。正是这样的区分，为我们指明了对待马克思主义应有的正确态度。"马克思主义是从哪里来的？从根本上说，当然是资本主义社会矛盾和工人运动的产物；但它同时也是吸收人类几千年文化知识的结果。如果只有工人运动，不利用人类文化成果去科学地发现历史发展的规律，论证工人阶级的长远的和根本的利益，那就只能产生形形色色的工团主义、经济主义、改良主义、无政府主义等等，而不可能产生马克思主义。从另一方面说，我们的同志都有亲身的体验：为了学习马克思主义，必须学文化。单凭朴素的阶级感情，只能接受马克思主义的个别观点，而不可能系统地领会和掌握马克思主义。"① 这就告诉我们，深入的理论学习是思想认同所以生成的认识论前提，没有理论学习的清醒与自觉，就没有思想认同的坚定与深刻。

邓小平曾经讲道："如果我们不是马克思主义者，没有对马克思主义的充分信仰，或者不是把马克思主义同中国自己的实际相结合，走自己的道路，中国革命就搞不成功，中国现在还会是四分五裂，没有独立，也没有统一。"② 在民族危亡的历史时刻，马克思主义犹如救世良方、指路明灯。所以，自从马克思主义传入中国大地开始，就有无数志士仁人、先进知识分子为之献身、为之倾心。在中国共产党的领导下，中国的马克思主义者以高度的理论自觉，坚守马克思主义理论指导，在立场、观点与方法这些根本问题上丝毫不马虎、不懈怠，"原原本本"地学习马克思主义经典理论，认认真真地践行马克思主义基本原理与中国实际相结合的科学方法，确立深沉而自觉的马克思主义信仰，与全国人民共同奋斗，取得了民族独立、国家富强与人民幸福的历史功绩。同时，这些历史功绩也更加强化了那些具有深沉家国情怀的广大知识分子对马克思主义的认知、接纳与认同。

可是，在国家独立富强和文化日益走向繁荣的今天，却不合时宜

---

① 中共中央组织部、中共中央文献研究室编：《知识分子问题文献选编》，人民出版社1983年版，第6页。
② 《邓小平文选》第3卷，人民出版社1993年版，第63页。

地出现了知识界部分知识分子的思想认同障碍。近年，中国社会科学院王伟光的文章《坚持人民民主专政，并不输理》一经发表，便在网络上遭到疯狂围攻，网络舆论所暴露出来的暴戾蛮横、杀气腾腾已经严重违背了学术探讨最起码的理性与包容。在马克思主义立党立国的中国，却客观存在这样的事实：在对马克思主义知之甚少的情况下，却存在某些知识分子羞于、耻于学习和研究马克思主义的现象，存在某些知识分子不读不学马克思主义，却妄加议论、轻视、漠视马克思主义的现象。有些专家学者、知识分子不屑于谈论"阶级""阶级斗争"，甚至以"阶层分析"代替"阶级分析"，认为马克思主义强调的"阶级"概念已经过时，固执己见将阶级斗争等同于"以阶级斗争为纲"；有些知识分子在学习和工作中机械教条地理解马克思主义，结果不但没有坚持马克思主义，反而偏离正确方向；有些知识分子受西方话语蛊惑，对当代中国的道路问题、社会性质问题仍然存在模糊认识，左右摇摆，不够清醒，更谈不上文化自觉与文化自信；有些知识分子受"科学与意识形态断裂说"的蒙蔽，认为马克思主义仅仅是意识形态说教，缺乏科学理论支撑；更有甚者，有些知识分子无法区分马克思主义信仰与宗教信仰之间的本质不同。

　　上述种种认同障碍表明，横亘在一些知识分子面前突出的理论问题是——究竟什么是马克思主义？怎样理解与认识当代中国的社会实践？可以说，在当代中国理论联系实际、一切从实际出发的整体社会环境中，广大知识分子以文化的方式保持着对社会现实的主动关切，有时甚至重于关心和思考理论问题本身。在这个过程中，如果理论学习、理论储备不足，则会发生理论与现实的认知断层现象，结果自然会导致认知偏差的发生。

　　时下就存在一种非常典型的认知偏差，即思想文化界部分知识分子对共产主义理想的误读。我们都知道，马克思主义意识形态的社会理想在于实现共产主义，马克思主义就是关于共产主义的思想体系。所以，邓小平曾经讲过，马克思主义的另一个名词就是共产主义。然而，什么是共产主义？这一问题却成为困扰一些知识分子甚至党员知识分子的思想症结。在社会主义与资本主义的同台较量中，共产主义信仰因为立足未来而被边缘化，一些知识分子把共产主义视为遥不可及的空想、幻想、乌托邦，甚至当部分知识分子无法正确理解我们的社会理想时，干脆避而不谈，悬置社会理想。不止如此，知识界的这种认知偏差往往还会通过文化价值观和文化渗透而直接影响到整个社会精神信仰秩序的建构。

实际上，共产主义理想的长期性与共产主义运动的现实性并不矛盾。共产主义理想的实现不能一蹴而就，这并不意味着共产主义运动与当下无关。相反，共产主义运动就在当下，就在我们的日常生活和社会实践中，对党和人民的忠诚，对社会主义事业的参与，对民生问题的关注，等等，都是共产主义事业的一部分。虽然我国当前仍处于社会主义初级阶段，与共产主义理想还有很大的距离。即便这样，也要看到，我们当前的社会主义是科学社会主义，是从属于共产主义社会的第一阶段。这就是为什么我们今天反复强调要在全社会开展共产主义理想信仰教育的原因所在。根本而言，共产主义理想信仰是当代中国历史方位下最崇高、最科学的精神信仰，是凝聚力量、鼓舞人心的价值依托。广大知识分子奋斗在我国思想文化的前沿阵地，如果我们的思想文化工作者不能正确理解或者有意悬置共产主义的理想信仰、道德情操、价值取向等，仅仅依靠我国劳动人民朴素的、自发的日常生活实践各行其是，整个社会没有崇高精神与主流文化的凝结、升华、培育和塑造，那么由此所产生的社会后果将是十分危险的。

究其原因，知识界对主流意识形态的理论认知偏差，既有主观学习动力不足的原因，也有客观环境的制约与影响，并且主观动力不足与客观环境制约相互"羁绊"。一方面，马克思主义是高度理论化、系统化的科学体系，没有天生的马克思主义者，即便马克思、恩格斯、列宁、毛泽东等伟大革命导师，也都经历了一个逐步成为马克思主义者的过程。对于当代中国知识分子而言，他们是工人阶级的一部分，但是无产阶级的阶级意识不会自发产生，理论学习仍是广大知识分子认知、认同主流意识形态的基本前提。另一方面，在改革开放、以经济建设为中心和社会主义市场经济成为时代最强音的历史背景下，物质生产实践被无形抬高，整个社会弥散着轻视理论学习的氛围，加上长期存在的马克思主义意识形态宣传教条化、行政化、官僚化的不恰当形式，加剧了知识分子轻视、忽视、回避马克思主义理论学习的倾向。总之，理论学习的不足或者缺失，导致部分知识分子对马克思主义意识形态的误解与误读，导致出现思想认识上的认知偏差，影响当代中国知识分子坚持马克思主义立场、观点与方法的坚定性与自觉性。

尽管部分知识分子对当代中国主流意识形态的认知存在偏差，但这样的认知偏差多是理论认知层面的思想误区或者思想盲区，即思想认识问题与学术观点问题，需要正确有效的理论指导和理论学习予以回应，必要时还要通过理论批判的方式予以澄清。同时，这种思想认识问题与学术观点问题显然不同于政治原则问题，应坚持团结教育而不是批判斗争的方法，才能有效予以解决。

第三节　当代中国知识界的非主流思想倾向

思想文化的多元化、多样化是当代中国知识界的客观现实，而每一种思想文化都内蕴一定的价值观。由于知识界文化主体的多层次、多样性，知识界思想倾向、价值观念的多元多样也成为必然。问题在于，是否所有的价值观念都是等值的？由于价值观是基于利益和主体需要而生成的，所以价值观本身也就有了真实与虚幻、先进与落后的区分。尽管社会上存在诸多价值观念，但是对于一定的民族国家和社会而言，必然、必须要有自己的主导价值观。也就是说，对于一定社会不同的价值观念体系而言，客观存在主从、正偏、内外之分。不同民族国家所重视的思想文化与价值观建设，更确切地说是社会主导价值观建设。"主导价值观念构成了国家社会所特有的文化、文明的精神实质和显著标志，是这个社会赖以维系的精神支柱，也是国家决策的动机和目的之所在。正因为如此，价值观在思想文化建设中往往具有核心和基础的地位。"[1]

建设中国特色社会主义伟大事业，实现中华民族伟大复兴，"必然要求有一套与之相应的、先进的思想文化和主导价值观，作为具有高度凝聚力和推动力的共同理想、信念，为我们事业的成功提供有力的精神保证"[2]。毋庸置疑，在当代中国思想文化建设和价值观建设中，凝聚了马克思主义世界观、历史观、人生观的思想文化是社会主义主流思想文化，与之相应的价值观念是社会主义主导价值观念。"这一价值观的科学基础，在于以先进的世界观方法论揭示了社会发展的规律和历史趋势；而这一价值观所特有的价值取向，它所包含的全部信息、信仰和理想的出发点和落脚点，则是自觉无条件地站在历史的主人——无产阶级和人民大众的立场上，去争取实现人类自身的彻底解放和美好前途。这是一种达到了与科学历史观相统一的革命价值观。"[3]

在当代中国包容、开放的思想文化建设和价值观建设中，有马克思主义的主流思想文化与价值观，也同时存在非主流的思想文化与价值观。主流与非主流是矛盾的对立统一，两者相互制衡、相互对立，共存于当代中国知识界、思想界。因此，为了增强和推进社会主义主导的价值观建设和社会主义思想认同，有必要梳理与研判当代中国知识界的非主流思想倾向，以澄清主流与非主流的差异、区别。

一 知识界"价值中立"论的思想倾向

知识分子从事科学研究，需要人格、精神和观念上的独立。唯其如此，才能不致因为个人或者利益集团的主客观因素牵绊而扭曲科学

---

[1] 李德顺：《我们时代的人文精神：当代中国价值哲学的建构及其意义》，北京师范大学出版社2013年版，第394页。
[2] 李德顺：《我们时代的人文精神：当代中国价值哲学的建构及其意义》，北京师范大学出版社2013年版，第394页。
[3] 李德顺：《我们时代的人文精神：当代中国价值哲学的建构及其意义》，北京师范大学出版社2013年版，第395页。

真理。也正是在此意义上，知识分子有"社会良知"的美誉。如果说"价值中立"强调知识分子在追求客观真理的过程中自觉排除利益、兴趣、名誉、偏好、宗教信仰等主客观干扰因素的话，那么，在具体科学研究中，知识分子所秉持的"价值中立"，具有合理性与正当性。

然而，对于知识界而言，"独立之精神，自由之思想"的知识分子品格与操守从来不能等同于也无法等同于"价值中立"。在事关国家前途、民族命运、社会关怀等问题上，知识界如何"价值中立"？不知何时起，知识分子所珍视的独立思考精神被不合时宜地化约为放弃价值立场和价值观念，以此赋予"价值中立"至高无上的荣光。当今知识界对"价值中立"的理解与运用已经远远超出独立思考与独立精神的内涵，在某种程度上，甚至已经成为弱化和消解当代中国知识分子精神的思想倾向。

（一）"价值中立"论的主张

"价值中立"是西方社会科学研究标榜的基本原则。这一原则确立的前提是西方学术界、知识界先验地假定事实与价值的二元分离。进入20世纪，尤其是二战以后，西方社会兴起技术统治论思潮，代表人物有雷蒙·阿隆、丹尼尔·贝尔等，其核心理念是历史终结论。他们认为现代西方社会已经达到历史的最高点，一切关于社会目标的冲突将消失或减轻。在此背景下，在既定的社会框架内，完善、调节社会体制的运行成为西方国家的历史使命。质言之，西方国家思考与解决社会问题的视角发生了从目标、价值到过程、手段的转变。这种转变反映在思想文化领域，就是西方社会科学研究呈现出弱化宏大叙事的目标导向，更加关注中观或者微观领域的技术调整。至此，也就不难理解，西方社会科学研究一贯标榜和坚持的"价值中立"原则本质上是一种技术性原则，是相对于目标的手段原则。

"价值中立"论者主张，社会科学研究应像自然科学一样，不作价值评判，避免把"应然"的价值观念与价值判断强加于人。无论是威廉·冯·洪堡从大学教育的角度提倡"学术自治""学术自由"

第四章　当代中国知识界思想认同的背景与格局

的理念，还是马克斯·韦伯在其著名的演讲中强调，"作为志业的学术"应坚持"价值中立和专业化"，都表达着大学教师、学者等知识分子应当超越阶级立场、远离党派政治、恪守价值中立的乌托邦式规定。韦伯指出，科学工作者"只能要求自己做到知识上的诚实，认识到，确定事实、确定逻辑和数学关系或文化的内在结构是一回事，而对于文化价值问题、对于在文化共同体和政治社团中应该如何行动这些文化价值的个别的内容问题做出回答，则是另外一回事"[①]。可是，在知识分子的知识实践中，价值、目标、理想、信仰等问题真的能够悬置吗？"价值中立"可能吗？"价值中立"具有现实性吗？事实上，"真空"里的学术是无法存在的。西方学者所谓的"价值中立"是以默许、承认或坚持西方主导价值观为前提的。如果知识与价值无涉、学术与价值无涉，那么，知识分子的文化关怀与社会批判就只能沦落成为没有根基的浮萍。

（二）"价值中立"论的表现

在个人生存方式和时代际遇发生深刻变化的当代中国，部分知识分子日趋保守，对社会理想与价值追寻表现出淡化、疏离的思想倾向，追求所谓的"价值中立"。在一项关于"高校知识分子政治倾向"的调查中，对于"远离政治或与政治保持距离才是真正的知识分子"观点，65.2%的被调查者明确表示"不同意"。[②] 这意味着仍有三分之一的被调查对象支持淡化主义、远离政治的"清流文人"式知识分子角色。另外一项调研"对全国5138名高校青年教师的问卷调查显示，逾七成（75.5%）的'工蜂'有政治参与意愿，其中的九成多（91.4%）在网络热点公共事件中更愿扮演'看客'角色。高校青年教师群体表现出了较复杂的公共性：一方面较频繁地使用网络'发声'，影响力较大。另一方面，又在知识分子济世情怀中，掺

[①] ［德］马克斯·韦伯：《学术与政治》，冯克利译，生活·读书·新知三联书店1998年版，第37页。

[②] 王桂兰、高斐、马小利：《把人生理想融入国家和民族的事业中——关于当前知识分子对主流文化认同情况的调研报告》，《光明日报》2013年5月14日第15版。

杂了较多的'畏言'与'犬儒'心理,从认识到行为的连续性不高"①。综合这两项调研结果可以看出,在高校知识分子群体中,部分人回避政治而多数人具有参政意愿,但是对政治的关注从认识到行为、从意愿到结果之间的连续性不高,这也加剧了知识分子疏离社会主流意识形态的情形。省思当代中国部分知识分子"价值中立"论的思想倾向,主要存在以下四种情形。

第一,悬置崇高的文化价值追求。

20世纪90年代以来,适应新生市民阶层的文化需求以及"文化重心下移"、文化走向大众的趋势,一方面,那些与生活世界联系密切的新型知识分子应运而生,包括报刊发行人、自由撰稿人、流行音乐制作人、签约作家、网络意见领袖等;另一方面,萨特、海德格尔等存在主义哲学思潮在中国大受追捧,"存在先于本质""优雅地栖居"成为时尚。为了获得社会认同,在大众文化产品的传播中逐渐确立其话语言说的空间和舞台,一些新型知识分子放弃崇高的文化理想与价值追求,追求娱乐化、世俗化的文化价值理念,甘心沉沦为娱乐和世俗的附庸。一些小报小刊、少数电视栏目、网络媒体等充斥着猎奇猎艳、风花雪月、"戏说"历史的内容。一些文化名人更是直言不讳,自称"真实的小人""俗人"。在此,当代知识分子主动放弃高高在上的精英思维固然是好,但是在中国这样一个有着"亲君子远小人"文化传统的国度里,"真实的小人"和"俗人"的自我定位不能不说已经成为少数知识分子挣脱责任担当和严肃使命的"撒手锏"。

至此也就不难理解,20世纪90年代"革命的幻灭""理想的失落""自甘平庸"的社会情绪在部分知识分子中间流行蔓延。大众文化在知识界文化界流行的结果是大众生活状态的自发性崇拜和历史文化的扁平化凸显,高雅与低俗的文化鸿沟被祛除,历史文化的厚重感

---

① 《超3/4高校青年教师有参政意愿 九成愿作看客》(http://news.youth.cn/jy/201209/t20120914_2438390.htm)。

被放逐。在大众文化的流行泛滥中一些知识分子日益丧失对真理的兴趣和对崇高的追求。

第二，回避共产主义社会理想。

"理想很丰满，现实很骨感"成为一些知识分子回避共产主义理想的遁词。之所以出现这样的疏离倾向，从认同客体方面来看，在于当代中国主流意识形态的灌输、教育与传播欠缺科学性、有效性。从认同主体方面来看，更多的原因在于思想文化主体对共产主义社会理想的焦虑与失语。一些知识分子不能正确认识当下中国社会改革进程中出现的矛盾与问题，陷入"阐释中国的焦虑"。"所谓'阐释中国的焦虑'，就是知识分子不知道应当如何去把握这个社会，尤其是，再也不能像以前一样用一种单一的阐释角度与价值标准对这个社会做出完美的、准确无误的解释与评价，因为我们所处的不是从前那样的同质化的社会，而是高度异质化的社会。"①

从根本上来看，不同学科领域的知识分子拥有共同的文化使命，就是从不同的角度和领域为人类生活提供科学真理和价值指导。然而，面对共同富裕与贫富分化的矛盾、集体主义与个人主义的冲突、社会主义与资本主义的对抗，一些知识分子缺乏辩证唯物主义与历史唯物主义的思维方法，不能正确解释"成长"中的中国所遭遇的问题，不能正确认知现实生活中与共产主义理想相偏离的社会现象，因而造成文化主体对主流意识形态思想体系的模糊认知，再加上外界负面因素的羁绊，很容易陷入彷徨、焦虑与失语。

第三，标榜"公共知识分子"的社会身份。

"公共知识分子"思潮滥觞于20世纪80年代的西方社会，是对西方社会精神文化危机和知识分子社会责任感缺失的抗议。1987年美国学者雅各比在《最后的知识分子》中首次提出"公共知识分子"的概念，是对知识分子"公共理性"和批判精神的呼唤。从根本上说，这源于西方国家公共权力与私人权利之间的对抗。

---

① 陶东风：《社会转型与当代知识分子》，上海三联书店1999年版，代前言第2页。

20世纪90年代以后,"公共知识分子"思潮传入中国,俘获了一些具有"西化"倾向的知识分子的芳心。"公共知识分子"从概念到原则、立场,都具有典型的西方社会制度特征,主张超越阶级之上、"挑战一切传统和权威"。那些标榜客观公正、价值中立的"公知"自诩为"社会公器",以"意见领袖"和社会"牛虻"自居,打着公共关怀的旗号,背离知识分子应有的社会责任和道德良知,片面强调"超阶级"的价值中立和社会批判精神,以"离经叛道"的"惊人"见解表现其"批判"立场,甚至罔顾是非曲直,不惜捏造事实、传播谣言,以达到他们想要证明的结论:政府失德、政党失信。一些被尊奉为"大师"的学者却无耻妖魔化爱国主义这一中华民族的精神纽带,制造"爱国贼、狭隘民族主义、爱国主义阴谋论、爱国可以不爱党、爱国可以不爱现政权"等一系列错误论调与反动言论。在公知言论泛滥并产生恶劣社会影响的情况下,《人民日报》撰文《微博上有一些人打着公知旗号唱反调》。文章一出,某公知"大V"就"淡定"回应,强调知识分子的任务就是要唱反调、对政府永远持批评立场,认为知识分子无须赞扬政府履行义务,否则就是歌功颂德、涂脂抹粉。那么,知识分子究竟应该以怎样的姿态关怀社会、介入"公共生活"?是拥护、支持还是破坏、反对中国特色社会主义伟大事业?是促进、增强还是阻碍、削弱民族团结与社会凝集力?这是当代中国知识分子在介入"公共生活"时必须要作出的价值选择。

第四,奉行政治犬儒主义的看客心态。

以阿Q式的冷漠旁观政治,以"事不关己高高挂起"的"鸵鸟心态"逃避现实政治,是当下少数知识分子的政治态度。中国历史上曾经"泛意识形态化"的政治实践一度造成知识分子回避、疏离甚至厌倦意识形态的情结,这表明知识分子在政治问题上的隐性压抑。同时,在中外文化交往中,还有一种蛊惑性的思想言论影响着知识界,"非意识形态化""意识形态终结论"等西方文化思潮以远离政治的纯粹学术来博取"清流文人"的"芳心"。于是,一些知识分子以淡化主义、虚无政治的方式来表达其"清高"心态,"躲进小楼成一统","两耳不闻窗外事,一心只读圣贤书"。可是,西方文化思潮及其流行的话语体系从来都不是"纯粹的",而是"夹藏私货"的,其所夹藏的"私货"不是别的,而是代表西方意识形态的思想体系与价值理念。通过名目繁多的西方文化思潮与西方话语体系的"平移"来影响、动摇甚至改变当代中国知识分子的价值观念,是西方国家开展文化外交以及文化输出的真实动机所在。

那些奉行政治犬儒主义的知识分子自认为能够在纯粹的学术王国里实现其人生理想与抱负,但社会历史经验表明:任何知识分子离开对现实和现世问题的思索与观照,抽象地谈论知识,对于一些纯粹客观的自然科学而言可能有一定的合理性,但只要涉及社会历史的发展问题则是不可能的,因为"即使是仿佛超越于阶级利益、党派利益之上的所谓纯学者,在当代世界关于历史必然性的问题上的态度不可能是不偏不倚的,而是与他们对社会制度的选择不可分的"[1]。因此,当代中国知识分子无论出于任何理由对主流意识形态的疏离、淡漠甚至回避,都可能会在无形中弱化知识分子的社会关怀,也可能会在当前隐蔽的意识形态对抗中成为敌对势力渗透的潜在目标。

当知识分子在阐释与表达社会关怀时,如何能够做到放弃价值立场?如何做到放弃价值观念?对于当代中国知识分子而言,无论科学研究,还是社会关怀,试图通过超阶级、超党派的"价值中立"原则来实现客观公正,这本身就是一种价值悖论,因为知识分子只有顺应时代潮流、代表人民群众的根本利益、坚守无产阶级和人民群众的价值立场,才是合理的、科学的、进步的。

(三)"价值中立"论的虚妄

"科学越是毫无顾忌和大公无私,它就越符合工人的利益和愿望。"[2] 在马克思主义的语境下,科学研究就是要揭示社会历史的发展规律,为社会实践提供科学的思想指导。在此,必然存在科学研究

---

[1] 陈先达:《静园夜语》,北京师范大学出版社1998年版,第127页。
[2] 《马克思恩格斯文集》第4卷,人民出版社2009年版,第313页。

为了谁即价值立场的问题。在马克思生活的时代，庸俗经济学家罔顾经济事实，以所谓的"经济学"为资产阶级统治进行思想辩护。但是，马克思在深入资本主义社会内部结构进行追根究底的研究之后，得出了与资产阶级庸俗经济学家根本不同的世界认知结论，在《〈政治经济学批判〉序言》中，马克思这样总结自己的科学研究："我以上简短地叙述了自己在政治经济学领域进行研究的经过，这只是要证明，我的见解，不管人们对它怎样评论，不管它多么不合乎统治阶级的自私的偏见，却是多年诚实研究的结果。"① 马克思通过自己的潜心研究，以学术的语言、科学的态度表明资产阶级经济学家理论学说的自私与虚妄。面对同样的经济事实，马克思坚持毫无顾忌和大公无私的科学精神，敢于挑战权威与现成结论，得出了不同于资产阶级经济学家的科学结论，关键就在于研究背后的无产阶级立场。

对于以社会关怀为己任的知识分子而言，"价值中立"论的思想主张无异于天方夜谭，与学术研究中的客观性、独立性不可同日而语，与马克思主义基于无产阶级立场所追求的科学性与价值性相统一的"不偏不倚的研究"旨趣更是格格不入。即便是"价值中立"原则的提出者马克斯·韦伯，也不得不承认："研究对象的选择以及这种研究试图深入的无穷的因果之网的广度和深度是由支配研究者及其时代的价值观所决定的。在研究方法上，指导性的'观点'对于建构在研究中将被使用的概念系统非常重要。"② 因此，"价值中立"不是学术研究科学性的保证，学术研究成果为社会实践服务一定存在"为什么人服务"的基本价值判断与价值立场。

在当代中国，无论是马克思主义中国化的理论创新，还是马克思主义中国化的实践创新，都要求知识分子在知识、学术、思想与社会主义现代化事业之间架起联结的"桥梁"，知识创新、学术研究、思

---

① 《马克思恩格斯选集》第2卷，人民出版社2012年版，第5页。
② ［德］马克斯·韦伯：《社会科学方法论》，朱红文等译，中国人民大学出版社1992年版，第79页。

想传承都是中国特色社会主义现代化建设伟大事业的一颗"螺丝钉"。在此意义上可以说,"将政治性与学术性割裂开来,实现学术性对政治性的完全剔除,以学术话语有意识地拉开与意识形态的距离,并不是知识分子保持自身独立的学术品格的正确选择。事实上,对学术话语的一往情深,并不一定与意识形态彻底断绝了关系"①。对于当代中国知识分子与马克思主义意识形态的关系而言,一方面,马克思主义是理性的科学,需要进行专业的学术研究以彰显自身的理论品格;另一方面,马克思主义也是意识形态和理想信仰,以无产阶级和劳动人民的解放、人的自由而全面发展为价值追求,具有鲜明的阶级立场与政治内涵。因此,任何对马克思主义的学术化研究都不能也不应该抽离其共产主义的精神实质与价值立场。

但当下一些研究者却秉持所谓的"价值中立"和"马克思主义学术化"思想倾向,以非意识形态化的方式,研究马克思主义意识形态。于是,在思想文化领域出现了"鄙视对于中国现实问题的关注、热衷于在西方话语圈子讨生活的倾向,表现在马克思主义研究上,就是不以中国问题为中心、不以解决实际问题为导向、不以推进马克思主义理论创新和理论武装为主线,而是力图把'西马'以致西方哲学的研究,或者纯文本研究,作为马克思主义研究和学科建设的主体"②。结果可想而知,就是在学术研究中抛弃了马克思主义的立场、方法指导,唯"西方"马首是瞻,搁置马克思主义与西方哲学、西方文化思潮的根本差异,在"对话"的学术幌子和"非意识形态化"的学术研究中一步步地淡化、虚化甚至剥离马克思主义的阶级立场与价值内涵。

近代中国知识分子自诞生以来,就具有强烈的理想主义救世情怀和现实主义批判精神,他们通过文化的力量自觉表达社会关怀。在当

---

① 王明初:《新中国意识形态史研究的方法论原则》,《马克思主义研究》2012 年第 5 期。
② 侯惠勤:《共产主义:马克思主义哲学之魂》,《红旗文稿》2015 年第 18 期。

代中国，知识界"价值中立"的"善良意志"并不具有现实的合理性。正如作家阎真所说："一种放弃责任良知、退守个人生存空间的世俗化价值选择，几千年来从来就没有在中国知识分子群体中取得过道义的合法性，因而也没有成为过他们作为一个群体的主流选择。"①

虽然当今中国知识界坚持中间派立场，疏离社会主流意识形态思想体系是居于支流的行为选择，但在当前暗流涌动的意识形态较量与思想角逐中，恰恰是这部分中间派往往会成为敌对力量争夺与渗透的重点。表面上来看，这些知识分子对所有的政治事件与意识形态思想体系都持回避与疏离的态度，但由于当前意识形态对抗呈现"西强我弱"的局面，在这个过程中，任何对于社会主义意识形态思想体系的疏离，都可能在事实上导致资本主义意识形态思想体系的加强。

二 知识界价值观错位的思想倾向

知识界是引领整个社会价值观念的重要文化群体。如果知识界价值观出现错位，必将会对社会成员的价值判断、价值选择产生不可估量的负面影响。在当代中国，剥削阶级虽然已被消灭，但是阶级斗争在一定范围内仍将长期存在，在一定条件下还有可能激化，尤其是思想领域的斗争伴随中西方文化交流的深入而更加复杂、更加隐蔽。这意味着当代世界不同意识形态思想体系的竞争和角逐逐渐走向了更为广阔、更为纵深的空间与舞台，引领文化发展和知识创新的知识分子在中外敌对势力的干预下，自觉或不自觉地卷入到意识形态与社会思潮交流交锋的漩涡之中。少数知识分子价值观出现错位，他们利用民主包容、思想解放的政治文化环境，公开叫板主流意识形态的合法性，散播违反四项基本原则、违反党纪国法的反动思潮和错误言论，与党、国家和政府离心离德，曲意解读、刻意矮化政治领袖，诋毁污蔑中国共产党的领导和社会主义制度的合法性。虽然这些知识分子人

---

① 阎真：《时代语境中的知识分子——说说〈沧浪之水〉》，《理论与创作》2004 年第 1 期。

数并不算多,但是由于他们居于特殊的文化场域,社会影响极其恶劣。

(一) 价值观错位的发生场域

场域概念起源于19世纪中叶的物理学界,之后成为社会学研究的重要概念。概括而言,场域是一个具有相对独立性的社会空间,这个空间并非单指人们行为发生的物理环境,也包括影响人们行为发生的相关因素。一个场域可以被理解为在各种位置之间存在的客观关系的一个网络,或一个构型。在布迪厄的"反思社会学"理论中,社会文化可以划分为不同的场域,如法律场域、学术场域、艺术场域、科学场域等,而不同场域的运作实际上就像物理学意义上的"力场"一样,是由内部和外部的各种"力"的作用构成的。根据场域理论,可以研判,当代中国知识分子思想倾向的发生也是在一定的场域中进行的,由各种客观关系所结成的网络"合力"相互作用而成。

第一,高等学校少数人民教师存在价值观错位的思想倾向。

高等学校是知识分子聚集的地方,也是培养担当民族复兴大任的时代新人的场所。高校教师无疑肩负社会主导价值观念与思想文化"传送带"的角色,有责任有义务捍卫国家形象及其制度精神,维护国家文化意识形态安全。可是,少数高校教师背离立德树人的育人使命,在高校这一意识形态建设的重要阵地,利用神圣的三尺讲台,播散反动思潮、错误言论。近年《辽宁日报》发表的公开信《老师,请不要这样讲中国》就是针对一些高校教师逾越"言论自由"的边界,"呲必中国",把高校课堂当成情绪宣泄的舞台,把当代中国当成负面典型的案例库。

第二,网络空间少数媒体知识分子存在价值观错位的思想倾向。

网络媒体的崛起,塑造了不同于传统思想文化交流场域的新型空间——网络"无形学院"。可是,在自由开放的网络环境中,一些舆论领袖、网络"大V"公然以抹黑中国为时尚追求,在社会热点事件和舆论焦点事件中发表非理性的、情绪化的"雷言雷语",人为制造意识形态安全风险。一些知名学者以专业、学术、思想为"武器",

鼓吹"经济私有化""政治民主化""军队国家化"等，频频设置挑衅性议题，貌似思想独立、语言犀利、直言相谏，而事实上却是在与西方意识形态合力表演"二重奏"，对社会主义政权的合法性进行围攻发难。2014年3月28日曾经备受追捧的著名经济学家在其博文中扬言："百年前共产主义风靡全球，多少热血青年为此抛头颅洒热血。可是经过百年的实践，证明此路不通。"① 其实，像这样的"社会主义失败论"早已被历史和科学证伪，但在网络空间，在知名专家的话语逻辑中又沉渣泛起。无独有偶，某知名基督徒演员在其微博中质疑"没有共产党就没有新中国"的历史判断，并且借用1943年8月8日毛泽东在中央党校第二部开学典礼上的讲话，"各位有看过历史书和小说的，《三国志》、《水浒传》、《封神榜》、《红楼梦》上都没有国民党，还不是照样有中国"②。这段话是毛泽东针对蒋介石在《中国之命运》一书中所持观点"没有国民党就没有中国"进行的批判。该演员在这里偷换概念，对中国进行抽象化解读，以此质疑中国共产党的执政地位。

第三，文艺领域少数文艺工作者存在价值观错位的思想倾向。

文艺是铸造灵魂的工程，有筋骨、有道德、有温度的文艺作品是感染人、鼓舞人、塑造人的重要精神力量。然而，当下中国却存在着一些文艺工作者遗忘了"弘道"的历史使命，缺乏社会责任感，盲目追随西方化、市场化、商业化，以"文化繁荣"的名义瓦解中国人民的精神支柱，全然背叛文艺服务于工农大众的创作宗旨。"一些文艺创作把低俗当通俗、把欲望当希望、把单纯的感官娱乐当精神快乐，以此制造噱头、赚人眼球，刻意迎合某些低俗消费趣味，暴露出的是创作者不正确、不健康的价值观、历史观、道德观。"③ 有些文艺工作者为了获得西方国家的青睐、摘取西方国家设置的文艺奖项，

---

① http://t.qq.com/p/t/3943490714700221.
② 《毛泽东文集》第3卷，人民出版社1996年版，第57页。
③ 中共中央宣传部：《习近平总书记在文艺座谈会上的重要讲话学习读本》，学习出版社2015年版，第85—86页。

更是是非不分、善恶不辨、调侃崇高、颠覆历史、丑化英雄等，完全以西方的审美标准和价值标准进行文艺创作，热衷于"去思想化""去价值化""去历史化""去中国化""去主流化"。这样的文艺作品貌似"思想独立""精神自由"，实则是对主流文化与社会主义核心价值观的严重扭曲，瓦解着中国人民的思想防线，冲击着马克思主义意识形态的社会影响力和凝聚力。

（二）价值观错位的表现与批判

当下知识界尤其是少数具有知识权威的知识分子的价值观出现严重错位，偏离、背叛党和国家、社会的指导思想、主导价值观念，以蛊惑性言论混淆概念、模糊视听，企图破坏和瓦解中华民族的思想凝聚力。

第一，"历史反思"论的价值观错位与批判。

"欲要亡其国，必先灭其史"，对历史的评价与判断往往成为坚持当下制度选择的重要依据。在唯物主义一元论历史观的指导下，中国人民在波澜壮阔的历史实践中得出结论——"坚持中国共产党的领导""坚持社会主义道路"是历史的、人民的、必然的选择。然而，在意识形态冲突对抗的背景中，一些历史研究者肆意污蔑历史唯物主义"只见历史不见人"，随意裁剪历史，制造历史伪命题。"就史学思潮而言，唯物史观的影响在下降，多种思潮竞争，史学思潮多元化格局正在逐步地实际形成。"[①] 一些丢弃了马克思主义史学观的历史编纂学家打着"揭秘历史真相""历史反思""还原历史"的旗号，误读历史，走向历史虚无主义、人道主义历史观、实证主义史学观等唯心主义历史观和形而上学历史观。

"历史反思"论者的目光所聚焦的不是历史活动中的决定性因素，如生产力与生产关系的矛盾运动、政治上的大是大非、历史潮流中的主要倾向；相反，他们所聚焦的主要是碎片化的历史细节，尤其是我

[①] 蒋大椿：《当代中国史学思潮与马克思主义历史观的发展》，《历史研究》2001年第4期。

国在社会主义建设初期出现的重大失误与历史挫折，在此基础上篡改已有的历史结论，然后"顺理成章"地主观臆断、编排历史。"历史反思"者撇开历史方向和历史趋势，以抽象人性和道德反省来代替历史规律分析，这样的做法早就被诟病，列宁就曾嘲讽这种从零碎经验中挑取所谓事实的做法连儿戏都不如。"在社会现象领域，没有哪种方法比胡乱抽出一些个别事实和玩弄实例更普遍、更站不住脚的了。挑选任何例子是毫不费劲的，但这没有任何意义，或者有纯粹消极的意义，因为问题完全在于，每一个别情况都有其具体的历史环境。如果从事实的整体上、从它们的联系中去掌握事实，那么，事实不仅是'顽强的东西'，而且是绝对确凿的证据。如果不是从整体上、不是从联系中去掌握事实，如果事实是零碎的和随意挑出来的，那么它们就只能是一种儿戏，或者连儿戏也不如。"[1] 围绕"抗日战争""反右""大跃进""文化大革命"等重大历史事件以及毛泽东的是非功过等，"历史反思"者们大做文章，散布谣言，编织故事，捏造情节，制造思想混乱。

"历史反思"论的政治企图昭然若揭。直面和省思"历史反思"论的种种怪异言论，我们无法不想起胡乔木在谈到历史科学与政治的关系时的深刻见解："如果借口有政治需要，就要求历史科学违背历史的真实，篡改客观事实，那样将不仅破坏历史科学，同样也不能构成社会主义的政治。事实是最有力的。事实不能永远被掩盖住。历史科学满足政治需要的正确理解应当是，历史向社会和政治提供新的科学研究的成果，社会和政治则利用这种成果作为自己活动的向导。这样做，既完成了历史科学本身的任务，也完成了政治所给予的任务。这不但丝毫没有伤害历史作为一门科学应有的尊严，相反，它既增加了历史的荣誉，也增加了社会主义政治的荣誉。"[2] 历史是现实的一面镜子，社会主义事业的发展需要历史科学为其提供科学的基础和依据。

---

[1] 《列宁全集》第 28 卷，人民出版社 1990 年版，第 364 页。
[2] 秦富平：《胡乔木谈历史科学与政治的关系》，《党史文汇》1995 年第 1 期。

"历史反思"论者的错误论调不仅破坏历史科学,而且破坏社会主义政治。原因在于,在中国社会,毛泽东、中国共产党、马克思主义、社会主义政权是紧密联系、不可分割的政治符号,科学评价毛泽东和毛泽东思想的历史地位不仅是对中国共产党历史的尊重和负责,同时也是对我国社会主义政治和意识形态连贯性、统一性的自觉捍卫。

第二,"普世价值"论的价值观错位与批判。

西方国家将宗教的"普世"概念泛化为全世界共同的价值追求,以"普世"为幌子,企图按照西方的制度建构理念重塑世界格局,具体内容体现为:经济方面主张市场化、自由化、私有化,政治方面主张议会民主、多党执政、三权分立,文化方面主张个人主义和抽象人道主义。在"普世价值"的宣传蛊惑下,世界上一些国家迷失政治判断力,误入歧途,频繁发生街头政治、民族分裂等动乱与危机,甚至导致"颜色革命"和政权颠覆。当前,新自由主义、民主社会主义、伦理社会主义、"意识形态终结论""非意识形态化""趋同论""新闻自由""宪政民主"等社会思潮在中国的蔓延,虽然表面上没有"普世"的话语表达,但本质上都是资本主义抽象价值观的变种,与"普世价值"殊途同归。因此,当代围绕"普世价值"之争已然不是纯粹的理论或学术之争,而是严肃的政治交锋。

宣扬"普世价值"的知识分子以自由、民主、人权、平等为人类文明的共同价值追求为借口,提出"拥抱普世价值""普世价值不应成为迁就民族特色的祭品""国家荣誉制度当奠基于人类普世价值""理直气壮地弘扬普世价值是自救和救国的需要"等。有的学者更是偷梁换柱、混淆是非、制造混乱,将马克思主义错误理解为与计划经济相适应的意识形态,同时将"普世价值"美化成为改革开放应当坚持的指导思想,声称"改革开放三十年来,我们在经济上取得了巨大的成就,但在政治、文化、社会诸领域,却仍然坚持着计划经济时代的意识形态,严重地阻碍了改革的全面而深入的发展。为什么会这样?最根本的原因是没有找对改革开放的指导思想,没有找准改革开放的前进方向。在某种意义上说,就是没有在指导思想上确立普世价值的观念"①。对于极力推行"普世价值"的国内"公知"而言，"以自由、理性和个人权利为核心的'启蒙价值'成为推动人类社会从传统走向现代的精神力量，成为现代性社会的价值基础"②。2008年汶川地震发生以后，某家具有强大发行量的报刊发文《汶川震痛，痛出一个新中国》，文章绝口不提中国共产党领导下社会主义集中力量办大事的制度优越性，将党和政府领导的抗震救灾胜利解读为中国正在向全世界兑现"普世价值"的承诺。在"普世价值"的逻辑推演下，有人声称共产党的执政合法性不在于它领导中国人民取得了革命、建设、改革的胜利与成就，而在于它提出的平等、自由、民主、法治的主张符合几乎所有人的愿望。

西方国家试图通过价值观的渗透，实现其在政治方向、基本道路和根本制度上"分化""西化"中国的政治图谋。"普世价值"正是西方国家"和平演变"非西方国家、在全世界推行资本主义价值观和政治制度的隐蔽策略，其玄机在于自身概念的模糊性、蛊惑性。马克思主义认为，不同的阶级具有不同的价值观，只要存在阶级就不可能存在超阶级的、永恒的价值观。"普世价值"论者以不偏不倚的虚假中立掩盖斗争与冲突的客观事实，完全否定和背离马克思主义的阶级分析方法，成为国内外反动势力蛊惑机会主义知识分子"推墙沉船"、颠覆社会主义制度的"金字招牌"。

第三，"告别革命"论的价值观错位与批判。

革命性是马克思主义意识形态的显著特征。为了摆脱近代以来中华民族的灾难与屈辱，中国人民自觉选择了马克思主义，以此作为中国革命、建设、改革的精神旗帜。在马克思主义这一科学世界观方法论的指导之下，中国走向一个又一个胜利，迎来了中华民族从站起来、富起来到强起来的重大历史飞跃。然而，当下知识界却有一些学

---

① 杜光：《普世价值——一个时代性的重大课题》，《炎黄春秋》2009年第1期。
② 秦晓：《秉承普世价值开创中国道路——当代中国知识分子的使命》（http://www.21ccom.net/articles/sxpl/sx/article_ 2010072914360.html）。

者频频举证"革命"造成杀戮和牺牲的"原罪",鼓吹"20世纪中国,在辉煌或屈辱背后,包括胜利和失败的后果,是一亿多中国人成了非正常死亡的冤魂!"①一些学者罔顾中国革命的历史必然性和社会正义性,污蔑"中国人素质差是反复革命的深刻报应",通过制造噱头的方式贬损和嘲弄人民军队以及为国捐躯的英雄儿女,例如凭空捏造"新四军假借条"事件、谣传"狼牙山五壮士是逃兵"等。如此种种,制造革命伪命题的做法不仅违背知识分子求真的科学精神,而且导致反动观点的泛滥和思维混乱的局面。

"告别革命"论者的目的并不在于从中华民族悲怆的革命史中铭记教训,而在于否定中国共产党领导的新民主主义革命和社会主义革命,进而否定当代中国的社会主义道路。为了达到反动的政治目的,"告别革命"论者惯用的伎俩就是制造关于革命的伪命题,因为"伪科学实际上是最鄙陋最卑劣的反动观点的传播者"②。具体来说,主要有三种典型的革命伪命题。

"告别革命"论者捏造关于革命对象的伪命题。近代以来半殖民地半封建的旧中国是中华民族落后挨打的根源所在。中国革命就是要推翻旧社会、建设新社会。可是,在当代中国知识界,有学者却公开质疑、否定近代以来中国社会半殖民地半封建的社会性质,认为中国革命的对象——帝国主义、封建主义、官僚资本主义是凭空杜撰出来的,通过虚无革命对象达到对中国革命釜底抽薪的否定。有学者甚至荒谬地美化西方列强对中国的入侵,并且刻意矮化中国人民对西方的奋起反抗。例如,2013 年 9 月某知名学者做客广西师范大学出版社主办的"新民说"文化沙龙时发表"逆天"言论:"我认为,西方对中国近代以来的欺凌,是中国欺负西方人的结果。中国在近代和西方人交往过程中,从来没有平等地对待西方。西方人想要商务谈判,中国根本不派像样的人去谈。为什么西方人到了中国见皇帝必须三拜九

---

① 袁伟时:《辛亥革命研究中的意识形态陷阱》,《炎黄春秋》2012 年第 4 期。
② 《列宁选集》第 4 卷,人民出版社 2012 年版,第 653 页。

叩？这不是欺负人？……我们的屈辱感是谁搞出来的？是我们昏聩的政府，导致国家领土丢失、军事失败、人民受难……西方带给了我们很多了不起的文化成就，大学制度也好、现代司法制度也好、医院制度也好，哪个不是西方带来的？"① 如果连近代以来中华民族所承受的苦难与屈辱都可以大肆歪曲并为西方开脱罪责的话，那么与中国革命的历史正当性同时泯灭的还有此类学者基本的道德良知。

"告别革命"论者炮制关于革命力量的伪命题。马克思主义认为，人民群众是历史的创造者，是社会历史发展的主体力量，也是中国革命的主体力量。在中国的新民主主义革命和社会主义革命中，中国共产党当之无愧是领导力量。然而，有学者却罔顾历史事实，反复炮制抗日战争伪命题。例如"国军抗战主力说"，污蔑共产党领导人民军队的敌后抗战是"游而不击"，"一分抗日、二分应付、七分发展"等。在2015年纪念抗日战争和世界反法西斯战争胜利70周年的时间节点，"国军抗战主力说"改头换面粉墨登场，抛出重磅造谣炸弹，以低级、荒谬的方式污蔑中国共产党及其领导的中国人民军队，声称根据日本公布的日军在华阵亡数据，中国共产党在8年抗日战争中击毙日军851人。这样的愚民言论一出，立即引起国人的愤怒与抗议。

"告别革命"论者诋毁关于革命目的的伪命题。近代中国百年历史表明，中国革命的目的是一体两面的，一方面是建立一个独立的主权国家，另一方面是走向现代化的发展道路。这两个方面是相互联系、不可分割的。没有国家独立就没有民族富强和人民解放，革命是中国进行现代化建设的前提和保证。没有革命，就没有中国的现代化。然而，有学者却偏执地坚持现代化史观，割裂中国革命与中国现代化、阶级斗争与生产力发展之间的密切关系，制造革命史观与现代化史观之间的对立。现代化史观把生产力仅仅视为外在的工具性价值，而看不到生产力发展对人的自由与解放程度的提升，看不到生产

---

① 《北大教授贺卫方：中国没形成法治秩序 2000年前走错路》（http：//news.ifeng.com/mainland/detail_ 2013_ 09/15/29623978_ 0.shtml）。

力与阶级斗争之间的内在一致性。有学者在革命与现代化之间的关系问题上模糊不清，导致其对马克思主义革命精神的错误理解甚至恶意诋毁，认为"革命史观的核心内容是制造革命对象，神化革命力量，遗忘革命变革的根本目的是建立新的社会制度和新的人际关系，从而为国家、社会和人的发展提供牢固的制度保障"①。事实上，对于中国而言，革命不仅是推翻旧的统治秩序的现实需要，而且也是建设新的美好社会的现实需要。关于革命，马克思曾这样讲："不仅是因为没有任何其他的办法能够推翻统治阶级，而且还因为推翻统治阶级的那个阶级，只有在革命中才能抛掉自己身上的一切陈旧的肮脏东西，才能胜任重建社会的工作。"② 马克思主义所理解的革命，不只是暴力和破坏，它更是建设和新生。只有通过革命，中国才能够找到真正属于自己的现代化之路。而且，当代中国正在进行的社会主义现代化事业不但没有"告别革命"，反而自觉传承和发扬马克思主义正义的、崇高的革命精神。

或许，重提往事能让我们重新思考当代中国知识界该坚持何种价值立场、该何去何从的问题。在中外历史上，都曾有知识分子不顾个人安危、坚持为民请命的传奇史诗。在社会主义现代化建设、中华民族伟大复兴的历史节点，中华民族、中国人民尤其需要知识分子以知识、思想、文化的力量造福社会、为人民谋福祉。这样的时代要求与社会要求，对于知识分子而言，是无上的荣光，也是沉甸甸的责任。正如马克思所讲："作为党的政论家，除了一定的信念、善良的愿望和洪亮的嗓音而外……还需要具有更多的智慧、更明确的思想、更好的风格和更丰富的知识。"③ 当代中国知识分子"更多的智慧、更明确的思想、更好的风格和更丰富的知识"，归结起来，有一个基本的价值立足点，就是为无产阶级和劳动人民"立德立言立功"，实质上

---

① 袁伟时：《辛亥革命研究中的意识形态陷阱》，《炎黄春秋》2012年第2期。
② 《马克思恩格斯文集》第1卷，人民出版社2009年版，第543页。
③ 《马克思恩格斯文集》第1卷，人民出版社2009年版，第664页。

就是自觉坚持知识界思想认同的社会主义方向问题。然而，当代中国知识界的非主流思想倾向，无论是"价值中立"论，还是价值观错位，显然都与社会主义文化主旋律、中华民族和中国人民的根本利益相背离，都与当代中国知识分子爱国奋斗、建功立业的精神信仰相背离。

第五章　当代中国知识界思想认同的境遇与考验

20世纪90年代以来，中国社会的内外环境发生了剧烈的变化。从国际范围来看，苏联解体、东欧剧变使得国际共产主义运动走入低潮，"社会主义失败论"趁势鼓噪；世界范围内的经济政治文化交流交融交锋凯歌猛进，意识形态对抗与对话并存。从国内环境来看，社会主义市场经济体制逐步确立并完善，经济社会结构发生深刻转型与重大变迁，国家繁荣、民族团结、社会和谐成为凝聚国人智慧和力量的重要纽带，同时改革开放进程中的矛盾与问题也逐渐暴露和凸显。在"百年未有之大变局"的历史时期，知识分子站立于时代潮头与国际交往最前沿，其国家情怀、民族认同、文化使命等在国内外环境嬗变的过程中遭遇前所未有的考验与挑战。具体而言，影响当代中国知识界思想认同的现实境遇主要是经济全球化、信息网络化、文化多元化。

第一节　经济全球化考验当代中国知识界思想认同

20世纪90年代以来，经济全球化的气息潮涌而来。1992年时任联合国秘书长加利在联合国日致辞中宣告"第一个真正意义的全球化时代已经到来"。当下，经济全球化成为世界经济发展不可逆转的历史潮流，其发展逾越生产、贸易、金融、投资、消费等纯粹经济的范围而进入政治意识形态领域。正如毛泽东所将:"政治和经济的统一,政治和技术的统一,这是毫无疑义的,年年如此,永远如此。"① 经济全球化不仅是诸多民族国家之间经济与技术交流合作的过程,也是政治文化和意识形态交锋碰撞的过程。在这个过程中,知识分子作为经济全球化的人才资源和智力支撑,其阶级认同与家国情怀遭遇全球化浪潮的考验。

一 经济全球化的社会历史属性

冷战结束以后,在高新技术和信息产业的助推下,人类历史进入世界经济一体化的时代,经济全球化从概念演变成为客观的事实。世界范围内不可阻挡的经济、文化、科技、通讯以及生态等领域的全球化浪潮带来了世界交往的便利与生产实践的拓展,也造成了时空压缩的国际印象,如"地理的终结""没有边界的世界"等。在世界交往日益紧密的"地球村"里,伴随跨国商品、服务贸易、信息技术以及国际资本流动不断增加,各民族国家之间的相互依赖程度也与日俱增。

然而,经济全球化并不只是田园牧歌式的浪漫,跨国界流动的不仅是福祉,也充斥着侵略、污染、颓废、浪费、疾病、毒品等灾难。早在1997年,美国的自由派经济学家加布莱就对经济全球化的概念创造动机供认不讳,他讲道:"全球化不是一个严肃的概念。我们美国人创造它是为了掩盖在国外进行经济渗透的政策。"② 西方学界为了论证经济全球化的天然合理性,可谓不遗余力。从20世纪80年代中叶至今,出版关于全球化的著作、报告等不计其数,仅在1998年一年的时间,美国商会联合会就出版了关于全球化的10本著作和60多篇报告。可以说,经济全球化从概念到现实,都并非完全是由生产

---

① 《毛泽东文集》第7卷,人民出版社1999年版,第351页。
② [西班牙]卡米洛·卡奇:《用阶级斗争观点批判"全球化"的意识形态》(http://ido.3mt.com.cn/Article/200612/show565627c30p1.html)。

力所推动的纯粹经济活动,而是客观必然性与主体目的性的统一,是生产力与生产关系矛盾运动的历史展开,不可避免地渗透着社会历史属性。

一方面,经济全球化具有历史必然性。人类的物质生产实践具有普遍交往的内在需要,但是由于生产能力的限制,在相当长的历史时期内,人类的实践活动都呈现出强烈的地域性和民族性特征。必须澄清的是,在资本主义生产方式发展到一定阶段以后,人类交往的普遍性与世界性才成为可能。人类历史从地域性历史到世界历史的转换,从根本上看是生产力和人类交往活动发展的结果,具有不以人的意志为转移的必然性、客观性,经济全球化就是在这个历史转换过程中发生、发展起来的。

从时间上来看,经济全球化的发端既不与人类历史的产生相同步,也不与资本主义文明的产生相同步,而是发生在特定的资本主义历史阶段,更确切地说是发生于资本主义全球拓殖的阶段。资本的扩张本性决定了资本主义拓展国际市场、力图征服全球的必然性,"不断扩大产品销路的需要,驱使资产阶级奔走于全球各地。它必须到处落户,到处开发,到处建立联系。"[1] 时至今日,经济全球化已经演变成为"人们不断超越和克服不同空间、制度、文化等社会障碍,从经济、政治、文化、科技以及社会生活等方面日益密切的相互交往与融合,达成更多共识与共同行动的客观过程"[2]。在生产力发展和科技革命浪潮的推动之下,经济全球化的发展走向纵深,表现形态不断更新,主要呈现出生产的全球化、自由贸易的全球化、投资和金融的全球化以及全球经济治理结构的不断强化等特征,有力地促进着生产力的发展,满足着人的多样性生活需求,因而具有历史的必然性与合理性。

---

[1] 《马克思恩格斯文集》第2卷,人民出版社2009年版,第35页。
[2] 王永贵等:《经济全球化与我国社会主流意识形态建设研究》,人民出版社2010年版,第5页。

据统计，20世纪60年代，全球共有19个区域经济一体化组织。70年代，增至28个。80年代，再增至32个。进入90年代，全球区域经济一体化组织达160多个。① 以"一带一路"为例，2013年9月，我国提出共建"丝绸之路经济带"和"21世纪海上丝绸之路"的重大倡议，得到国际社会高度关注。绵延数千里、横跨亚欧大陆的"一带一路"涉及沿线60多个国家，涉及人口46亿，占世界人口的60%左右，GDP总量约23万亿美元，占世界GDP总量的30%左右。在2014—2016年间，中国同沿线国家贸易总额超过3万亿美元，对沿线国家投资累计超过500亿美元，中国企业在20多个国家建设了56个经贸合作区，为有关国家创造近11亿美元税收和18万个就业岗位。除此之外，2016年全年亚投行共计为7个亚洲发展中国家的9个项目提供了17.27亿美元贷款，"丝路基金"对相关国家投资达到40亿美元。这些数据表明，经济全球化是历史潮流，广大发展中国家唯有借势发力，才能顺应历史潮流，促进经济社会发展，为世界进步作出贡献。

另一方面，由资本主义主导的经济全球化渗透着西方霸权思维。从历史生成来看，经济全球化的发生是资本主义生产方式向外拓展的结果；从现实进程来看，经济全球化以世界市场的无限拓展为根本动力，以跨国公司的规模垄断为物质载体，其理论基础是政治上保守、经济上追求"竞争性秩序"的新自由主义。在经济全球化的过程中，以美国为首的发达资本主义国家掌握着国际金融、贸易领域的"游戏规则"和话语权。凭借高新技术优势，西方发达国家将过时产业和低附加值产业转移到资金匮乏、技术落后的发展中国家，结果造成全球资本分配的不平等、全球金融市场风险加大、全球贫富差距悬殊等。

在不合理的国际秩序下，西方资本主义国家主导的经济全球化沦落成为以规则公平的名义实施"强权即正义"的"丛林法则"。"西方在不断调整它全球化意识形态的'扩张'手段和方法，不仅大力

---

① 刘力：《经济全球化与中国和平崛起》，中共中央党校出版社2004年版，第24页。

渲染经济全球化的好处，宣称经济和科技实力的竞争等是国际竞争的主流，并大量散布'意识形态淡化论'的思想观念；同时，西方资本主义国家正借着全球化的旗号做掩护而不断变换手法，试图掩盖其意识形态目的以迷惑世界，达到其真正的意识形态目的，即加快它的'资本主义全球化模式'的渗透步伐，以达到其资本称霸和控制全球的'构想'。"① 亨廷顿指出："20世纪交通和通讯的改善以及全球范围内的相互依赖，极大地提高了排斥的代价。除了一些想要维持基本生计的小而孤立的农村社区外，在一个现代性开始占压倒性优势和高度相互依赖的世界里，完全拒绝现代化和西方化几乎是不可能的。"② 在市场逻辑和"西方文明优越论"的支配下，西方资本主义国家企图通过世界市场实现新自由主义的全球霸权，以"民主"为借口，干预"非民主国家""民主欠发达国家"进行"颜色革命"，旨在实现非西方国家与西方国家的制度趋同、意识形态趋同。

经济全球化具有历史必然性，但经济全球化的现实进程并非"自然的历史进程"。当今经济全球化并非如资本主义国家所宣称的那样是推进人权均等化、世界同质化的努力，其背后的真实动机是资本主义的霸权逻辑与意识形态操纵。在经济全球化过程中，商品不仅仅是谋取经济利益的凭借，而且还承载着思想文化与价值观念。西方国家以商品为媒介，把颓废的、利己的消费主义、个人主义生活哲学经由科技文化的包装，以文化产品的形式输送到对象国。以好莱坞影视作品《功夫熊猫》为例，该电影不仅在中国市场攫取了巨大的经济利润，而且隐蔽地传递着资本主义价值理念。无论是制片宣传、字幕翻译还是观影感受，该影片都共同指向西方个人英雄主义和"普世价值"的思想逻辑。同时，该电影选取极具中华民族特色的中国元素——少林功夫和国宝熊猫，以此打破文化产品输入国和输出国之间

---

① 王永贵等：《经济全球化与我国社会主流意识形态建设研究》，人民出版社2010年版，第9页。
② [美]塞缪尔·亨廷顿：《文明的冲突与世界秩序的重建》，周琪等译，新华出版社1998年版，第64页。

的心理防线，制造"全球归一"的文化幻象。

世界市场、全球贸易不仅是创造财富的主渠道，也是思想文化渗透的主渠道。伴随资本主义主导的经济全球化而来的世界景象不是自由繁荣，而是跨国银行、金融投资公司对发展中国家和落后地区的殖民掠夺和文化强权。

二 经济全球化考验当代中国知识界思想认同的无产阶级立场

知识分子并不是一个独立的阶级，更不是一个漂浮于阶级或政党之外的独立群体。过去是这样，现在也是这样。知识分子坚持何种思想认同，实质上是坚持何种阶级认同的问题。正如毛泽东所讲，资产阶级文艺家断然不会歌颂无产阶级和劳动人民，无产阶级文艺家也断然不会歌颂剥削阶级。不同的阶级地位、阶级认同，必然产生不同的思想认同。同时，不同的思想认同也表达和强化着不同的阶级认同。

问题在于，一定的阶级地位是否一定能够产生相应的阶级意识和阶级认同？马克思主义认为，阶级的划分是由人们在特定的社会经济结构中所处的不同地位和结成的不同关系决定的，阶级的本质在于它是与特定的生产关系相联系的、在经济上处于不同地位的社会集团或人群共同体。共同的经济生产状况必然促成特定阶级关系的确立，但并不必然促成特定阶级意识与阶级认同的发生。马克思在评论法国人数众多的小农阶级在雾月政变中的地位时讲道："数百万家庭的经济生产条件使他们的生活方式、利益和教育程度与其他阶级的生活方式、利益和教育程度各不相同并互相敌对，就这一点而言，他们是一个阶级。而各个小农彼此间只存在地域的联系，他们利益的同一性并不使他们彼此间形成共同关系，形成全国性的联系，形成政治组织，就这一点而言，他们又不是一个阶级。"[①] 因此，阶级的存在只是阶级认同的客观前提即主体条件，但阶级认同则是阶级主体与阶级意识相统一的状态。质言之，阶级认同不是一个自发的过程，而是社会成

---

① 《马克思恩格斯文集》第 2 卷，人民出版社 2009 年版，第 566—567 页。

员在共同的政治经济生活中自觉生成的自我身份认同与思想认同，表达着社会成员对自身阶级地位、阶级意识、阶级情感、阶级归属等的认可与赞同。阶级认同对于阶级意识的觉醒和阶级成员的集体行为具有重要的激励作用。

在当代中国，知识分子是掌握较多科学文化知识、具有强烈社会关怀的工人阶级。这就决定了知识分子理应同工人阶级和广大人民群众拥有共同的政治立场、共同的利益诉求和共同的社会理想。然而，理应属于应然，实际则有所不同。在经济全球化时代，国内社会主义市场经济体制尚在发展之中，资本主义市场经济的资本扩张和私人占有对我国经济和社会秩序产生强烈撞击。当代中国知识分子置身于异质性经济形态和异质性文明形态共存交往的历史舞台，使得知识分子的阶级认同成为一个复杂的思想问题。

塞缪尔·亨廷顿指出："任何层面上的认同（个人的、部族的、种族的和文明的）只能在与'其他'——与其他的人、部落、种族或文明——的关系中来界定。"① 对于当代中国知识分子的阶级认同而言，同样如此，它是在经济全球化过程中不同的经济关系和不同的文明交往中发生并确立的。具体来说，经济全球化对于阶级认同而言，是柄双刃剑，既是机遇，也是挑战。一方面，经济全球化使得生产秩序的全球联系越来越密切，社会分工越来越细致，以知识分子为主体的高素质人才具有更多的就业机会和更优厚的工作待遇。一些外资企业、跨国公司为了吸引人才，不惜重金为高层次人才提供高额经济报酬和科研经费，甚至提供出国学习深造、进修考察的机会。知识和劳动的价值得到肯定和尊重，强化着知识分子作为文化知识劳动者、创造者的身份认同。同时，在参与经济全球化的过程中，知识分子也拓宽了视野，对世界的认知也更加丰富多样。针对全球性问题、全球利益和全球治理等社会现实，知识分子拥有更为开阔和多元的思

---

① [美]塞缪尔·亨廷顿：《文明的冲突与世界秩序的重建》，周琪等译，新华出版社1998年版，第134页。

维方式，在此基础上进行文化创造与文明反思，有可能形成人类新的共同价值观念和新的人类文明，打破西方文明的世界主导地位，实现对西方文明的总体超越。但是，另一方面，经济全球化也引发了世界范围的经济社会问题，尤其是劳动者权益问题。1999年6月，国际劳工组织新任局长索马维亚在第87届国际劳工大会上首次提出了"体面劳动"的概念，旨在保证广大劳动者在自由、公正、安全和有尊严的条件下从事劳动。"体面劳动"概念之所以被提出并备受关注，是因为在不合理的经济全球化秩序中，存在着突出的劳动者权益问题，即"劳动问题"。"劳动问题所反映的，并不是社会经济不发达或财富不充分，而是社会财富和社会权利的分配不公。"[①] 经济全球化打破了资本流动中国家和地区的界限，而资本扩张的直接要求是压制劳动。随着经济全球化和贸易自由化的迅猛发展，劳资矛盾、贫富分化日益突出，富人成为全球化的最大受益者，财富分配严重两极分化，相当多的产业工人陷于贫困之中，失业风险增加，社会保障不足，劳动条件恶化。在生产要素的配置中，资本和管理的地位被重视，但是劳工权利和劳工保护被忽视的倾向已经影响到劳动者的积极性。

在此过程中，对于知识分子而言，劳资矛盾、贫富差距已经不是抽象的间接体验，而是直接的、具体的、可观可感的现实存在。世界范围内的经济文化交流没有也不可能取消和终结阶级斗争，反而使得劳资矛盾和阶级斗争更具隐蔽性，加剧了知识分子阶级认同的风险，也在一定程度上弱化、淡化知识分子的无产阶级身份优越感和社会责任感。走在经济全球化前沿阵地的知识分子该何去何从？知识分子的人文情怀和社会关怀何以安身？到底是为资本和利益集团代言，还是为无产阶级与劳苦大众代言？这成为考验当代中国知识分子理性认知和良知操守的关键问题。

在当代中国，在人民群众的心目中，真正的知识分子必然不是只

[①] 常凯：《经济全球化与劳动者权益保护》，《人民论坛》2003年第5期。

为稻粱谋,必然不是为着特定的利益集团鼓与呼,必然不是把知识作为哗众取宠、沽名钓誉、谋取特权的资本。对于知识分子而言,坚持工人阶级的阶级认同,不仅是社会主义国家对知识分子思想认同的政治要求,而且也是知识分子实现崇高价值追求的前提所在。只有当知识分子坚持无产阶级的阶级认同,维护革命进步的阶级意志,其社会关怀的科学性与正当性才会被赋予创新活力而日臻完善;反之,当知识分子坚持剥削阶级的阶级偏见,维护保守落后的阶级意志,其社会关怀的科学性与正当性终将因背离历史发展方向而走向沉沦。不可否认,在经济全球化的考验面前,广大知识分子以实际行动诠释着无产阶级知识分子的思想认同与立场坚守,他们政治立场坚定、辨明历史方向、为国家富强与人民幸福贡献才智。

然而,在经济全球化的考验面前,也出现了少数知识分子的思想背叛。他们没能抵挡住资本和市场的诱惑,走向工人阶级的对立面,沦落成为反动势力和利益集团的代言人,阶级立场与阶级情感悄悄地发生着改变,降格成为精致的利己主义者,他们"高智商,世俗,老到,善于表演,懂得配合,更善于利用体制达到自己的目的"[①]。"以国际思潮为大背景,这一群体的思想迅速分化为不同类型,成为各种社会阶层思想和利益的代言人,不同性质的思想在此群体中有交叉、矛盾、摇摆的现象,对不同问题往往采取不同的价值取向;大致存在着核心价值型、市场功利型、传统型、虚无主义型几类,出现了'超然物外'和'媚俗功利'两种极端的思想倾向。"[②] 少数具有知识权威并被"洗脑"的国内知识分子有意无意地充当着资本主义文明和剥削阶级价值观"吹鼓手"的角色。那些曾经异常活跃、拥有绝对话语权的经济学家、法学家等知识"精英",他们对抗式解读社会主义本质,背叛为人民谋福祉的责任担当,诋毁和污蔑工农群众,扬言"改革在中国造就了约占总人口5%左右的富人,他们是中国的中坚

---

① 《北大清华再争状元就没有希望》,《中国青年报》2012年5月3日第3版。
② 樊浩:《中国大众意识形态报告》,中国社会科学出版社2012年版,第161页。

力量,而另外的95%中的很大部分,则因为信仰毛泽东思想,具有很大的破坏性"。"中国的贫富差距还不够大,只有拉大差距,社会才能进步,和谐社会才能有希望。中国穷人为什么穷,因为他们都有仇富心理。我要为富人说话,不是为了讨好富人。""现在已经全球化了,没有必要再提什么民族经济民族产业了,义和团思想才是中国真正的大敌。""腐败和贿赂成为权力和利益转移及再分配的一个可行的途径和桥梁。""八亿多农民和下岗工人是中国巨大的财富,没有他们的辛苦哪有少数人的享乐,他们的存在和维持现在的状态是很有必要的。"①

这些怪诞言论竟然出自素来被尊为知识权威的"精英"之口,不仅彻底颠覆了人们对"精英"一词的好感,而且赤裸裸地表明这些知识"精英""为异化的权力和欺压劳动的资本代言和辩护"②的反动本质。面对经济全球化浪潮的考验,部分知识分子全然丧失工人阶级的阶级认同,完全抛弃无产阶级的理论立场,蜕变成为信奉"有用即真理""强权即正义"的实用主义者和唯利是图者。这些"知识精英"所信奉的正是恩格斯曾经批判的那样,"是没有头脑的折中主义,是对职位和收入的担忧,直到极其卑劣的向上爬的思想"③。

三 经济全球化考验当代中国知识界思想认同的家国情怀

根深蒂固的家国文化传统以及"天下兴亡,匹夫有责"的责任担当,造就了当代中国知识分子深沉的家国情怀。这种情怀体现为超越个人功利的社会价值追求,体现为人民至上、国家至上、心系天下的社会关怀。在当代世界,能够代表中国人民和国家根本利益以及世界未来发展方向的唯有科学的马克思主义。因此,知识分子的家国情怀

---

① 《中国某些专家的极端思维》(http://blog.sina.com.cn/s/blog_4c0d785b0102vs0u.html)。

② 吴波:《知识分子正蜕变为"功利分子"》(http://opinion.huanqiu.com/culture/2014-07/5089652.html)。

③ 《马克思恩格斯文集》第4卷,人民出版社2009年版,第313页。

与马克思主义思想体系、集体主义价值原则之间是内在一致的。其中，马克思主义思想体系代表着当代中国的国家制度精神，集体主义价值原则代表着当代中国的根本价值导向，家国情怀既是中华民族的道德文化传统，又具有中国特色社会主义所赋予的时代精神内涵，三者水乳交融、联系紧密，共同维系着中华文化和民族精神的吸引力、凝聚力。任何对三者关系的割裂，不仅在理论上是错误的，而且在实践上是有害的。

在当代中国，知识分子的家国情怀意味着对民族、国家和人民的责任担当，意味着对马克思主义思想体系和集体主义价值原则的认同与坚守。海尔布隆纳在比较社会主义与资本主义的精神气质时强调，"社会主义社会在设法通过培养普遍的社会意识来克服资产阶级生活的异化和分裂时，也必须用这种方式来看待它的文化。因此，社会主义经济形态的精神气质很可能是'神圣的'而不是'渎神的'，是道义上负责的而不是不讲道德的，是有很高的精神境界而不是只讲求实际功利的。功利主义的打算将让位于对个人责任的考虑。社会主义社会必将与资本主义社会截然不同，资产阶级社会只讲求个人名利，社会主义社会就应该以心怀集体为荣"[①]。在此意义上可以讲，知识分子的家国情怀与个人主义、功利主义格格不入，与集体主义价值原则相互依存，是熔铸民族精神、凝聚爱国力量的动力与支柱。

在开放的国际交往环境中，一方面，经济全球化塑造了当代中国知识分子的世界视野，也塑造了当代中国知识分子的现代价值理念，如自主意识、竞争意识、创新意识、民主意识、法制意识等。另一方面，"地球村"的神话刻意渲染着民族国家走向解体或者已经过时的虚假景象。知识分子的家国情怀遭遇全球化浪潮的考验，出现了家国情怀的淡化和价值立场的中立等现象，在一些知识分子的文化观念里流行着弱化家国情怀的所谓"世界主义"情结。"世界主义"的主张

---

① ［美］R.L. 海尔布隆纳：《马克思主义：赞成和反对》，易克信、杜章智译，中国社会科学院情报研究所，1982 年，第 115 页。

由来已久，古希腊斯多葛学派主张以世界理性为基础的世界一体说，认为既然人类是一个整体，就应当只有一个国家，即世界国家。当今的"世界主义"是一种从正义概念出发的理论学说，主张包容世界各民族之间的差异，并试图建立人类社区。利用经济全球化历史潮流的客观必然性，西方国家公然制造世界高于国家、世界主义优于爱国主义的谬论，以达到消解共产主义理想和爱国主义精神的政治企图。其实，中国与世界的关系是无须证明、妇孺皆知的隶属关系：中国从属于世界，世界包含着中国。但这无法推导出世界高于中国的论断，更无法推导出世界主义优于爱国主义的论断。法国社会学家布迪厄将西方经济形态和文化价值观普遍化、世界化的做法称之为"世界性之帝国主义"。从本质上来看，"世界主义"情结所关注和强调的并不是建立在尊重民族文化差异性、多样性基础上的平等对话，而是"西方文明中心论"的延续。

历史有着惊人的相似。正如当年英国人为了让自己的廉价商品无"贸易障碍"地进入德国，倾力给德国"精英"灌输"世界主义"的文化毒药一样，当今资本主义世界依然在制造"全球化等于西方化"的虚假谎言。当时德国"所有受过科学教育的从业员，所有报纸编辑，所有关于政治经济学的作家，都受到了世界主义学派的熏染和陶冶，对于任何一种保护税制都认为在理论上是站不住脚的，是犯忌的"[①]。今天，西方国家凭借经济优势地位大肆向别国推销所谓"国界消失""民族国家时代已经过去""人类意识形态应领先于阶级意识形态和民族意识"等观点，使得一些西化派"知识精英"对"世界主义"的推崇与迷恋丝毫不亚于当时的德国理论界，甚至已经到了迷信和盲从的程度。在"世界主义"信仰的支配下，"走向世界""与国际接轨"等原本中性的话语成为一些"知识精英"心甘情愿走向精神殖民的遮羞布。"爱国主义过时论"顺理成章成为他们坚持

---

① ［德］弗里德里希·李斯特：《政治经济学的国民体系》，陈万煦译，商务印书馆1961年版，第6页。

"世界主义"的托词。"爱国主义过时论"认为马克思主义国家观的思维模式已经陈旧过时,主张淡化国家主权意识和民族尊严,鼓吹民族国家正在成为"全球化"浪潮的人为屏障,甚至制造"爱国贼"的说辞,公然挑衅当代中国知识分子家国情怀的道义性、正当性。

"世界主义"究竟能在多大程度上代表世界各国人民的整体利益和新的更高层次的"集体"?也许马克思、恩格斯关于"集体"性质的不同区分能为我们提供科学的认识思路。在马克思、恩格斯看来,集体有"真实的集体"和"虚幻的集体"(或者"虚假的集团""冒充的集体")之分,区分真假集体的一个基本依据就是个人在集体中的自由状况,即个人是否"控制了自己的生存条件和全体成员的生存条件"。"在控制了自己的生存条件和社会全体成员的生存条件的革命无产者的共同体中,情况就完全不同了。在这个共同体中各个人都是作为个人参加的。它是各个人的这样一种联合(自然是以当时发达的生产力为前提的),这种联合把个人的自由发展和运动的条件置于他们的控制之下。"① 唯有在"自由人的联合体"的共产主义社会,世界主义与集体主义才能够同一,这样的世界作为最高意义上的集体对于个人或者国家来说才是真实的。但是在依然存在阶级冲突的世界背景下,当我们在判定和界定真实的集体与真实的世界时,首先要明确它维护和代表哪个阶级的利益。对于资产阶级而言,资本主义国家可以说是具有一定程度真实性的集体,但对于无产阶级而言,则一定是虚假的集体。

归根结底,当今西方国家在世界一体化中所策划的"世界主义"信仰依然是假借经济全球化和世界交往来掩盖和遮蔽阶级斗争,依然是一种对抗社会主义的思想陷阱。因为"世界主义"的宣传是"一场广泛的思想灌输工作。一些记者或普通国民是消极参与其中,而一定数量的知识分子是积极参与了这项工作。这种旷日持久、潜移默化

---

① 《马克思恩格斯文集》第1卷,人民出版社2009年版,第573页。

的强加，通过浸渗，制造了一种真正的信仰"①。正如恩格斯所讲："现在也还有不少人，站在不偏不倚的高高在上的立场向工人鼓吹一种凌驾于一切阶级对立和阶级斗争之上的社会主义，这些人如果不是还需要多多学习的新手，就是工人的最凶恶的敌人，是披着羊皮的豺狼。"② 在经济全球化的世界背景下，知识分子基于家国情怀的国家认同、民族认同不但没有过时，反而在意识形态斗争更为隐蔽的国际格局中具有更为深远的价值和意义，是自觉捍卫社会主义国家政权、国家尊严的精神支撑。

经济全球化不是纯粹的经济活动，而是具有意识形态属性的社会历史运动。经济全球化将社会主义与资本主义两种意识形态置于共时性并存的历史舞台，使得当代中国知识界思想认同的阶级立场与家国情怀面临严峻考验。如果站在国际交往前沿的知识分子对西方主导的全球化强权本质缺乏应有的警觉，放弃对本质问题的追寻而陷入精神文化"被殖民"的无意识，那么，后果将不堪设想。

第二节 信息网络化考验当代中国知识界思想认同

信息互联网技术日新月异，引领着社会生产的新变革，创造着人类生活的新空间，拓展着国家治理的新领域，极大提高着人类认识世界和改造世界的能力。可以说，信息网络化的发展是人类历史上的一场革命，即信息革命。"从社会发展史看，人类经历了农业革命、工业革命，正在经历信息革命。农业革命增强了人类生存能力，使人类从采食捕猎走向栽种畜养，从野蛮时代走向文明社会。工业革命拓展了人类体力，以机器取代了人力，以大规模工厂化生产取代了个体工场手工生产。而信息革命则增强了人类脑力，带来生产力又一次质的

---

① 河清：《全球化与国家意识的衰微》，中国人民大学出版社2003年版，第11页。
② 《马克思恩格斯文集》第1卷，人民出版社2009年版，第371页。

飞跃，对国际政治、经济、文化、社会、生态、军事等领域发展产生了深刻影响。"① 从认知途径到思维方式、从生活态度到价值取向、从理论视野到实践活动，整个世界因为网络信息的深度融入而悄然发生改变。

对于当代中国知识分子思想认同而言，信息网络化既可能为知识分子认识、理解、接纳、认同马克思主义意识形态思想体系提供有利条件，也可能成为知识分子思想认同的现实挑战。之所以如此，是因为信息网络化不仅是提高人类生产能力的技术手段，而且具有意识形态属性。

一　信息网络化的意识形态属性

网络化是指利用通信技术和计算机技术，把分布在不同地点的计算机及各类电子终端设备互联起来，按照一定的网络协议相互通信，以达到所有用户都可以共享软件、硬件和数据资源的目的。互联网最根本的特点即在于它能实现信息的快速传递和信息资源的广泛共享，这就形成了互联网的三大基本特征。第一，互联网具有时空压缩的特征，网络用户的活动受地理因素的制约大为减少。第二，互联网具有双向互动的特征，在网络上进行信息传递，主体之间不再是主动和被动的关系，而是双向互动的关系。第三，互联网具有虚拟空间的特征，网络空间由互联网上的站点集结而成，是与现实世界相对应的虚拟世界。网络空间的信息传递已完全打破了传统媒体的分层次、分阶段的信息传递模式，具有快速、广泛、低成本和互动的传播优势。

当今世界，互联网已不仅仅是社会生活的重要背景和技术载体，而且已经成为影响和支配社会生产方式、生存体验、价值选择的重要力量。"网络建构了我们社会新的社会型态，而网络化逻辑的扩散实质地改变了生产、经验、权力与文化过程中的操作和结果，为社会的

---

① 习近平：《在网络安全和信息化工作座谈会上的讲话》，《人民日报》2016年4月26日第2版。

整体性变革提供了动力源泉,但同时,也为某些国家实施网络霸权提供了借口。"① 从根本上讲,互联网络风靡全球的原因不在于其数字应用技术多么高端,也不在于其"非歧视性的互联互通"的精神魅力,而在于其信息传播承载思想渗透的社会功能。从传播学的角度来讲,信息本身具有鲜明的意识形态导向,与社会制度、文化惯例、思想规范体系等具有密切的联系。弗拉基米尔·阿尔乔莫福曾对信息所负载的意识形态功能有过论断:"信息是一种有力的意识形态和政治的武器,它可用来颠覆政权。"② 网络传播媒介凭借表面上的自由、开放、民主、平等等特征优势,往往成为信息技术强国向他国实施意识形态操控的武器。信息网络化之所以能够隐藏意识形态操纵,成为意识形态对抗在网络空间的映照与续写,在于网络核心技术和媒介话语的双重渗透。

一方面,信息网络化的物质载体是网络核心技术,即"国之重器",蕴含着政治属性,执行着意识形态功能。关于法兰克福学派"科学技术即意识形态"的理论观点,我们并不陌生。以此理论来观照当代的互联网技术,同样适用。美国是互联网的发源地。在当今的互联网空间,以美国为首的西方国家在创新能力、基础设施建设、信息资源共享、产业实力等方面依然遥遥领先。相比之下,我国的互联网核心技术、核心元器件、供应链严重依赖外国。"在全球信息产业中,中央处理器(CPU)的产量美国占 92%,系统软件产量美国占86%;1999 年,美国因特网用户占全球因特网用户总量的一半以上,电子信箱占全球总量的 58%,电子商务额占全球总额的 75%,商业网站占全球总数的 90%;目前世界性大型数据库近 3000 个,其中70%设在美国。"③ 美国"八大金刚"(思科、IBM、谷歌、微软、高通、英特尔、苹果、甲骨文)等实施的"棱镜计划""大数据研究发

---

① 文军:《网络霸权与符号暴力》,《学术论坛》2003 年第 1 期。
② 转引自魏建国《新媒体环境下马克思主义意识形态话语权的建构》,《学习论坛》2014 年第 3 期。
③ 文军:《网络霸权与符号暴力》,《学术论坛》2003 年第 1 期。

第五章 当代中国知识界思想认同的境遇与考验

展计划""潜鸟计划"等无一不与美国国家安全局有着千丝万缕的联系。在全世界仅有的13台顶级根服务器中，1台主根服务器和9台辅根服务器均设在美国，2台在欧洲，1台在日本。对于西方的计算机科学家而言，根服务器的别名是"truth"，即"真理"。这直观地说明，谁掌握了根服务器，谁就掌握了真理，掌握了话语权。美国在互联网空间的绝对技术优势决定了其对网络信息的绝对操控。2009年5月在美国政府的授意下，微软公司切断了危害美国利益的"敌对国家"即古巴、伊朗、叙利亚、苏丹和朝鲜五国的MSN即时通讯服务端口。2009年6月美国国防部长盖茨下令组建一个负责网络战的网络司令部，把互联网作为新的"战斗武器"向别国展开网络战，通过向普通民众直接进行意识形态宣传，达到煽动敌对国内部分裂的目的。

技术决定论者克里斯托弗·梅的观点颇具启发性，他讲道："很多阐释都认定某些技术'内嵌特殊规则'。就如我们将要看到的，互联网内嵌着像自由、共同体、平等、利他主义和民主等价值。同时，也有人声称互联网内嵌着社会控制、纪律和等级。无论这些是内嵌着什么样的内容，它都是这样一种理念：技术形式具有与生俱来的特性，而这些特性是人类无法干预的。"[1] 当代风靡世界的互联网是人类理性设计的产物，在技术被设计的过程中，一定会被同时嵌入人类某种价值。而在技术被使用的过程中，这些被嵌入的价值观念便会发挥作用。事实表明，网络空间的"数字鸿沟"正在演变成为技术强国向别国渗透意识形态的资本，网络自由已经成为美国推行政治霸权和思想操控的无形利刃，Facebook、Twitter、Youtube等全球性网站已成为美国主导中东、北非"颜色革命"的可靠路径。

另一方面，信息网络化的隐形权力是媒介话语，具有鲜明的意识形态导向。当今社会进入由大众媒介主导的信息时代，媒介话语成为

---

[1] 转引自[英]安德鲁·查德威克《互联网政治学：国家、公民与新传播技术》，任孟山译，华夏出版社2010年版，第23页。

人与世界建立关系的中介。媒介话语不是单纯的思维符号和交际工具，它浸润着语言母国的意识形态、价值观念、政治文化、生活理念等。据统计，在互联网上流通的不同语系的使用频率依次为英语84%，德语4.5%，日语3.1%，法语1.8%，而使用语言人口最多的汉语，在互联网上所占比例不足0.5%。① 在中国7.10亿网民、400多万家网站的网络世界里，亿万网民在跨越国界的虚拟空间中感知与接触更多的是来自西方英语系国家的强制性规范和话语符号。对于那些尽享网络便利的网民而言，这种规范和符号具有天然的公信力和权威性。网络媒体正是通过这种公信力和权威性而获得无形且强大的思想影响力，进而左右社会舆论，甚至悄悄内化为网民的"无意识"或者"潜意识"。正如马尔库塞所讲："西方的话语霸权使语言本身获得了威慑力和僵硬的具体性，使语言成了同一性和一致性的证明；成了步调一致地攻击超越性批判观念的证明，并与制度、态度和愿望联系起来强加在人们身上。"②

网络媒体之所以能够获得话语主导权或者话语统治权，在于网络媒体具有议程设置功能。通过人为介入，网络媒体自主选择突出哪些议题，回避或者淡化哪些议题。一旦议题设置成功，受众的注意力和态度就会随着媒介话语的报道而发生改变，并在潜移默化中接受媒介话语的导向。因此，"话语的传播就是某种意识形态的传播，在媒介话语的传播中，意识形态的内容也会有形无形地隐含在话语之中，有意无意地传播出去，不断改变受众的观点，以至于受众根本意识不到已经接受了某种意识形态"③。

信息网络化的传播模式更加凸显了媒介话语的意识形态渗透功能，因为信息传输的主体、内容、对象、意义等不会自动生成，也不会天然中立，无可避免地承载着信息传输者的利益倾向和价值倾向。

---

① 吴学琴：《媒介话语的意识形态性及其建设》，《马克思主义研究》2014年第1期。
② [美]赫伯特·马尔库塞：《单向度的人：发达工业社会意识形态研究》，刘继译，上海译文出版社2008年版，第79页。
③ 吴学琴：《媒介话语的意识形态性及其建设》，《马克思主义研究》2014年第1期。

可是，在网络空间的信息流动中，存在着明显的信息流向，即发达国家和新兴国家传播给经济落后国家和边缘国家的信息远远高于相反方向的信息流动。网络空间信息流动的不对称必然会形成具有倾向性的价值观。在不对称的网络信息传播中，媒介话语事实上强化了少数发达国家在语言、思想和文化等方面的意识形态话语权，其他弱势国家在看似自由言说的网络空间被迫滑向"边缘化"或者"半边缘化"状态。

信息网络化是由技术平台和话语平台共同搭建而成，脱离技术或者话语的任何一方都无法真正实现信息网络化。在核心技术和媒介话语的综合作用下，信息网络化呈现出思想文化观念的导向性和意识形态的操控性。而这背后存在深刻的社会根源，即不同民族国家和地区之间激烈而紧张的利益冲突。也就是说，虚拟网络空间的对抗与冲突仍来自于现实世界。

二 信息网络化考验当代中国知识界思想认同的理性自觉

英国学者汤普森认为："大众传播的发展对于意识形态现象的性质与范围具有巨大的后果。随着大众传播的发展，象征形式的流通日益脱离某个共同的具体地点，因此意义的运用越来越能超越象征形式在其中产生的社会背景。只是有了大众传播的发展，意识形态现象才能成为大众现象，也就是，能影响多样而分散的背景下大量人的现象。"[①] 在信息网络化时代，网络传媒无可辩驳地成为了国家主导意识形态大众化传播的技术支持。

在信息网络化的社会环境中，知识分子不是超脱网络空间的局外人。知识分子的思想倾向和价值理念天然地具有向外传播以获得社会认可的内在属性。自由开放、信息公开和争论充分的舆论环境打破了传播者自说自话的冷清局面，激发着一些知识分子关注社会热点和敏

---

① ［英］约翰·B. 汤普森：《意识形态与现代文化》，高铦等译，译林出版社2012年版，第20—21页。

感议题的热情。在虚拟的网络世界,"需让大家自由交流意见,意见成为共同的粘合剂,把大家结合在一起并产生价值"①。于是,知识分子在网络空间自由表达其多元多样的思想倾向,针对舆论热点进行交锋与争鸣,一些网络走红的"意见领袖"和"公知""大V"应运而生。可以说,网络媒体的发达为知识分子的思想启蒙与公共关怀提供了更加有效的平台。知识分子的思想认同经由网络空间而转化成为生动的声音、图像、故事等,突破时空限制而影响越来越多的受众。同时,知识分子的思想认同也会直接或间接地受到大众传播媒体议程设置和话语霸权的影响。

网络媒体正在成为各种不同价值观念、思想文化、理想信仰交流碰撞、相互激荡的新型空间,成为意识形态对抗和舆论斗争的主战场。理性审视当下的网络信息传播,网络信息异化尤其是网络信息非理性主义传播是制约网络内容建设和网络空间健康发展的关键。非理性主义是指"一种强调直观或无意识、本能、欲望、冲动、情感、意志、体验等心理因素在精神活动中的地位与作用而否认或贬低理性的相应地位的哲学学说"②。网络信息的非理性主义传播"是指网络信息诉求点定位于感官刺激、本能冲动、潜抑情感、非常态体验等因素"③的信息传播取向。在网络空间,匿名性、隐蔽性、交互性、开放性的网络环境造成信息传播、知识传播的碎片化、娱乐化,同时也产生了过度膨胀的信息,打破了理性思维空间,信息污染与信息公害日趋严重。大量的虚假信息、欺诈信息、零可信度信息以及黄色淫秽信息与病毒信息等不断蔓延,不仅给人们的工作造成巨大的损失,而且污染网络环境,侵蚀人们的思想,也挑战着当代中国知识分子对社

---

① [美]约翰·布洛克曼:《未来英雄》,汪仲等译,海南出版社1998年版,第38页。

② 石毓彬:《中国伦理学百科全书·现代西方伦理学卷》,吉林人民出版社1993年版,第34页。

③ 刘继富:《论网络信息诉求的非理性祈向》,《吉首大学学报》(社会科学版)2010年第3期。

会主义精神文明和主流意识形态思想体系的理性认同与自觉坚持。

一方面，网络信息传播内容的"去思想化"挑战知识分子对既定思想体系真理性的评判。任何一种思想体系征服人心的根本力量在于其科学性与真理性。马克思主义意识形态与其他意识形态和社会思潮的根本区别也正在于其考察历史运动的科学性与真理性。然而，在网络空间战中，资本主义意识形态通过网络文化的非理性狂欢来消解思想和真理的力量，对抗社会主义意识形态。网络空间貌似拥有海量的信息资源，但与这种信息爆炸形成鲜明对比的是思想的匮乏、信仰的缺失。"去思想化"的信息传播聚焦于人的本能冲动和感性欲望，通过一些恶搞、雷人、夸张的段子、视频或帖子等使讨论议题迅速被社会大众所知晓。在网络空间，知识分子"充满书生意气的'发言'往往与众多的网民跟帖在一起，成为大众时代的文化事件或者娱乐事件而已"[1]。网络信息传播"去思想化"的严重后果在于摒弃、拒斥思想和知识，而一旦"缺少了与真理的联系，知识也就失去了其内在的涵义。它成了一种抽象的观点，更可能被传播而不是珍视，可以在其最世俗的形式中被回收利用"[2]。"去思想化"意味着知识被剥离了内在的真理性而转变为"世俗化漫画"，这种对真理漫不经心的态度必然会模糊真理与谬误的界限，冲击知识分子评判是非和真善美的标准，造成思想文化领域历史方向感的迷失和指导思想的淡化。

另一方面，网络信息传播形式的"去中心化"挑战知识分子对既定思想体系价值性的评判。当代中国主流意识形态具有整合社会观念、化解思想冲突的价值属性，能够使社会各界在思想文化和价值观念上凝聚起来，塑造社会成员的民族认同感和国家归属感。其中的根本原因就在于，马克思主义是建构在历史唯物主义基础上的理想信

---

[1] 徐国源：《网络公共空间与知识分子价值重构》，《新闻大学》2015年第5期。
[2] ［英］弗兰克·富里迪：《知识分子都到哪里去了》，戴从容译，江苏人民出版社2012年版，第7页。

仰，以全人类解放为最高价值追求。在传统纸媒时期，知识分子接受思想教育的渠道虽然单一，但较正统。他们往往依靠党政组织和图书、报刊等传统媒介的理论灌输，比较容易实现对主流意识形态价值性的权威认同。然而，在大数据时代，互联网的发展彻底颠覆电视、报纸和广播的传统舆论导向模式，带来了大众传播史上的革命性变革，网站、客户端、BBS论坛、QQ、微博、微信等现代网络传媒及时、直观地向网民传播信息，并且以互动、共享的名义在网络空间寻找和培育广大的视听群。

网络信息传播方式的"去中心化"与多元多样思想文化、价值观念交织、合流，加剧知识分子偏离主导思想与价值观念的风险。"去中心化"原本是网络信息传播的技术处理方法，指网络传播结构中的任何节点都可以以超文本、超链接等多元方式生产、发布信息，因而这些节点能够成为阶段性中心，但又不具备强制性的中心控制功能。伴随网络空间海量资源的流变、多元与碎片化传播，"去中心化"的概念所指由技术手段转向信息内容，指网络传播内容对社会传统、权威以及核心价值观的消解与削弱。在网络信息的"去中心化"传播中，"多层次的、相互冲突的、定制的商业讯息、文化讯息和政治讯息将'轰击'着人们，而非只是由几大媒介共同重复的一条信息。在新的媒介环境中，陈旧的'群众动员型政治'和'赞同型工程'将会变得更加步履维艰"①。"去中心化"的网络信息传播方式使那些活跃在媒体平台的"发声者"都充当着主体角色，在这里似乎不存在客体，又似乎客体与主体同一，"主客体之间的关系却是不明确的、随机的，且总是可以共同在场，而形成互为主体的平行的、双向互动的即时交流的判断关系"②。在"人人麦克风"的舆论环境下，"传播者的主导地位减弱，受众的地位空前提升。人们通过网络可以随时随

---

① [美]阿尔温·托夫勒：《权利的转移》，刘江、陈方明等译，中共中央党校出版社1991年版，第372页。
② 聂立清：《我国当代主流意识形态认同研究》，人民出版社2010年版，第189页。

地发布任何消息,提出各种观点,'议题'纷繁迥异,言论呈现不一致态势"①。

然而,在思想认识领域,尤其是对于意识形态大众化传播而言,主体与客体的区分不仅必要,而且重要。过分强调"主体际"必然会模糊主客体边界,这使得整合社会观念、引领社会舆论的难度加大。网络空间充斥和膨胀着各种非理性的表达与声音,其中不乏对主流文化与主导意识形态的标签式误读,主流意识形态思想体系及其文化价值的崇高性遭受曲解、调侃、质疑、诋毁、污蔑。在鱼龙混杂、良莠不齐的网络空间,对于具有社会关怀精神和理性思考能力但又无法完全超脱世俗的知识分子而言,如何选择并表达其思想认同考验着知识分子对多元思想文化与价值体系的理性研判。

三 信息网络化考验当代中国知识界思想认同的责任意识

在当今中国,知识分子肩负着科技创新、弘扬文化主旋律的责任与使命。具体来说,就是要在中西方文化意识形态的交流交锋中,澄清思想迷雾,吸收、借鉴、坚持、弘扬人类优秀的思想文化成果,丰富发展社会主义文化,让社会主义思想文化观念在当代世界大放异彩。网络技术的发达为知识分子的社会关怀和思想认同提供了重要的技术平台,因为"知识分子的政治和经济利益惟一能依赖的便是他们能够不断地使用媒体,特别是公共媒体的权力"②。如果说,以往知识分子的思想认同只是局限在狭小的知识圈,那么,现代传媒的发达则使知识分子的思想认同与话语表达超越"知识"壁垒,深入到寻常百姓的日常生活之中。

在此背景下,拥有文化知识的知识分子理应成为信息时代的"精神领袖"和"文化英雄"。在网络媒体的舆论环境中,活跃着一批以

---

① 黄传新:《社会主义意识形态的吸引力和凝聚力研究》,学习出版社2012年版,第44页。
② [美] 阿尔文·古尔德纳:《新阶级与知识分子的未来》,杜维真等译,人民文学出版社2001年版,第68页。

网络空间为阵地、以键盘为武器、具有正义感的"网络知识分子",他们当中有媒体记者、大学教授、学者和社会名人,关注的话题涵盖社会民生、社会公德和国家主权等多个领域。他们充分利用网络空间的开放性展示学术理性和公共关怀,不仅明辨是非澄清事实,而且启发公众思考,倡导社会主流价值观。近年来,在网络媒体中,出现了越来越多捍卫舆论正气的网络战士——"自干五",这是一支弘扬社会主义正能量、践行社会主义核心价值观的"网络爱国义勇军",他们传播好声音,抵制假丑恶。在 2015 年 9 月 3 日大阅兵期间,"自干五"对那些抹黑中国历史、攻击强军富国建设的网络负面账号及媒体进行了有力的回击,其中以"指尖护卫大阅兵"的主题微博活动最为突出,该话题点击愈六亿人次。

然而,网络媒体绝非一片祥和、平等交流、自由争鸣的思想圣地。在缺乏标准化网络监督和评价体系的情况下,资本力量、商业炒作和"大 V"公知相互交错,网络空间俨然成为了一个意见的自由市场,各种杂音噪音也鱼龙混杂充斥其中,成为社会思潮传播的集散地。信息网络化"从根本上改变了知识从业者的话语霸权单中心状况,形成了大众传媒与知识从业者共生共长的话语霸权双中心时代。在具体媒体的操作策略下……知识从业者,则常常被隐去声音形象甚至身份名号,成了一个无迹可寻的幕后英雄。越来越多的受众群体,不得不从原先的关注知识分子转移到关注各类主流权威媒体"[①]。知识分子由前台到幕后的身份迁移,直接影响到社会民众对知识分子的知识权威与道德权威的信服,这在一定程度上造成知识分子对自身身份感的认同危机和自身责任感、使命感的彷徨。

曾经,知识分子尤其具有知识权威的人文知识分子,是社会思想舆论的塑造者和传播者,在思想文化领域的重大历史事件中发挥关键性作用。"从关于真理问题的大讨论到思想解放运动,从改革文学到新写实主义,再到市场经济合理性思想和混合制股份经济理论出台,

---

① 童世骏:《意识形态新论》,上海人民出版社 2006 年版,第 238 页。

第五章 当代中国知识界思想认同的境遇与考验

以及人文精神失落的讨论，精英文化都对社会起着先导作用，从而拥有不可替代的独特价值。在某种意义上，可以说精英文化是社会文化理想和人文精神的重要载体，它由人文知识分子创造、传播和分享，但其价值指向在逐渐大众化的过程中也往往能够为社会所普遍认同。在社会生活中，精英文化往往'以天下为己任'，承担着社会教化和创新的使命，发挥价值范型功能，是'经典'和'正统'话语的解释者和传播者。"[1]

如今，网络媒体事实上已经成为社会舆论的议题设置者和权威解释者，掌控着话语霸权。网络信息的话语霸权来自西方资本主义意识形态与国内资本利益集团的双重渗透，干扰和消解着当代中国知识分子弘扬社会主义主旋律的自觉担当与文化使命。一方面，以美国为首的西方发达国家利用技术优势，发布政治的、经济的、文化的等各种信息进行资本主义意识形态渗透，同时不遗余力地对社会主义意识形态进行围追堵截，在互联网上散布各种政治偏见，企图消解马克思主义意识形态的社会影响力。在此起彼伏的网络事件中，医生、教师、公务员等成为负面舆论的焦点人物，网络空间成为网民宣泄怨气、对抗主流价值观的"信息茧房"。另一方面，由于资本利益集团的介入，网络媒体一味追求点击率、搏眼球、飙网红，甚至放弃现代传媒的职业操守和道德底线，制造思想混乱。"资本对媒体的控制力大于社会其它力量对媒体的实际控制能力，而网络媒体也在演变成一个代表资本利益的强大的政治权力。媒体不再是为人民服务，更不是为民主法治社会服务，而成了资本精英小圈子进军政治精英小圈子的舞台。媒体和网络上更多的意见领袖成了各个利益集团的代言人。"[2]

在资本和媒体共谋所搭建的网络信息平台中，知识和思想被资本

---

[1] 韩源等著：《国家文化安全论：全球化背景下的中国战略》，社会科学文献出版社2013年版，第144页。

[2] 李希光：《受资本控制，部分主流媒体人格分裂》（http://www.qstheory.cn/politics/2016-07/15/c_1119223906.htm）。

裹挟，知识分子的主体责任淡化或者遭受挤压，弘扬社会主义文化主旋律的社会责任遭遇前所未有的挫折与挑战。

第三节 文化多元化考验当代中国知识界思想认同

当今世界，不同民族国家的文化共存共荣，构成了文化多元化的人文景观。各种文化形态在差异中共生共荣，这是人类文化发展创新以及繁荣昌盛的必然规律与内在要求。汤一介指出："从某种意义上说，当今世界多种文化的发展正是对二千多年前的轴心时代的一次新的飞跃……各民族、各国家在其经济发展的同时一定会要求发展其自身的文化。"① 文化的多元、文明的互鉴势必要打破文化征服与思想殖民的霸权逻辑，让不同民族国家的文化形态、文明样式在世界舞台上绽放异彩。广义的文化多元化既指不同民族国家的文化形态多元并存，也指同一民族国家内部不同文化形态的多样并存，例如中华民族在长期文化积淀基础上形成了不同地方文化、民族文化、边疆文化等的多样并存。但要说明的是，本节所述文化多元化主要是指世界范围内不同民族国家的不同文化形态之间的多样并存。

在不同民族的文化跨域国界而相遇、相知、对话、融合的过程中，知识分子的地位和角色非常重要，他们可谓文化"请进来、走出去"的"形象大使"。对于中国知识分子而言，他们既是引进和介绍异域文化的主体力量，是当代中国人"睁眼看世界"的领路人，同时也是弘扬和传播中华文化的主体力量，是中华文化"走出去"的践行者。概言之，知识分子是文化多元化的直接参与者和重要推动者。那么，随着世界范围内文化多元化的深入推进，会不会导致文化趋同或者文化冲突？会不会冲击当代中国知识界思想认同？对

---

① 汤一介：《瞩望新轴心时代：在新世纪的哲学思考》，中央编译出版社2014年版，第49页。

此问题的回应和解答,必然涉及对文化多元化辩证属性及其本质的科学认识,涉及文化多元化与中华文化立场以及国家文化安全的关系问题。

一 文化多元化的辩证属性与本质

文化是人们认识和改造自然、社会以及人类自身而创造出来的非自然存在物。"由于人类生命存在、实践活动和所处自然环境的共同性,使得文化具有人类的共通性,任何文化都是共性和个性的统一。"[①] 不同文化形态之间共性与个性、普遍性与特殊性的统一,使得不同民族国家之间文化的交流互鉴成为可能。学者万俊人指出,人们所创造并寄居其间的文化传统不仅有着各自的内在丰富多样性,而且相互间各具千秋、难以归一。但多样差异和多元互竞本身并不是人类文明的灾难和悲剧,相反,正是因为这些差异多样和多元互竞,构成了人类文明的真正源泉和动力,创造出了人类的伟大文化和伟大人类。文化多元化的发展趋势符合人类文化发展的辩证规律,是历史的进步。但也必须看到,在当今世界,文化多元化的隐忧依然存在。

(一) 文化多元化的辩证属性

马克思主义认为,事物的矛盾运动和变化发展具有对立统一规律、质量互变规律、否定之否定规律。这也正是唯物主义辩证法的三大规律。对于人类文化而言,和而不同、一体多元、融合创新既是当今世界不同民族文化对话交往的真实写照,也是文化多元化辩证属性的具体体现。

第一,世界文化的和而不同体现文化多元化的对立统一规律。对立统一规律揭示了自然界、人类社会和人类思维都包含内在的矛盾性,即对立统一性。世界上各个民族、各个国家都有自身不同于"他者"的文化形态,诸如各具特色的风俗习惯、生活方式、价值观念、

---

① 刘卓红、林俊风:《论全球语境下文化多元化的价值意蕴》,《岭南学刊》2002年第2期。

行为模式等文化传统，他们彼此不同、差异、对立，但不同民族国家的文化形态又能做到求同存异、和谐共处，在对立中求统一，而不是千篇一律，也不是相互隔绝、相互对抗。这便是文化多元化中的"和而不同"。

"和而不同"对于民族文化发展而言是重要的，也是必要的。一方面，任何文化都是生活于特定社会历史背景的人们与自然、社会以及人自身相处的智慧的积累，维系着特定民族国家的精神命脉，绝不存在完全相同的、整齐划一的文化。马克思、恩格斯指出："古往今来每个民族都在某些方面优越于其他民族。"[1] 因此，任何民族国家的文化价值都应该得到尊重，要以文化宽容而不是文化霸权的态度对待"他者"文化。另一方面，文化的不同有助于相辅相成、相互借鉴。任何文化都只有在与"他者"交往的开放环境中才能够自我觉知并审视自身短长，才能摆脱自身文化的消极因素，吸取其他文化资源的优秀成果，从而增强民族文化的创造力和生命力，赋予社会成员以更丰富的精神滋养。

第二，世界文化的一体多元蕴含文化多元化的质量互变规律。质量互变规律揭示了事物因矛盾引起的发展过程是渐进性与飞跃性的统一。任何文化都是一定民族在长期的生产生活实践中积淀而来的，具有量变的特点。但是，不同民族文化走向一体则是文化多元化的发展趋势，也是未来世界文化的理想建构模式。这里的"一体"是与世界历史发展进程相一致的文化表达形态。"'一体'是对'人类一体'认识上的统一，'多元'则是对自身文化的自信。一体多元的特点是纵向连续性、横向包容性、内在统一性。这种一体多元的价值建构，体现着对人类共同命运的关切，然而也没有忽视或试图隐瞒那些使世界上各民族彼此相异的在种族、地域、历史、语言、习俗、利益等方面的多样性，而是坚持通过有效磋商来取得共识。这是一场前所未有的变化，是人类在经过自身存在的无数次反省而达到的一种精神上的

---

[1] 《马克思恩格斯全集》第 2 卷，人民出版社 1957 年版，第 194 页。

自觉，是对人类未来文明图景的宏观构建。"[1]

在一体多元的文化建构与文化发展中，一方面有民族文化的继承式、渐进式发展，另一方面也有民族文化的"质的飞跃"。在当代中国，社会主义文化取代以儒家学说为代表的封建主义文化是革命性的质变，是新事物取代旧事物的历史必然，但中国特色社会主义文化本身仍是继承传统文化精华的民族文化复合体，也正是因为其对文化传统的继承与延续，才避免了传统文化与现代文化冲突而造成的灾难性毁灭。质量互变规律的方法论告诉我们，在认识和处理人类文化发展问题时必须坚持适度原则，不可武断、绝对。由于世界发展仍然存在利益冲突，所以，在世界范围内，在多元文化的对话交往中，仍然需要有意识地保持文化整合的必要限度。否则，就可能在盲目的学习中丧失自我，沦为其他民族文化的附庸。

第三，世界文化的融合创新反映文化多元化的否定之否定规律。否定之否定规律揭示了事物的生命力存在于自身的矛盾运动，即自我否定、向对立面的转化。文化多元化不仅仅是指在全球范围内不同民族文化的共存共荣，而且它也意味着在某一单一民族国家中的传统文化对其他民族文化的宽容以及必要的吸收。任何民族文化都不是抽象的、凝固不变的，而是一个不断发展变化的有机生命体。在文化多元化的过程中，民族文化各自具有鲜明的民族特色，但各种文化彼此之间是时刻不停地进行着相互交流、对话与融合。质言之，多元化的文化构成文化融合的选择性空间。文化的融合是你中有我，我中有你。在相互融合的过程中，每一种文化都按照自己的价值观念和标准进行自主的选择，吸纳来自于异质文化的精髓，不断丰富和发展自己。因此，文化在任何时候都是一个动态的、开放的、不断变化着的系统，它的发展壮大永远离不开与其他文化的交流、沟通和传播。

---

[1] 刘卓红、林俊风：《论全球语境下文化多元化的价值意蕴》，《岭南学刊》2002年第2期。

多元文化在融合的过程中也会伴有冲突，没有冲突就没有融合，而且融合本身就包含着冲突或矛盾。但它们之间不是一种天然对立的关系，而是一种相互渗透、相互竞争的关系。所以，民族文化保持生命力的途径就是正视冲突，迎接挑战，通过自我否定、向对立面转化的方式，吸收借鉴其他文化的有益成分，使自身文化得以更新和发展。从人类文明进程来看，整个世界的文化也是在各种文化的交流和发展中不断走向繁荣创新的。

（二）文化多元化的本质

如果说辩证属性是当代世界文化多元化的表现形式的话，那么，思想多元化或者价值观多元化则是文化多元化的本质与核心。

文化是个整体性概念，诸如饮食文化、服饰文化、居住文化、语言文化、思维方式、价值观念、民族精神等都属于文化范畴。前文已述，思想是文化中最为活跃的内容，价值观是文化的核心，而思想与价值观在一定程度上又是等值的。每个民族国家都有其独具特色的文化样式，而文化的核心是蕴涵在文化深层的思想与价值观念。正是各民族国家不同的思想体系、价值观念、思维方式等，塑造了不同民族国家各具特色的风俗习惯、文化心理、生活方式和行为模式等。因此，从这个意义上来讲，文化多元化实质上是思想的多元化或者价值观的多元化。

人类每一种文化都是经历了几千年甚至上万年的积淀而发展起来的，它们的经验和智慧、它们的信息库藏都是其他的文化所无法替代的。所以，思想的多元化或者价值观的多元化体现着时代和个体发展的必然趋势与结果。然而，随着经济全球化进程的加快、互联网技术的迅速发展，先进文化和落后文化、保守文化和开放文化、民族文化和外来文化等交织在一起，使得文化多元化呈现出有悖发展初衷的复杂局面。在当今世界的文化多元化中，既有民族国家对本土文化的主体自觉，同时也隐含着深刻的思想较量与价值观较量。

当今世界，文化"软实力"成为风靡全球的流行话语，人们从关心经济发展、科技进步、军事实力等有形的"硬实力"转向关注政治制度和文化价值观的感召力等无形的"软实力"。冷战结束以后，西方资本主义国家陶醉在"社会主义失败论"的喜悦中，"历史终结论""马克思主义过时论"等西方社会思潮借机吹捧西方文化价值观念，试图钝化马克思主义思想体系的批判力、解释力、说服力。在此背景下，美国学者塞缪尔·亨廷顿抛出具有蛊惑性的"文明冲突论"，强调全球政治格局开始沿着文化线被重新确立，"人民之间最主要的区别不是意识形态的、政治的或经济的，而是文化的区别"[①]。"文明冲突论"试图将文化与意识形态相剥离，但仍然摆脱不了"非意识形态化"的意识形态陷阱，实质上是为西方继续推行文化扩张与文化殖民摇旗呐喊。亨廷顿一边鼓吹和宣扬"文明冲突论"，一边强调对文化多元化的抑制和对文化中心论的坚持，他讲道，"虽然美国的流行文化和消费品席卷全世界，渗透到最边远和最抗拒的社会……在经济、意识形态、军事技术和文化方面居于压倒优势"，但美国"要想重新唤起较强的国家特性感，还需要战胜美国存在的崇尚多样性及多元文化主义的思想"。他甚至公开扬言："如果多元文化盛行，如果对开明的民主制度的共识发生分歧，那么，美国就可能同苏联一道落进历史的垃圾堆！"[②] 可以看出，"文明冲突论"依然没有摆脱"西方中心论"的思维模式，充当着后殖民时代美国文化霸权的话语工具，本质在于维护美国在世界范围的思想霸主地位。

美国具有根深蒂固的"自命不凡""唯我独尊"精神，自视代表着未来理想社会的典范，把推行世界的资本主义化视为当然之责。美国学者约翰·耶马指出："美国的真正'武器'是好莱坞的电影业、麦迪逊大街的形象设计厂和马特尔公司、可口可乐公司的生产线。美国制作和美国风格的影片、服装和'侮辱性的广告'成了从布穹布拉一直到符拉迪沃斯托克的全球标准，这是使这个世界比以往任何时

---

① [美] 塞缪尔·亨廷顿：《文明的冲突与世界秩序的重建》，周琪等译，新华出版社1999年版，第6页。
② [美] 塞缪尔·亨廷顿：《美国国家利益受到忽视》，转引自乐黛云《文化转型和文化冲突》，《民族艺术》1998年第2期。

候都更加美国化的最重要因素。"① 在世界经济、政治秩序依然不平等的情况下,美国凭借经济和科技优势,以"三片"(薯片、芯片、影片)的力量,利用文化"软实力"威逼利诱他国抛弃历史文化传统、放弃文化主权。

文化成为综合国力的重要因素,在文化多元化的表象下隐藏着激烈的文化博弈与思想争夺。暗流涌动的多元化文化不但没有终结历史与意识形态,反而使得文化成为国家综合国力竞争和意识形态较量的新型工具。"20世纪90年代以后,随着经济全球化的日涨、冷战局面的结束,国家主权斗争的重点发生了重要变化,文化的地位不断上升,文化主权成为主权斗争中的一个新的领域和核心要素,一些西方发达国家实施文化扩张主义,干涉他国的文化主权,而大多数发展中国家则在对它抑制的同时,积极发展自身的文化传统和人文精神,以维护自己的文化主权。"② 在社会主义与资本主义两种社会制度对话对抗并存的历史条件下,西方文化产品大量涌入我国,必然会对人们的思想观念与价值取向产生强烈冲击与严峻考验。

二 文化多元化考验当代中国知识界思想认同的中华文化立场

文化立场影响人们观察与思考社会现象的角度与方式。党的十九大报告指出,"文化是一个国家、一个民族的灵魂。文化兴国运兴,文化强民族强。……发展中国特色社会主义文化,就是以马克思主义为指导,坚守中华文化立场"③。当前学界对"坚守中华文化立场"的研究较多集中于目的、路径、方法等。学者朱康有指出:"坚守中华文化立场,就是按照主要在中国大地上产生并发展的共同文化价

---

① [美]约翰·耶马:《世界的美国化》,转引自韩源《国家文化安全论》,社会科学文献出版社2013年版,第102页。
② 金民卿:《全球化·大众文化·文化主权》,《河北学刊》2000年第6期。
③ 习近平:《决胜全面建成小康社会 夺取新时代中国特色社会主义伟大胜利——在中国共产党第十九次全国代表大会上的报告(2017年10月18日)》,人民出版社2017年版,第40—41页。

观、思维方式、人文理念、核心思想来分析和处理问题。"① 学者马忠认为："'坚守中华文化立场'的主要目的是树立中华优秀传统文化、革命文化、社会主义先进文化的高度自信，核心是以中华优秀传统文化为历史基点，以革命文化和社会主义先进文化为时代演变和创新发展，深刻理解中华文化的丰富内涵、演变规律、发展方向，为新时代文化建设注入新的元素和活力。""新时代坚守中华文化立场有深刻的背景，不仅有助于为民族复兴提供文化支持和凝聚精神、在世界文明格局中提升中华文化话语权，而且有利于满足新时代人民对精神文化生活的美好向往和需求。坚守中华文化立场就是要传承中华文化核心理念、发扬中华文化内在品格、立足中华文化思维方式。树立坚守中华文化立场的正确思路，关键是在'指导'下做到'坚守'，在继承中体现时代性，在保持民族性时具有世界性。"② 在文化多元化的条件下，维系民族文化合法性与独立性的根本在于高举本土化旗帜。越是民族的，越是世界的。坚守中华文化立场就是要在文化多元化的世界交往中，以中国话语、中国声音讲述中国故事，以中国立场、中国元素表达中国精神，以中国思想、中国理论阐明中国实践。

对于近现代中国知识分子而言，思想认同与文化立场具有内在一致性。思想认同与文化立场总是同国家命运、民族兴衰联系在一起的。近代中国百年屈辱的历史使部分知识分子在文化立场上出现了中华文化认同危机，无奈、失望甚至否定的文化心理一度造成"文化决定论""文化普世论""文化调和论"等知识分子幼稚病、臆想病。在文化多元化的背景下，这些论调再次泛起，只是背后的原因不再是民族危机、文化危机，而是文化博弈。"近来有一股思潮甚嚣尘上，其核心在于认为中文（一曰方块汉字）像一个猪圈，圈住了国人的思维和想象力。这种谬论虽不新鲜，然沉渣泛起大有因由……对中文

---

① 朱康有：《坚守中华文化立场》，《人民政协报》2017年11月20日第10版。
② 马忠：《新时代坚守中华文化立场的路径思考》，《马克思主义理论学科研究》2018年第5期。

的怀疑背后其实还是与'中国威胁论'和'中国崩溃论'有关。"①语言是思想的"家",是民族文化的表达样式,没有语言就没有民族文化,唯有语言才可以建筑与守护个人、民族、国家的思想大厦。实际上,对中文存在合理性的怀疑与污蔑仍然摆脱不了中华文化不认同、不自信的窠臼。今天,中国已经成为世界第二大经济体、第一大贸易国,但是经济的富强并没有立即扭转现代世界文化多元化带给中国知识界的思想冲击与思维惯性。

文化多元化丰富了知识界的思想价值观念,让知识分子有更开放、更多样、更自由的思想空间。可是,当中国打开国门学习西方的科学、技术、管理理念的时候,也正是中国知识界文化心理产生落差的时候。因为这种学习是单向的,是中国向西方学习,而不是中国与西方相互学习、平等对话。在这种不对等的文化交往中,中国知识界面临着当代中华文化立场弱化的风险。

一方面,在中外文化交往中,当代中国知识界面临中华文化立场弱化的风险来自于西方话语的流行。在世界文化多元化的进程中,从他者反观自身的跨文化研究逐渐为广大知识分子接受。然而,西方国家凭借经济、科技与军事的绝对优势而拥有天然的话语优势,同时,西方国家深谙"中毒的语言"所具有的魔力,因此格外突出话语的意识形态功能,往往通过话语的传播进行思想价值观念的渗透与输出。

任何一门语言都承载着历史、传统与文化,语言母国的思维方式与文化创造始终与本国语言是紧密相连的。如果世界范围内语言走向单一化,那么必将会出现一种新型的特权群体,即话语特权群体。可是,在今天我们的语言学习与使用上,却存在着英语被无限抬高的现象。有学者就曾表示担忧,当我们在自然科学、人文社会科学领域大量引进英语版教材,规定以英语授课甚至鼓吹以英语思维的时候,是否会因此而失去了以母语进行思维、进行创造的机会,更潜藏着永远

---

① 陈众议:《中文与想象力》,《光明日报》2013年12月13日第16版。

第五章　当代中国知识界思想认同的境遇与考验

跟在别人后面跑，无法进行本源性创新的危险？事实证明，这种危险是客观存在的。在思想文化的重要领域——文艺以及学术研究领域，当代中国知识界已经形成了对西方话语的惯性依赖，一些具有强烈地域文化特色和文化霸权色彩的西方话语被引进中国，成为中国知识界的"学术前沿"与"科学标准"。在文艺领域，自20世纪80年代以来的文艺思潮，被称为创新的部分，几乎全是对西方现代主义及后现代主义种种形式、手法的袭用，从意识流、朦胧诗到泛性论表现和叙述主体的介入，无不如此。文艺批评的话题，存在主义、接受美学、后结构主义、女权主义、后殖民主义，全是西方话语。在文艺理论研究方面，中国最好的批评家也只是复述西方的话语而已。在学术研究领域，同样存在西方话语的滥觞。"从当前我国学术界的流行话语来看，本土性和传统性的学术话语在西方学术话语的包围中越来越丧失'生存权'，充斥于学术著作中的词汇、范式、文献无不是西方的话语体系，这可以说就是一种西方话语领导权的表现。"[①]

在文化多元化的时代，中西方文化既对话又竞争。在此过程中，一旦知识界丧失了"以我为主"的思想定位，缺乏对中华文化主体性的自觉体认与自信，则会演变成为一种新的思想僵化。正是这种固执于西方话语的思想僵化，弱化和消解当代中国知识界立足中国实践的文化原创能力。

另一方面，在传统文化与现代文化的并存中，当代中国知识界面临中华文化立场弱化的风险来自于文化保守主义的鼓噪。乍一看，文化保守主义可能给人以坚持中华文化立场的倾向，因为它是中国社会在遭遇传统与现代的历史碰撞中所产生的一种文化价值观，从一开始就具有对抗资本主义文明的文化诉求。所以，这对于唤起知识界的民族文化认同与西方文化批判具有一定可取之处。但是，我们必须看到，当代中国文化保守主义思潮的总体思路是厚古薄今，坚持"中国本位文化论"，主张"半部论语治天下"，复兴"礼义廉耻"的儒家

[①] 金民卿：《西方文化渗透的程式与路径》，《马克思主义研究》2008年第8期。

文化，儒化共产党，儒化马克思主义。在文化多元化的条件下，文化保守主义以尊古而薄今的方式，遮蔽当代中华文化的指导思想和真实内涵，以复兴传统文化的名义，开历史倒车，违背历史潮流。

在中华民族五千年的历史中，中华文化是动态发展的，它没有停留和止步于中华民族优秀传统文化，而是立足本土，淬炼创新，面向中国近代以来的革命、建设与改革的生动实践，将马克思主义与中国传统文化相结合，既维护了民族文化的精神血脉，又创造了具有本土特色、中国气派的崭新中华文化。

当代中华文化的精髓与特色就在于马克思主义的理论指导。从思想发生的地域来看，马克思主义诞生于欧洲，不是土生土长的中华文化。但马克思主义理论体系具有世界性的普遍意义，因而具有民族化、国别化的思想基础，只要在别国找到实现自我的具体表现形式，就能够成为民族文化的组成部分。马克思主义基本原理与中国实际相结合，产生了毛泽东思想与中国特色社会主义理论体系，它们是扎根中国大地的、具有本土特色的思想体系，它们是中华优秀传统文化的继承与发展，因而是现代中华文化的思想结晶。在当代中国，中华文化不仅是古老而厚重的历史文化传统，而且还是科学的革命的马克思主义文化，后者正是中华文化的发展形态与文化精髓。因此，无论是思想认同，还是坚守中华文化立场，毫无疑问都应当指向马克思主义及其中国化理论成果。

在文化多元化的条件下，中华文化立场是文化创造的立足点和文化土壤，当然不会也不能排斥和抗拒文化的开放、包容与交往。文化立场的选择是大是大非问题，一定要态度鲜明、立场坚定，没有"开明绅士"与"骑墙派"。文化立场一旦模糊，可能会带来政治立场的动摇、异化，进而造成民族独立性的完全丧失。对于当代中国知识界而言，坚守中华文化立场是思想认同的必然要求，思想认同的直接表现就是坚守中华文化立场。面对来自外部的西方话语霸权和来自内部的文化保守主义双重考验，当代中国知识界唯有在坚守中华文化场的前提下进行文化创作，才能把社会主义、马克思主义思想认同落到实处。同时，唯有坚持社会主义、马克思主义思想认同，才能在文化创造中赋予中华文化以时代特色和自我更新的生命力。

三 文化多元化考验当代中国知识界思想认同的国家文化安全意识

安全是事物存在免受威胁的状态，国家安全就是国家政权免受威胁的存在状态。然而，在不同的时代，有不同的国家安全主题与内容。在文化多元化的背景下，文化安全问题日益凸显，已经成为国家安全与国民安全的深层（价值观）内核，是维护国家安全的一道重要屏障。"当前我国国家安全内涵和外延比历史上任何时候都要丰富，时空领域比历史上任何时候都要宽广，内外因素比历史上任何时候都要复杂，必须坚持总体国家安全观，以人民安全为宗旨，以政治安全为根本，以经济安全为基础，以军事、文化、社会安全为保障，以促进国际安全为依托，走出一条中国特色国家安全道路。"① 文化不仅积淀着民族国家以往的文明创造，而且也蕴含着民族国家走向未来历史的精神基因。所以，文化是国家的生命基础，没有文化安全，就没有国家安全。当民族国家的文化受到外来消极文化的侵害而出现衰落时，民族国家的生存也将受到威胁。学者胡惠林指出："国家文化安全是关于一个国家以文化生存与发展为基础的集合，一种由这种集合形成的动力结构规定和影响一个国家文化生存与发展的全部合法性与合理性的集合体。它既包括客观的存在，反映着一个国家文化的生存和发展免于威胁和危险的状态，又包括主观的心理感受，反映着主体对这种状态是否存在的一种价值判断。"② 国家文化安全意识是维护国家文化安全的思想前提与重要基础。因此，国家决策者以及文化建设者是否拥有国家文化安全意识，就显得尤为重要。国家文化安全问题越突出，国家文化安全意识就越重要。

---

① 《习近平谈治国理政》，外文出版社2014年版，第200—201页。
② 胡惠林：《中国国家文化安全论》，上海人民出版社2011年版，第20页。

在世界文化交往对话的进程中，知识界是走在前沿的排头兵，知识界思想认同事关国家文化兴衰与国家文化安全。在中国特色社会主义文化事业中，知识分子承担着"以文化人"、塑造国人精神的文化使命。通过文化创造展示中华文化的独特魅力，增强13亿人做中国人的骨气与底气，这既是知识界的文化责任，也是知识界的文化考验。之所以是考验，是因为多元文化并存的境遇赋予当代中国知识界以特殊的身份，他们既是中国特色社会主义文化的重要创造者，同时，也是抵御西方思想渗透、捍卫国家文化安全、增进社会主义先进文化认同的重要文化主体。具体而言，文化多元化考验当代中国知识界思想认同的国家文化安全意识，主要体现在：

第一，文化多元化为后现代主义思潮在知识界的滋生提供了可能。后现代主义思潮原本是西方国家后工业社会出现的文化思潮，传入中国以后，它已经不仅作为思潮而存在，而且成为影响当代中国部分知识分子文化创造的立场与方法。后现代主义貌似是对多元文化的包容与尊重，但实际上在于弱化、虚化、消解社会主流思想的凝聚力、感召力，主张"流浪者的思维、哲学的终结、中心的消解、基础的坍塌、理性的陨落、结构的颠覆、价值的削平、视角的多元化、解释的游戏化、方法的反传统化等，和目前中国人的现实生活相去甚远"[①]。在后现代主义的影响下，一些腐朽、落后的思想观念和生活方式乘虚而入。在文化创造中，出现了庸俗、低俗、媚俗的倾向，知识界思想认同的崇高价值追求遭遇消费主义、个人主义、拜金主义、享乐主义等冲击。学者王宗峰指出："文学的气象与社会氛围密切相关，而且成互动态势，这也是文学社会学应该关注的现象和问题。近年来我国文学对唯利是图的极端功利主义和金钱至上的拜金主义等价值观的大肆宣扬就与一些不正常的社会风气密不可分。一方面，道德滑坡、价值失范、金钱至上的社会风气对文学创作产生恶劣影响，加

---

① 荆学民：《文化困境：社会转型期信仰迷茫的文化因探察》，《求是学刊》1999年第2期。

上消费主义逻辑基石上的市场功利诱惑,致使文学放弃自己的道义担当、精神使命和价值守持,蜕变为唯利是图、投机钻营的厚黑学宣传册;另一方面,文学的这种气派也影响着受众的价值观,腐蚀其心灵,对社会文化产生了恶劣影响,当然也危及我国的文化安全。"① 在过分世俗化的文学作品中,真善美的价值导向被淡化、边缘化,优秀的国家意识、民族精神、人类美德正在消散、蒸发,这种创作导向与积极向上的社会主义核心价值体系的基本路向背道而驰,严重腐蚀受众心灵。归根到底,国家文化安全最终要落实到塑造和培育国民的主流文化认同,只有当国民的价值取向与国家的主导价值观相一致时,国家文化安全才有具体的、真实的意义。对于当代中国文化建设而言,必须要高度重视知识界对维护国家文化安全的主体作用。

第二,在文化多元化中,当代中国知识界成为西方实施文化输出外交战略的目标人群。随着文化在国家综合实力中地位的彰显,文化安全已经成为21世纪最重要的国家发展战略内容,属于国家总体战略范畴。当今世界,国家文化安全已经不是传统意义上把"意识形态"作为唯一衡量标准的安全战略,而是"一个包括意识形态在内的广泛地涉及一个国家文化传承、文化发展、文化认同等各个方面和各个领域"②的复合型国家战略。美国历届政府执政伊始,都会制定并发布《美国国家安全战略报告》,把对外输出文化价值观作为其实现外部利益的国家战略。在美国的国家安全战略中,通过社会科学研究和理论输出,掌握文化话语权,积极主动建构关于世界变迁的、嵌入美国文化价值观的"真理"性知识,已经成为美国的"思想武器"。美国的国家安全战略对"学术界提出了这样的要求,即它要拿出对实际政治有用的知识——关于世界的知识,关于如何使美国直接促进和控制世界上发生的社会变迁的知识"③。对于发展中国家而言,

---

① 王宗峰:《我国当前的文学创作与文化安全》,《文艺理论与评论》2013年第4期。
② 胡惠林:《中国国家文化安全论》,上海人民出版社2011年版,第11页。
③ [美]雷迅马:《作为意识形态的现代化——社会科学与美国对第三世界政策》,牛可译,中央编译出版社2003年版,第96页。

美国所谓的国家安全战略实施就是一场"没有硝烟的战争"。在这场文化冷战中，西方国家在新闻、广播、出版、电影、电视、音乐、舞蹈、戏剧、文学、美术、教育、体育、卫生与科学技术等领域的思想渗透无孔不入。

美国对外实施文化渗透战略的幕后黑手是中央情报局（CIA）。冷战的设计者、CIA创始人之一乔治·坎南曾直言不讳，坦言中央情报局就是要弥补美国没有设立文化部的体制缺陷。在美苏冷战时期，当时的文化名人乔治·奥威尔、托马斯·曼、W.H.奥登、理查德·赖特、玛丽·麦卡锡以及阿尔伯特·加缪等有意无意间都成了"与CIA签约的作家"。这些文化名人的作品几乎被同时大量翻译并发表在世界多种期刊上，以达到对国外知识界目标人群进行思想渗透和价值颠覆的目的。苏联解体后，中情局依然遵循幕后操控的原则，借助名目繁多的基金组织，通过人才交流项目、图书出版、艺术展览、音乐演出、学术研讨、授予奖项等多种途径，企图贿赂、策反、掌控当代中国的"知识精英"，尤其是国外留学生和人文学科领域的青年知识分子。中央情报局在策划实施秘密图书出版计划时，"通过秘密资助外国出版社或图书销售商，在海外出版或发行书籍而不暴露美国插手其事。出版图书不应与美国政府有任何的联系以免受到'污染'，对于立场'敏感'的作品尤其要注意。出版图书是出于行动的需要，不要顾及商业上是否有利可图。提倡并资助当地的国家的或国际组织的图书出版或发行。鼓励不知名的外国作家撰写具有政治意义的书籍，其方式是，如果公开联系可行，可以直接资助作者，否则就通过文学经纪人或出版商间接资助。"[①]

对于国内一些知识分子而言，在愈益频繁的国际学术交流中，"为了竞争到资助，研究人员不得不依照西方的学术规范设计自己的研究项目，按赞助单位感兴趣的事项作调研。结果，不论是在理论上

---

① ［英］弗朗西丝·斯托纳·桑德斯：《文化冷战与中央情报局》，曹大鹏译，国际文化出版公司2002年版，第276页。

第五章 当代中国知识界思想认同的境遇与考验

还是在方法上，中国学者都追随西方学术界"①。同时，我们看到，美国1983年创建的国家民主捐赠基金会（NED）近年来异常活跃，每年提供超过1000笔资助款项，用以支持全球100多个国家或地区的"民主"人士，成为全世界民主活动家和学者们的情报交换中枢。在美国国家民主捐赠基金会的资助下，中国知识界滋生了一些跪舔西方政治文明的经济学家、法学家、社会学家等高级知识分子和专家教授。

事实上，在世界范围的文化交流中，如果某种学术研究范式能够占据核心地位，那么就意味着它能够拥有普遍性的说服力和学术影响力，并且构成对其他研究范式的挤压和限制。西方国家正是通过经济霸权而占据思想霸权，抢占学术话语高地，一步步蚕食社会主义文化价值观、限制社会主义文化话语权，强化当代中国知识分子的"文化自卑感"和"文明冲突病"，诱导其"无意识"陷入西方文化价值观的迷途，冲击和淡化当代中国知识界的国家文化安全意识。

第三，文化多元化考验当代中国知识界拒斥民族分裂主义思潮的国家安全意识。民族分裂主义是民族主义极端化和阶级斗争隐蔽化的产物，是一种制造民族分离、反对祖国统一的反动政治主张、社会思潮、现实行为。民族分裂主义作为一种社会现象并非中国独有。在国内外政治、经济、文化等因素的作用下，民族分裂主义往往与宗教极端势力结合起来，对所在国家的安全构成严重威胁。在当代中国，西方敌对势力假借宗教问题、民族问题，运用现代高科技的传媒手段，对民族分裂行为和愚昧荒唐的邪教组织进行所谓的文化包装，制造出许多与中华民族历史相悖的歪理邪说，是他们"西化""分化"中国的惯用手段。例如，西方国家以"独虚"文化、"大藏区"理论的名义为"疆独""藏独"民族分裂行为进行辩护，以"世界末日理论"宣扬邪教组织法轮功等。"这些理论体系经常经过西方一些有政治目

---

① ［美］塞缪尔·亨廷顿、彼得·伯杰：《全球化的文化动力：当今世界的文化多样性》，康敬贻、林振熙、柯雄译，新华出版社2004年版，第9页。

的的学者进行学术包装以后，以学术的外衣渗透到国家内部，利用理论的民族认同来进行民族分离主义运动，从文化层面上形成了'离心'特征，形成了对国家文化安全的威胁，最终体现在国家安全上面。"①

在后冷战时代，民族分裂主义往往采取各种方式和手段对我国知识界进行文化宣传渗透。以美国为首的西方国家扶持一些海外民运组织，他们打着宗教信仰自由的旗号，从事"基督民运"活动，把思想渗透的重点放在中国留学生和访问学者身上，企图通过海外留学生和国内高级知识分子进行思想渗透。在此过程中，利用知识、威望和情感等手段，达到影响和控制受众心理、道德和价值判断的目的。为达目的，西方国家不惜一切代价地召集、笼络中国思想界、舆论界、教育界的知识精英，然后，利用知识精英的思想影响力，对受众进行民族分裂主义的"洗脑"行径。因此，当代中国应对后冷战时代民族分裂主义对民族文化安全的威胁与挑战，知识分子尤其一些知识界、文化界名人无法置身事外。在丰富多样的民族文化发展中，增强中华民族共同体意识，维护国家文化安全和祖国统一，是当代中国知识界的文化担当。

面对文化多元化的复杂境遇，"战斗正未有穷期"。广大知识分子对社会现象的认知与思考，尤其需要坚持和坚定马克思主义立场、观点与方法，因为它"使我们能在这种看来扑朔迷离、一团混乱的状态中发现规律性"②。

---

① 韩源等著：《国家文化安全论：全球化背景下的中国战略》，社会科学文献出版社2013年版，第138页。
② 《列宁选集》第2卷，人民出版社2012年版，第426页。

第六章　当代中国知识界思想认同的引领与建构

　　思想是行动的先导，理论是实践的指南。正如毛泽东曾讲的"掌握思想领导是掌握一切领导的第一位"①，在广大知识分子的爱国奋斗过程中，引领与建构当代中国知识界思想认同，才能有效地统一思想、增进共识，才能更好地强信心、聚民心、暖人心、筑同心。引领与建构当代中国知识界思想认同，就是在思想认识上，增强广大知识分子对马克思主义以及马克思主义中国化理论成果的科学性、价值性、有效性发自内心地认同。在中国特色社会主义新时代，要特别突出和强调广大知识分子对习近平新时代中国特色社会主义思想的内心体认。

　　我国广大知识分子是社会的精英、国家的栋梁、人民的骄傲，也是国家的宝贵财富。统筹推进"四个伟大"、全面实施"五位一体"，更加需要知识分子。时代呼唤知识分子为国家富强、民族振兴、人民幸福贡献更多智慧与力量。因此，知识界思想认同不仅是塑造与守护道德规范、价值理念的现实需要，而且是"两个巩固"（着力巩固马克思主义在意识形态领域的指导地位、着力巩固全党全国人民团结奋斗的共同思想基础）以及维护国家利益、国家安全的战略需要。

---

① 《毛泽东文集》第2卷，人民出版社1993年版，第435页。

第一节　引领与建构当代中国知识界
　　　　　思想认同的战略定位

　　战略，是一种高层次的智慧，泛指在一定历史时期指导或决定全局的方略、谋划。举凡战略，皆有全局性、方向性、长期性的特征。毛泽东在1957年省市自治区党委书记会议上的讲话中指出："调动一切积极力量，为了建设社会主义。这是一个战略方针。"[①] 我们党历来重视知识分子，知识分子工作是党的一项十分重要的工作。在新时代，最大程度地团结、吸纳知识分子，最大程度地汇聚力量、凝聚共识，为中国特色社会主义事业提供智力支撑与思想支撑，是引领与建构当代中国知识界思想认同的战略价值所在。

一　引领与建构当代中国知识界思想认同的战略意义

　　思想与经济、政治、文化密不可分。在一定程度上可以说，思想认同就是对一定的经济、政治、文化的价值认同。伴随中华民族迎来从站起来、富起来到强起来的重大历史飞跃，我国经济、政治与文化的发展也迎来了重要的战略机遇期。具体而言，经济方面，在新一轮科技革命和产业变革方兴未艾的进程中，占领科技创新制高点，推动和实现国家强盛，正当其时；政治方面，在全面深化改革的进程中，完善和发展中国特色社会主义制度、推进国家治理体系和治理能力现代化，时不我待；文化方面，在国际文化"软实力"竞争日趋激烈的条件下，繁荣发展社会主义文化，任重道远。这些高瞻远瞩的时代课题都离不开知识分子的积极参与和主动担当，离不开知识分子的思想认同。由此，引领与建构当代中国知识界思想认同，是落实强国战略的需要，是推进国家治理体系和治理能力现代化的需要，是提升国家文化"软实力"的需要。

[①] 《毛泽东文集》第7卷，人民出版社1999年版，第187页。

第六章　当代中国知识界思想认同的引领与建构

(一) 引领与建构知识界思想认同是实施强国战略的需要

古代智慧告诉我们，"功以才成，业由才广"。人才是决定战略成败、事业兴衰的关键要素。马克思主义认为，生产力是推动社会发展的最终决定力量。在生产力的诸要素中，人是最活跃的要素，人类知识和智慧的发展程度决定着开发、利用自然的深度与广度。因此，人才、知识在国家经济社会发展中具有战略性、基础性地位和作用。为了实现国家富强、繁荣、昌盛的宏伟目标，我国出台了一系列战略决策。然而，任何一项战略决策的贯彻落实都离不开人才，离不开知识分子。1995年中共中央、国务院作出实施"科教兴国"的战略决策，2002年中共中央、国务院在关于印发《2002—2005年全国人才队伍建设规划纲要》的通知中，首次明确提出"人才强国"战略。党的十八大以来，以习近平同志为核心的党中央重申人才强国战略，并提出一系列强国战略，如文化强国战略、网络强国战略、教育强国战略、质量强国战略、海洋强国战略、创新驱动发展战略等。其中，人才强国战略对其他强国战略的实施具有基础性作用，因为"人才资源是第一资源"[1]，"人才是实现民族振兴、赢得国际竞争主动的战略资源"[2]。2013年10月21日，在欧美同学会成立一百周年庆祝会上，习近平指出："人才资源作为经济社会发展第一资源的特征和作用更加明显，人才竞争已经成为综合国力竞争的核心。谁能培养和吸引更多优秀人才，谁就能在竞争中占据优势。"[3] 未来的世界，将是人才和知识分子尽显才华的世界。国际竞争将演变成为人才竞争，高新技术和高端人才流向哪里，经济发展的制高点和核心竞争力就转向哪里。

---

[1] 《江泽民文选》第3卷，人民出版社2006年版，第319页。
[2] 习近平：《决胜全面建成小康社会 夺取新时代中国特色社会主义伟大胜利——在中国共产党第十九次全国代表大会上的报告（2017年10月18日）》，人民出版社2017年版，第64页。
[3] 《习近平在欧美同学会成立100周年庆祝大会上的讲话》，《人民日报》2013年10月22日第2版。

知识和科技是无国界的,但科学家和知识分子是有祖国的。以前,中国因贫穷落后而挨打,但广大知识分子依然心系祖国,顽强奋斗,"索我理想之中华"。今天,中国特色社会主义事业进入新时代,我们比历史上任何时期都更接近实现中华民族伟大复兴的宏伟目标,我们也比历史上任何时期都更加渴求人才。"截至2012年底,我国出国留学人员达到264万人,留学回国人员达到109万人。"① 出国留学人员的回国潮既是我国经济社会发展的体现,也是我国经济社会发展的动力。在广大知识分子的努力下,实现国家富强的宏伟目标,既体现在科技创新的跨越式发展以及创新成果的世界引领力上,同时也体现在哲学社会科学向中国、向世界推出精品力作、原创理论成果上。正如习近平所讲:"这是一个需要思想而且一定能够产生思想的时代。我们不能辜负了这个时代。"② 实施国家强国战略,实现国家富强的发展目标,必须高度重视人才,高度重视知识分子在传播正能量、追求真善美、弘扬主旋律中的使命担当,需要我们聚焦当代中国知识界思想认同的引领与建构问题。

(二)引领与建构知识界思想认同是推进国家治理体系和治理能力现代化的需要

恩格斯说过:"一个民族要想站在科学的最高峰,就一刻也不能没有理论思维。"③ 中华民族要实现伟大复兴,当代中国要推进国家治理体系和治理能力现代化,也同样一刻不能没有理论思维。举凡国家战略需要、战略举措,都需要有丰富多样的理论论证与理论支持。正如习近平所讲:"我们要把完善和发展中国特色社会主义制度、推进国家治理体系和治理能力现代化作为全面深化改革的总目标,勇于推进理论创新、实践创新、制度创新以及其他各方面创新,让制度更

---

① 《习近平在欧美同学会成立100周年庆祝大会上的讲话》,《人民日报》2013年10月22日第2版。
② 《习近平在哲学社会科学工作座谈会上的讲话》,《人民日报》2016年5月19日第2版。
③ 《马克思恩格斯选集》第3卷,人民出版社2012年版,第875页。

加成熟定型，让发展更有质量，让治理更有水平，让人民更有获得感。"① 没有革命的理论，就没有革命的运动。对于国家治理体系和治理能力现代化的战略目标而言，理论创新具有"第一位"的重要作用，是其他方方面面创新之首。

理论创新的重要性源于实践的原创性、独一无二性。"当代中国的伟大社会变革，不是简单延续我国历史文化的母版，不是简单套用马克思主义经典作家设想的模板，不是其他国家社会主义实践的再版，也不是国外现代化发展的翻版，不可能找到现成的教科书。"②这就为当代中国哲学社会科学以及广大知识分子提出了理论创新的时代课题。"我国哲学社会科学应该以我们正在做的事情为中心，从我国改革发展的实践中挖掘新材料、发现新问题、提出新观点、构建新理论，加强对改革开放和社会主义现代化建设实践经验的系统总结，加强对发展社会主义市场经济、民主政治、先进文化、和谐社会、生态文明以及党的执政能力建设等领域的分析研究，加强对党中央治国理政新理念新思想新战略的研究阐释，提炼出有学理性的新理论，概括出有规律性的新实践。"③ 质言之，在国家政策和国家战略制定中，知识分子尤其是哲学社会科学知识分子发挥着不可替代的作用，他们承担着系统研究和科学论证国家政策、国家战略的使命。此时，如果广大知识分子没有科学的理论思维，没有正确的思想指导，那么，必将会影响到国家治理体系和治理能力现代化的深入推进和有效执行。因此，引领与建构当代中国知识界思想认同成为时代之需。

（三）引领与建构知识界思想认同是提升国家文化软实力的需要

在现代世界，思想认同的获得与维系不能简单依靠国家机器、政治话语权的强制力量，而是更多地依赖于潜移默化的柔性力量——精神文化及其内蕴的价值观念。因此，当今世界各国都把文化软实力的

---

① 《习近平谈治国理政》第2卷，外文出版社2017年版，第39页。
② 《习近平谈治国理政》第2卷，外文出版社2017年版，第344页。
③ 《习近平谈治国理政》第2卷，外文出版社2017年版，第344页。

提升作为国家文化发展战略来部署和推进，千方百计地壮大自身的文化竞争力。美国学者"软实力之父"约瑟夫·奈指出："软性的同化权力与硬性的指挥权力同样重要。如果一个国家可以使其权力被他国视为合法，则它必将遭受更少对其所期望的目标的抵制。如果其文化与意识形态有吸引力，其他国家将更愿意尾随其后。"① "软实力"作为国家综合国力的重要组成部分，特指一个国家依靠政治制度的吸引力、文化价值的感召力和国民形象的亲和力等释放出来的无形影响力。具体而言，"软实力"主要包括：一是文化的吸引力和感染力。二是意识形态和政治价值观的吸引力。三是外交政策的道义性和正当性。四是处理国家间关系时的亲和力。五是发展道路和制度模式的吸引力。六是对国际规范、国际标准和国际机制的导向、制定和控制能力。七是国际舆论对一国国际形象的赞赏和认可程度。

文化软实力不是"虚功"，而是实实在在的能力，也是实实在在的权力。它能通过吸引力而非威逼或利诱达到目的，是一个国家综合实力中除传统的、基于军事和经济实力的硬实力之外的另一组成部分。软实力的重要性并不否定硬实力的基础性，两者相互区别、相互促进。硬实力是软实力的基础，同时软实力的存在为硬实力拓宽道路，具有放大、延伸硬实力的功能作用。所以，硬实力的提升越来越依赖于软实力的作用。

作为一个拥有五千年华夏文明史的国家，作为一个曾因民族危亡而引发文化危机的国家，作为一个让科学社会主义绽放创新活力的国家，中国有足够的理由高度重视社会主义文化建设的作用。可以说，文化建设在党和国家工作全局中的战略性地位日渐彰显，党和国家对文化建设规律的认识也更加理性、科学。然而，文化建设绝非一日之功。从世界范围来看，中国文化软实力仍然处于"弱势地位"，仍然具有较大的提升空间。与传统文化相比，当代中国文化软实力的国际

---

① [美]约瑟夫·奈：《硬权力与软权力》，门洪华译，北京大学出版社 2005 年版，第 234 页。

地位和世界影响力显然与"大国崛起"的国家形象不匹配。2018年7月12日，美国南加州大学外交研究中心联合英国波特兰公关公司共同发布了《2018年全球软实力研究报告》。报告中的软实力排名指数主要依据六个类别的客观数据（政府、文化、教育、全球参与度、企业和数字化）以及全球民意调查。报告显示，中国排名第二十七位，连续四年跻身软实力三十强。在国际参与度和教育两项指数上有显著提高。此外，中华文化作为国家的传统优势依旧举世瞩目，在文化影响力指数上位列前十。① 总体而言，中国文化软实力与西方发达国家相比，仍然处于"弱势"地位。

文化软实力竞争存在"西强我弱"的局面，但文化软实力从来都不是凝固、静止的存在，而是处于动态的变化之中。中国文化软实力的提升需要发挥人的力量，尤其是知识分子的文化创造力与文化传播力。正如古人所讲，"人能弘道，道不弘人"；"道不空行，必依其人"。马克思、恩格斯也曾讲："思想本身根本不能实现什么东西。思想要得到实现，就要有使用实践力量的人。"② 一切人类文明、一切创新成果都是人的创造，硬实力、软实力，归根到底要靠人才实力。在此背景下，聚焦并研究当代中国知识界思想认同就成为文化软实力提升的现实需要。

二 引领与建构当代中国知识界思想认同的战略目标

战略目标是战略行动所要达到的预期结果，是制定和实施战略举措的出发点与归宿。引领与建构当代中国知识界思想认同的战略目标可以概括为：团结和吸纳知识分子、创新意识形态话语体系、建设社会主义文化强国。

（一）团结和吸纳知识分子

思想认同是行动者意义的来源，也是民族和国家共同体凝聚力量

---

① 《2018软实力报告出炉：中国排名第27位 美国持续下跌至第四名》（https：//news.china.com/international/1000/20180712/32670680.html）。

② 《马克思恩格斯文集》第1卷，人民出版社2009年版，第320页。

的前提。对于知识分子而言,坚持和弘扬爱国奋斗精神,在中国特色社会主义新时代建功立业,思想认同是重中之重的认识问题。正如格尔茨所说:"思想——宗教、道德的、实践的、审美的——如同马克斯·韦伯及其他人永不厌倦地坚持的那样,必须有强大的社会集团来承担,才会发挥强大的作用。必须有人尊崇它们、赞美它们、维护它们、贯彻它们。"① 知识分子正是担此重任的"知识"共同体和"社会集团"。引领与建构当代中国知识界思想认同不是简单粗暴的思想控制,也不是放任各种文化思潮自发涌流,而是遵循社会历史发展规律和知识分子成长规律,增进知识分子对社会主流思想和先进文化的精神认同,并使其内化为主体的精神建构,进而成为唤起态度、评价是非、价值选择、行为实践的精神导航。在此意义上可以说,引领与建构知识界思想认同是通过政治与文化的积极行动来化解社会冲突、建构共同意义、凝聚社会力量的自觉自为过程。

当前我国知识分子分布于社会发展的各个方面、各个领域,发生了从原来"党内外"到现在"党内外""体制内外""国内外"的重要转变。在这样的转变中,团结和吸纳知识分子是一项事关国家发展全局的重大课题。引领与建构思想认同就是要寻求"党内外""体制内外""国内外"知识分子爱国奋斗的最大公约数。习近平指出:"环境好,则人才聚、事业兴;环境不好,则人才散、事业衰。要健全工作机制,增强服务意识,加强教育引导,搭建创新平台,善于发现人才、团结人才、使用人才,为留学人员回国工作、为国服务创造良好环境,促使优秀人才脱颖而出。"② "我们要以识才的慧眼、爱才的诚意、用才的胆识、容才的雅量、聚才的良方,广开进贤之路,把党内和党外、国内和国外等各方面优秀人才吸引过来、凝聚起来,努力形成人人渴望成才、人人努力成才、人人皆可成才、人人尽展其才

---

① [美]克利福德·格尔茨:《文化的解释》,韩莉译,译林出版社1999年版,第372页。
② 《习近平谈治国理政》,外文出版社2014年版,第61页。

第六章　当代中国知识界思想认同的引领与建构

的良好局面。"① 以"中国梦"为引领，培育和激发当代中国知识分子的爱国之情、强国之志、报国之行。如此一来，当代中国知识分子的思想认同便有了现实依托和环境支撑，党和人民事业也就有了团结力量和凝聚智慧的人才支撑。

（二）创新意识形态话语体系

任何一种占据统治地位的意识形态，如果把自身与政权的相关性降格为依附性的话，必然会弱化和降低意识形态的创新力。质言之，意识形态即使得到国家制度的政治支持，也依然要保持对社会文化与人文精神的价值关切。正如美国学者詹姆斯·罗尔所讲："意识形态的提供者依赖于文化，因为只有思想观点以巨大的影响力和重复性在社会上流传时，意识形态才有效，这是一个展现在日常生活的常规互动中的过程。"② 马克思主义中国化时代化大众化的过程，不仅是在政治上确立和巩固马克思主义意识形态领导权的过程，同时也是马克思主义深刻变革和改造中华优秀传统文化的过程。对于当代中国主流意识形态建设而言，"最重要的是先要建立稳定而有效的文化话语权，通过文化话语权引导公众的思想意识，在此基础上才能够建立稳固的政治话语权和意识形态领导权"③。

在当代中国，建设具有强大凝聚力和引领力的社会主义意识形态，充分发挥马克思主义意识形态对其他社会意识的引领作用，必然"不能一味强调自己的意识形态的'唯一'科学性，也不能仅视自己的意识形态为'政治术语'或'宣传话语'而放弃在科学上的努力"④。马克思主义是科学的思想体系，但是，任何一门科学都不可能终结对世界的真理性认识，创新是马克思主义话语体系获得源源不

---

① 《习近平谈治国理政》第2卷，外文出版社2017年版，第41页。
② ［美］詹姆斯·罗尔：《媒介、传播、文化——一个全球性的途径》，董洪川译，商务印书馆2005年版，第154—155页。
③ 梅景辉：《文化自信与马克思主义意识形态话语权的当代发展》，《马克思主义研究》2017年第5期。
④ 陈锡喜：《马克思主义：意识形态和话语体系》，华东师范大学出版社2011年版，第300页。

断的生命力、解释力的源泉。然而，意识形态话语体系创新并不是"彻底颠覆""推倒重来"，而是在坚持中创新，在创新中坚持，即在坚持马克思主义基本原理、核心话语、精神实质的前提下，结合时代特征进行话语体系创新，赋予马克思主义思想体系以活力。唯其如此，才能确立并巩固马克思主义意识形态的科学权威地位。

马克思主义话语体系创新需要借鉴不同学科领域、不同研究视角的科学理性成分，为"马"所用。一般而言，知识分子有比较丰富的知识，其中不少是学有所长、术有专攻，有的还是某些领域某些方面的行家里手，对自然、社会、人文有比较深刻的理解。他们的理论观点、思想观念、思维方式、话语内容往往具有群体性、代表性、时代性等特征。引领与建构当代中国知识界思想认同首先要了解和回应知识界思想状况，必要时还要选择性地借鉴与吸收其合理成分。这也是马克思主义意识形态对社会生活、社会心理进行"顺应""过滤""反哺"的过程，是对知识界思想文化观念的批判性融合。对于主流意识形态建设而言，当代中国知识分子求真扬善达美的文化追求，不是淡化或者消解马克思主义话语权的破坏力量，而是建设性重构马克思主义科学权威、创新马克思主义话语体系的智慧力量与文化支撑。

（三）繁荣发展社会主义文化

在人类文明演进的历史进程中，文化是人对自身生命活动的自觉表达。然而，文化的发展从来都不是杂乱无章，而是有方向的。从根本上来看，文化发展的方向源于历史发展的方向。正因为历史有前进、倒退之分，所以，文化也有进步与落后之别。凡是顺应历史发展潮流的文化，必然具有从弱小走向强大的生命力，反之，则是腐朽的、落后的。由此，中国特色社会主义文化的繁荣发展，在根本上取决于中国特色社会主义事业的繁荣发展。

当代中国知识界思想认同的重要表现就是对马克思主义关于人类历史发展规律的自觉体认，对中国特色社会主义历史必然性的自觉认同。正如美国学者海尔布隆纳在《马克思主义：赞成和反对》中表示，与马克思生活的时代相比，现代世界已经发生了深刻变化，但我们"还要向马克思求教，以获得洞察当代事物的眼力"[①]。原因就在于"人类社会至今仍然生活在马克思所阐明的发展规律之中"[②]。当代中国广大知识分子自觉的文化方向感源自于科学的历史观，即对人类历史发展规律与历史发展走向的理性认同。如果知识界在历史发展方向上迷失，奉历史虚无主义、"历史的终结"等各种错误思潮为圭臬，那么，这些思想倾向必然会映射或者表达在文化创作之中。对此，历史上曾有深刻的警醒与教训。

广大知识分子作为社会主义文化建设的生力军，他们的思想认同状况直接影响到社会主义文化建设的兴衰成败。引领和建构当代中国知识界思想认同，坚定他们对民族文化先进性的自觉与自信，激发他们文化创造的主体性与主动性，才能在中国特色社会主义伟大实践中进行中国特色社会主义文化的伟大创造，才能繁荣发展社会主义文化，才能建设文化强国。

第二节 引领与建构当代中国知识界思想认同的战略原则

原则是言说、行为所依据的准则或规范。原则既是一种解决问题的总体思路，也是突破固有思维模式的局限而遵循本质性、规律性的方法。只有坚持正确的、合理的指导性原则，才能有效实现引领与建构当代中国知识界思想认同的预期战略目标。引领与建构当代中国知识界思想认同的战略原则主要包括：以人民为中心的文化创作导向原则、国家至上兼顾个体的利益原则、理论灌输与思想沟通并重的育人原则、共同但有区别的意识形态责任原则。

[①] [美]海尔布隆纳：《马克思主义：赞成和反对》，易克信、杜章智译，中国社会科学院情报研究所1982年版，第1页。

[②] 《习近平谈治国理政》第2卷，外文出版社2017年版，第329页。

一 以人民为中心的文化创作导向原则

人民,是历史的创造者,是真正的英雄。以人民为中心,是中国共产党和中国特色社会主义事业的信仰动力和前行定力,也是当代中国知识分子文化创造、文化传承的最高价值诉求。古今中外,但凡是名垂青史的思想家、理论家,无不心里装着人民,胸怀人民信仰。钱学森同志曾经说过:"我作为一名中国的科技工作者,活着的目的就是为人民服务。如果人民最后对我的一生所做的工作表示满意的话,那才是最高的奖赏。"[①] 在中国特色社会主义新时代,知识分子大有可为、事业有为的前提在于,坚持人民立场、永葆人民情怀、顺应人民期待,通过文化创作,不断提升人民群众的获得感、幸福感。

文化是人的生命活动的自觉展现方式,不同的文化必然表现不同的人。恪守以人民为中心的文化创作导向,就是要求广大知识分子坚持马克思主义的人民主体思想。以人民为中心的文化创作导向意味着文化创作为了人民、文化创作依靠人民、文化创作成果由人民共享,三者之间互相联系,形成一个整体。为了人民,揭示了文化创作的出发点;依靠人民,揭示了文化创作的动力;文化创作由人民共享,揭示了文化创作的归属。文化创作为了人民,使得文化创作依靠人民有了充分理由;文化创作依靠人民,也就决定了文化创作成果由人民共享;人民共享文化创作成果,则进一步落实了文化创作为了人民。以人民为中心的文化创作导向是社会主义文化的本质要求,是马克思主义和中国化马克思主义的价值立场。

作为一种普遍规定,以人民为中心的文化创作导向一般不会引发知识分子价值判断的争议。然而,问题在于,以人民为中心的文化创作导向在执行过程中的思想偏差、概念模糊、话语混乱。一些知识分子缺乏对历史科学的整体把握,无法从纷繁复杂的历史现象中透视人民的真实需求、真实期待,自觉或者不自觉地成为一些敌对势力或利

[①] 《习近平谈治国理政》,外文出版社2014年版,第58—59页。

第六章　当代中国知识界思想认同的引领与建构 ◀

益集团的帮凶、喉舌，歪曲、错置人民的中心地位，污名化马克思主义的人民性立场。所以，出现了一些专家学者坚持所谓的"人民立场"，专门聚焦于社会上个别人物的悲情事件，将社会主义初级阶段尚需完善的体制机制渲染成为罪恶之源。这样的社会关怀方式貌似公平正义，实则包藏祸心，危害甚多。产生这种概念模糊、话语混乱的主要原因在于，误读马克思主义的"人民"内涵。在马克思主义的语境中，"人民群众不是单个人的简单集合，不是空洞的集合名词，而是历史活动的现实主体，是以先进阶级为内核、以劳动群众为基础，包括一切顺应历史发展的集团和个人在内的有机整体，因而党性（阶级性）和人民性从根本上是一致的"①。马克思主义并不否定个体生命的独特价值，但是，唯有人民——而不是利己的个人——才能够给予历史创造以无限动力。当代中国知识界坚持以人民为中心的文化创作导向，根本而言，就是在文化创作中坚持马克思主义的阶级立场，坚持人民主体的唯物主义历史观。

　　对于知识分子而言，坚守以人民为中心的价值导向，务必要澄清并摆正人民与个人之间的辩证关系。人民与个人都是对"人是什么"问题的观照，但各有侧重。个人，相对于社会而言，强调的是生命的有限性和价值的差异性；人民，相对于敌人而言，强调的是生命的无限性和价值的同构性。当代中国知识分子恪守以人民为中心的文化创作导向，事实上包含着这样的逻辑规定，即坚持人的社会性存在第一、个体性存在第二的逻辑次序。只有把人民置于社会历史之中，在历史进程和历史规律中把握人民的真实期待、根本需要，才符合马克思主义人民主体思想的本意，才能真正成为当代中国知识界思想认同的文化创作导向。

二　国家至上兼顾个体的利益原则

　　引领与建构当代中国知识界思想认同，归根结底是寻求利益共

---

① 侯惠勤：《要从根本理论认知上向党中央看齐》，《四川日报》2016年11月9日第6版。

识。马克思讲过,"人们奋斗所争取的一切,都同他们的利益有关。"① 利益是现实的,不是虚幻的;利益是流变的,不是凝固的;利益是多样的,不是单一的。任何时代、任何社会都无法拒斥利益,利益是人们思想和行动的动力、源泉。因此,对思想认同的观照必然关涉利益。

广大知识分子是国家之栋梁、民族之希望。他们也有利益需求,只不过他们最大的利益关切是国家、社会、人民的利益,这也正是知识分子最为可贵的品质。所以,知识分子决不囿于狭小的利益眼界,他们大公无私的家国情怀与忧国忧民的责任意识生动地体现在为国奉献之中。当国家利益与个人利益相互冲突时,知识分子往往选择牺牲"小我"、奉献"大我"。国家利益已经熔铸在知识分子的精神血脉之中,这样的熔铸并非国家机器的强权与压制,而是知识分子崇高的精神追求与责任担当。

在改革开放和社会主义市场经济的发展过程中,社会利益关系和道德价值观念多元多变。此时,更加需要寻求利益共识与思想共识。法国哲学家莫兰写道:"我们的社会的原子化需要新的发自内心的团结共生的精神来弥补。"② 虽然当代中国并非莫兰笔下的"原子化"社会,但不可否认,社会利益主体的分化确实需要精神的凝聚与团结。当代中国知识界也同样面临利益主体分化的事实,适应并调整利益格局的变化,完善利益调节和利益制衡机制,必须确立有效的利益原则。对于当代中国知识界而言,有效的利益原则是国家至上与兼顾个人相统一。

国家至上的利益原则是知识分子之所以为知识分子的重要方面,因而它既是利益原则,又是道德原则。在当今的历史条件下,坚持国家至上的利益原则,还有一些特殊的涵义与要求。第一,坚持国家至

---

① 《马克思恩格斯全集》第 1 卷,人民出版社 1956 年版,第 82 页。
② [法] 埃德加·莫兰:《复杂性思想导论》,陈一壮译,华东师范大学出版社 2008 年版,第 100 页。

第六章　当代中国知识界思想认同的引领与建构

上的利益原则,需要知识分子以思想文化的力量,在全社会营造公平公正的舆论氛围。不允许任何形式的特殊私利合法化,对垄断财团、特权阶层和腐败分子僭越国家利益的行为"零容忍"。第二,坚持国家至上的利益原则,需要知识分子以思想文化的力量,为国家治理体系和治理能力现代化提供文化支撑、智慧支撑,推动国家以更大的政治勇气和政治智慧深化改革,突破利益固化的藩篱,攻克体制机制上的顽瘴痼疾。第三,坚持国家至上的利益原则,要求知识分子有"空谈误国,实干兴邦""爱国奋斗,建功立业"的定力与毅力,不允许人民和国家根本利益的虚幻化,找准、落实维护国家利益的着力点,坚持知识创新成果为人民共享的价值理念。唯有坚持国家至上的利益原则,才能为广大知识分子搭建有效的对话沟通平台,寻求知识分子在利益认同和思想认同方面的"最大公约数"。

如果说国家至上的利益原则突出知识分子崇高的思想品格的话,那么,引领与建构知识界思想认同还需要国家、社会对知识分子个人利益的尊重。表面上看,这是两个相反方向的思想运动。事实上,由于当代中国的国家利益、社会利益、个人利益是根本一致、相互统一的,所以,对知识分子个人利益的尊重并不造成对国家利益和社会利益的反对。同时,对个体生命存在状态的关注,始终是马克思主义思想体系的价值目标。当代中国知识分子个体意识增强,如果他们的利益需求长期被压抑,也终将影响社会主义生产发展的活力,影响他们对国家、对社会主义事业、对当代中国指导思想的认同。邓小平讲道:"不讲多劳多得,不重视物质利益,对少数先进分子可以,对广大群众不行,一段时间可以,长期不行。革命精神是非常宝贵的,没有革命精神就没有革命行动。但是,革命是在物质利益的基础上产生的,如果只讲牺牲精神,不讲物质利益,那就是唯心论。"[1]

因此,必须按照国家利益与个人利益统筹兼顾的原则来调节各种利益关系,切实有效地增强当代中国知识界思想认同。同时,"要防

---

[1] 《邓小平文选》第2卷,人民出版社1994年版,第146页。

止盲目性,特别要防止只顾本位利益、个人利益而损害国家利益、人民利益的破坏性的自发倾向"[1]。

三 理论灌输与思想沟通并重的育人原则

中华民族五千年的文明史蕴含丰富的教育思想。孟子曰:"君子有三乐,而王天下不与存焉。父母俱存,兄弟无故:一乐也。仰不愧于天,俯不怍于人:二乐也。得天下英才而教育之:三乐也。"(《孟子·尽心上》)在鲁迅看来,"教育是要立人"。现代教育理论认为,教育是根据一定社会的现实和未来的需要,有目的、有计划、有组织、系统地引导受教育者的一种活动。教育的目的在于把受教育者培养成为适应一定社会(或一定阶级)的需要和促进社会发展的人。因此,有学者指出,教育在本质上属于上层建筑。同时,也有学者提出教育本质的生产力说、特殊范畴说以及多重属性说,等等。这些丰富的教育理论、教育思想存在差异,但都普遍地承认教育是影响人们思想状况的直接因素。所以,教育是塑造和培育思想、凝聚共识的重要手段。没有教育,就没有价值共识,就没有思想认同。

在知识分子思想问题上,党和国家始终反对自发论的思想倾向,注重结合时代主题进行广泛而深刻的思想教育。在艰苦的革命战争年代,由于革命情绪高涨,政治动员极易造成"激情燃烧"的思想认同效果。在和平建设时期,革命激情逐渐褪去,经济建设成为党和国家工作的重心。伴随经济活动的多样,思想文化、舆论氛围也走向多元,甚至出现价值观念的左冲右突。如何才能引领广大知识分子从众声喧哗走向坚定而执着的思想认同?这考验着新时代中国共产党的执政能力与执政智慧。如果我们冷静而理性地思考,就会发现,任何时候,对知识分子思想问题的解决都不能采取强制和干涉的办法,因为"我们不知道有任何一种力量能够强制处在健康清醒状态的每一个人

---

[1] 《邓小平文选》第2卷,人民出版社1994年版,第362页。

第六章 当代中国知识界思想认同的引领与建构

接受某种思想"①。所以，思想问题的解决必须采取正确的教育方法，实行科学的育人原则，以正确的思想战胜错误的思想，以真理和价值相统一的思想魅力澄清思想的迷雾。对于当前极端重要的意识形态工作而言，牢牢把握意识形态工作领导权、管理权、话语权，引领与建构知识界思想认同，必须要诉诸理论灌输与思想沟通并重的育人原则。

理论灌输是马克思主义经典作家非常重视和强调的思想教育方法。今天，依然重要，并且必要。列宁指出，"从外面灌输"并不意味着把阶级意识生硬塞到他人头脑，而是指"阶级政治意识只能从外面灌输给工人，即只能从经济斗争外面，从工人同厂主的关系范围外面灌输给工人。……为了向工人灌输政治知识，社会民主党人应当到居民的一切阶级中去，应当派出自己的队伍分赴各个方面"②。为了实现理论灌输深入知识分子心坎的效果，必须要坚持非强制性、柔性的灌输技巧，诸如文本解读、文献研究、学术探讨、舆论引导等灌输手段。法国社会学者涂尔干认为，灌输是弥合理想的社会人格和天生潜能之间裂隙的必然选择，如果"不按社会的要求去限制、规范我们的行为、欲望，我们就不能形成一种社会人格，甚至不能成为真正的人。所以，这一过程虽然痛苦，却是必要的。如果说这就是灌输，那么灌输是不可避免的"③。当代中国知识分子有知识、有文化，这是他们认知、学习马克思主义理论体系的有利条件。但马克思主义及其中国化理论成果是具有科学性、专业性、逻辑性的思想体系，不可能凭借天赋和理性自发产生，仍然需要系统的理论灌输。

如果说理论灌输更多是从知识分子的理性认知角度进行思想教育的话，那么，思想沟通则强调从知识分子的感性思维和个人体验的角度进行思想教育。当代社会，人们注重权利意识和自我意识。引领与

---

① 《马克思恩格斯文集》第9卷，人民出版社2009年版，第91页。
② 《列宁选集》第1卷，人民出版社2012年版，第363页。
③ 转引自戚万学《冲突与整合：20世纪西方道德教育理论》，山东教育出版社1995年版，第110页。

建构思想认同，必须充分发挥认知主体的自觉性、能动性，让认知主体自觉自愿地、发自内心地认同与主流思想体系相应的世界观、人生观、价值观等，并且与之产生情感上的共鸣。这就需要科学的、人性化的思想教育方法。

一方面，要在尊重、平等的前提下，善于运用沟通、协商、谈心等方式，注重思想沟通的生活化、艺术化、灵活性。利用新媒体拓宽对话平台，与知识分子开展推心置腹的沟通交流，多了解知识分子的思想动态，多了解他们工作学习生活中的困难，多同他们共同探讨一些问题，多鼓励他们取得的成绩和进步。另一方面，要创造民主、包容、宽容的文化氛围，"要重申'三不主义'：不抓辫子，不扣帽子，不打棍子。在党内和人民内部的政治生活中，只能采取民主手段，不能采取压制、打击的手段"[1]。知识分子有思想、有主见、有责任，愿意对一些问题发表自己的见解。如果有的意见和批评不妥当或者是错误的，要开展充分的说理工作，引导他们端正认识、转变观点，不要因此而回避他们、疏远他们、排斥他们。通过春风化雨般的思想沟通，做知识分子的挚友、诤友，增进知识分子思想教育的实效性、针对性、艺术性，增进知识分子对党和国家事业与指导思想的自觉认同。

四 共同但有区别的意识形态责任原则

责任是一种职责和义务，产生于社会关系中的相互承诺。责任往往包含两个方面的规定，一是指应该履行的、社会关系赋予的义务、使命；二是指如果没有做好相应工作，应承担的不利后果或强制性义务。所以，责任具有外在的强制性和内在的精神约束性。其中，外在的强制性可能源自于法律法规的硬性强制，也可能源自于社会成员的舆论压力。前者侧重法律责任，后者则侧重道德责任。

社会在发展，责任内涵也在不断发展，改革开放和现代化建设的

---

[1] 《邓小平文选》第2卷，人民出版社1994年版，第144页。

第六章 当代中国知识界思想认同的引领与建构 ◀

伟大实践赋予责任以更加丰富的时代内容。意识形态责任就是其中之一。由于文化安全与意识形态安全密切相关，所以，当代中国知识界在文化传承中承担意识形态责任，是时代的要求、人民的要求。知识分子的意识形态责任是指知识分子维护国家文化安全和意识形态安全的职责、义务与使命。

由于知识分子构成多元多样，知识分子的意识形态责任也应坚持分层、分类的科学方法。共同但有区别的责任原则，包含共同责任的原则和有区别责任的原则。这两个方面貌似冲突，实际上却是对立统一、相辅相成的。坚持知识分子共同但有区别的责任原则，体现着当代中国不同类型的知识分子在维护文化意识形态安全问题上责任的限度，体现着纪律和自由、统一与包容之间的辩证关系。坚持共同但有区别的意识形态责任原则，旨在"尽可能使每个人按不同的条件向社会主义和共产主义的总目标前进"[1]。

广大知识分子要坚持共同意识形态责任的原则。无论身处何地，无论党内外、体制内外、国内外，只要是中国知识分子，都承担着认识世界、传承文明、咨政育人和服务社会的责任。在文化安全问题日益突出的背景下，提升中国文化软实力，传播中华文明和中华文化价值观，自觉抵制西方文化霸权，是广大知识分子共同的责任担当。共同责任原则要求知识分子在文化安全问题上要有危机意识和底线思维。如果丧失了对"普世价值"外衣裹挟下文化霸权的警觉，如果没有维护国家文化安全的底线操守，则知识分子有可能沉沦成为背离人民的文化"汉奸"。当前少数知识分子蛊惑人心、卖国求荣的行径已经严重破坏了社会秩序，损害了国家与人民的利益，必须通过法律法规的强制力量来规范。鉴于文化安全在国际较量中的重要地位，知识分子一旦触犯了维护国家文化安全的责任边界，就必须要进行问责和追责，责成其承担相应的后果或者惩罚。

广大知识分子要坚持有区别的意识形态责任原则。之所以要求有

---

[1] 《邓小平文选》第 2 卷，人民出版社 1994 年版，第 106 页。

区别的责任，一方面是因为思想认同本身具有层次和程度的差异；另一方面是因为知识分子在组织和信仰方面具有不同的社会身份，即存在党内、党外知识分子的身份差异。对于党外知识分子而言，坚持思想认同、履行意识形态责任的要求是不违反宪法、坚持四项基本原则。只要他们能够在坚持社会主义政治立场的前提下努力从事专业岗位的工作，就是有社会主义觉悟的表现。然而，对于党员知识分子而言，思想认同作为党的思想建设的目标与要求，其与政治建设、组织建设、纪律建设、作风建设的目标与要求是一致的。因而，党员知识分子的思想认同具有更高的要求与规定，具有政治性，"所有共产党员都要增强党性，遵守党的章程和纪律。不管是什么专家、学者、作家、艺术家，只要是党员，都不允许自视特殊，认为自己在政治上比党高明，可以自行其是"①。党员知识分子具有党员和知识分子的双重身份，其神圣使命就是要巩固马克思主义指导地位，任何偏离方向的思想言论都要受到党内组织纪律的约束。中国共产党的组织纪律"绝不仅仅是技术和实践问题：它是革命发展中最崇高和最重要的精神问题之一。这种纪律只能作为革命阶级的最觉悟部分即先锋队的自由的和有意识的行为，才能够产生出来"②。因此，党员知识分子一旦在思想问题上出现偏差，则不是简单意义上的认识问题，而是具有政治性、组织性、纪律性的严重问题，是当前落实全面从严治党的内容之一，必须要视其严重程度，采取相应的纠偏措施。正如邓小平所讲："在整党中……该开除党籍的就开除党籍，该给撤职或其他处分的就给这些处分，犯罪的还得法办。对于情节较轻的，要进行严肃的批评，并要他们作出认真的而不是敷衍的检讨，作出改正错误的切实保证。这是整党不走过场的最重要标志之一。"③维护文化安全是党内外知识分子的责任与义务，任何违背意识形态责任的行为都要受到

---

① 《邓小平文选》第3卷，人民出版社1993年版，第46页。
② [匈]卢卡奇：《历史与阶级意识》，杜章智、任立、燕宏远译，商务印书馆1999年版，第426页。
③ 《邓小平文选》第3卷，人民出版社1993年版，第38页。

相应的惩处，或者道德处罚，或者法律处罚。通过道德与法律的双重规约，通过"自律"与"他律"的双重作用，增进广大知识分子思想认同。为此，当代中国既要完善文化安全方面的法律法规和实施细则，又要坚持全面从严治党的执行力度，同时也要建立社会舆论对知识分子的科学评判机制，坚定地捍卫文化安全与意识形态安全。

第三节 引领与建构当代中国知识界思想认同的战略路径

引领与建构当代中国知识界思想认同，就是在差异中寻求"最大公约数"，将分散的力量凝聚起来，将不同的文化要素与文化力量结合成为一个有机整体，最终确立并维护思想领导权。因此，引领与建构思想认同就是一个思想文化领域的整合过程。一个成熟的、现代的社会形态，必须要经过社会内部不同要素、不同结构的整合，"只有经过整合的文化，才会具有顽强的生命力，才能抵制外来文化的冲击，才能长期保持自己的特色。整合有多种方式，主要有社会体系的整合、价值观念和伦理道德的整合、制度的整合，规范的整合、功能的整合等。通过整合，使社会和文化体系各部门关系和谐，达到均衡状态。"[1]

美国学者奥勒姆指出："在分化出来的模式可能并且常常事实上造成了社会冲突的基础的地方，整合使一个社会卷入寻求一种新的和更一般的统一性的基础。这些统一性的头绪自然是存在于社会系统和社会结构的最高的控制论层序之中——尤其是存在于价值和规范之中。"[2] 如何在文化多元与思想认同之间找到合理的平衡点？如何寻求知识界思想认同的社会支持力量？概言之，当代中国知识界思想认同何以可能？前文已述，引领与建构思想认同不是精神控制，而是方向指引。

---

[1] 何星亮：《文化模式：传统模式向现代模式的转换》，《中南民族大学学报》（人文社会科学版）2014年第3期。

[2] ［美］安东尼·M. 奥勒姆：《政治社会学导论——对政治实体的社会剖析》，董云虎、李云龙译，浙江人民出版社1989年版，第135页。

因此，当代中国知识界思想认同的引领与建构也是广大知识分子走向更高层次的精神凝聚与价值建构的过程。

当代中国知识界思想认同不仅是可能的，而且是现实的。其可能性和现实性存在于社会存在与社会意识的关系原理之中，即对思想、规范和价值的整合需要发挥经济、社会、文化等社会要素的联动合力。

一 根本之道：彰显中国特色社会主义的制度优越性

思想源于现实。任何思想问题的解决之道都只能从客观的现实世界中去寻求。马克思指出："任何真正的哲学都是自己时代的精神上的精华，因此，必然会出现这样的时代：那时哲学不仅在内部通过自己的内容，而且在外部通过自己的表现，同自己时代的现实世界接触并相互作用。"[1] 知识界思想认同的发生不是"自我圆融"的纯粹精神现象，而是随着经济基础、社会结构以及时代条件的变化而变化，其中最根本的制约力量就是社会制度优越性的实现程度。社会制度是对各种生产关系、生活关系的规范化认定，是联系物质世界和精神世界的中介环节。在具体的社会形态里，物质生产力的发展与精神文化生活能否相互协调、相互促进，其中关键性的因素在于社会制度本身是否具有优越性以及制度建设是否完善。正是在此意义上，知识分子的社会关怀与期盼，知识分子对社会成员安全感、幸福感、获得感的体悟与关注总是伴随着对一定社会制度的认识与评价。

正如列宁所说，"只有社会主义才可能广泛推行和真正支配根据科学原则进行的产品的社会生产和分配，以便使所有劳动者过最美好、最幸福的生活。"[2] 中国特色社会主义制度的发展目标和优越性体现在"让制度更加成熟定型，让发展更有质量，让治理更有水平，

---

[1]《马克思恩格斯全集》第1卷，人民出版社1995年版，第220页。
[2]《列宁全集》第34卷，人民出版社1985年版，第356页。

第六章 当代中国知识界思想认同的引领与建构

让人民更有获得感"①。历史和事实已经证明，资本主义制度因无法克服自身顽疾而不断走向危机，中国特色社会主义制度是具有自我完善、自我修复能力的优越社会制度。

然而，社会主义制度的优越性不是与生俱来的，也不是一劳永逸的，而是动态的、历史的发展过程，归根到底是要通过体制机制的变革，不断地解放和发展生产力，不断地满足人民群众对美好生活的需要，不断地提升人民群众的幸福指数。这就要求坚持生产资料公有制的所有制基础，同时坚持以人民为中心的发展理念，走共同富裕之路。按照马克思主义的生产理论，生产决定分配。公有制与共同富裕在价值方向上是一致性的，都是为了实现和满足人民群众的根本利益需求。因此，对社会主义制度优越性的判断与评价也必须坚持无产阶级和人民群众的立场，否则，可能会发生偏颇。习近平指出："我们要建设的是中国特色社会主义，而不是其他什么主义。历史没有终结，也不可能被终结。中国特色社会主义是不是好，要看事实，要看中国人民的判断，而不是看那些戴着有色眼镜的人的主观臆断。"②

引领与建构当代中国知识界思想认同，最根本的出路在于让广大知识分子积极融入社会主义现代化建设之中。让广大知识分子在与社会现实、人民群众的接触中，感知和体验社会主义制度的优越性，这比任何形式的说教都更加直接、更加有效。这条道路的可行性无需较多论证，原因很简单。知识分子是先进生产力的开拓者，是社会主义制度的优越性同先进科学技术相结合的桥梁和纽带，是建设中国特色社会主义的一支重要依靠力量。

彰显中国特色社会主义制度优越性，需要吸收古今中外之学，需要充分尊重和信任具有国际视野和国家情怀的知识分子，因为他们是古今中外之学的承载者、继承者、创新者。在当代中国，无论是社会生产力的发展，还是人民物质文化生活的改善，都须臾不能离开知识

---

① 《习近平谈治国理政》第 2 卷，外文出版社 2017 年版，第 39 页。
② 《习近平谈治国理政》第 2 卷，外文出版社 2017 年版，第 37 页。

和知识分子。在参与和融入社会主义现代化事业的过程中，广大知识分子不仅能够体验到个人价值与社会价值的相互依存，而且能够更加深刻地认识到中国特色社会主义事业对知识、人才的尊重，以及对人民群众根本利益的尊重，同时还能体会到中国特色社会主义事业朝气蓬勃的生命力以及对世界文明的责任与贡献，增强对中国特色社会主义制度优越性的自觉认同。

二 领导力量：坚持中国共产党"一身二任"的政党角色

"党政军民学，东西南北中，党是领导一切的。"① 在将近百年的奋斗历程中，中国共产党始终走在时代前列，自觉担纲"一身二任"的政党角色。"一身"即中国共产党的组织形式，"二任"即中国共产党既领导社会革命又进行自我革命的双重使命。质言之，中国共产党始终保持先进性与纯洁性的"解释密码"就在于其为了人民利益而自我革命的决心与勇气。"作为'先锋队组织'的共产党，看起来不是'全民党'，更不是'选民党'，而是由先进分子（'精英'）所组成。但唯其如此，才真正能够成为人民群众自己解放自己的政治形式，开辟出人民群众自我教育、自我管理的当家作主之路，因为这是群众由'自发'转向'自觉'的唯一通道。"②

一方面，无产阶级的阶级意识是中国共产党"一身二任"的思想前提，也是引领与建构知识界思想认同的价值导向。知识分子与无产阶级政党有"天然"的联系。哪个国家无产阶级政党的建立与发展都离不开知识分子，同时，无产阶级政党自觉担负着组织、教育知识分子的使命。无产阶级政党组织和教育知识分子的资质来自于"共产党是无产阶级阶级意识的明确的历史形象，是在组织上具体化了的最

---

① 习近平：《决胜全面建成小康社会 夺取新时代中国特色社会主义伟大胜利——在中国共产党第十九次全国代表大会上的报告（2017年10月18日）》，人民出版社2017年版，第20页。

② 侯惠勤：《意识形态话语权建设方法论研究》，《中共贵州省委党校学报》2016年第2期。

第六章 当代中国知识界思想认同的引领与建构

高的意识和行动阶段"①。严格来说，无产阶级、劳动群众和无产阶级政党都同属于无产阶级阵营，但是阵营内部不同的个人、集团和阶层的社会意识也依然参差不齐。所以，在一定的历史阶段下，不可避免地出现共产党与阶级群众在思想上、组织上不同程度的分离。"共产党与阶级本身的广大群众在组织上分离开来，是基于阶级内部在意识上的不同分层，但同时是为了加快在可能达到的最高意识水平上消除这些分层的过程。"② 在国内外意识形态斗争依然严峻、社会阶层分化和利益结构深刻调整的形势下，使阶级意识在尽可能高的水平上达到统一，巩固全国各族人民共同奋斗的思想基础，引领与建构当代中国知识界思想认同，必须要坚持"党的领导"和"关键在党"。

另一方面，理论与实践相结合是中国共产党"一身二任"的工作作风，为引领与建构知识界思想认同提供了方法遵循。中国共产党独立于任何派系组织或者利益集团，摆脱了任何形式的依附性、从属性。除了无产阶级的整体利益之外，中国共产党再无任何私利。这样一个政党，在领导社会革命与进行自我革命的过程中，始终坚持理论与实践的统一，始终坚持科学真理与人民利益的统一。正如毛泽东所讲："共产党人必须随时准备坚持真理，因为任何真理都是符合于人民利益的；共产党人必须随时准备修正错误，因为任何错误都是不符合于人民利益的。"③ 中国共产党把崇高的理想信仰落实为全心全意为人民服务，把人民利益作为衡量是非曲直的根本准则，坚持真理、修正错误，推动着中国共产党不断地走向成熟与伟大。这种独立自主、追求真理的品格正是实事求是的思想路线，体现着中国共产党所始终坚持的理论与实践相结合的工作作风。在此意义上也可以说，中国共产党对真理和人民利益的追寻是大写的"人"的形象。所以，

---

① [匈] 卢卡奇：《历史与阶级意识》，杜章智、任立、燕宏远译，商务印书馆 1999 年版，序第 9 页。
② [匈] 卢卡奇：《历史与阶级意识》，杜章智、任立、燕宏远译，商务印书馆 1999 年版，第 432 页。
③ 《毛泽东选集》第 3 卷，人民出版社 1991 年版，第 1095 页。

葛兰西强调:"政党是完整的、全面的知识分子的新的培育人,可以被理解为现实的历史过程的理论和实践的统一在其中得以发生的坩埚。"[①] 无论党内,还是党外,知识分子都以思想自由为理想追求。但是,当知识分子仅仅在概念里兜圈子的时候,仅仅满足于纯粹观念领域的主观自由、抽象自由的时候,也往往是知识分子角色淡化、沦为笑柄的时候。这是因为,真正的思想自由只有在理论与实践相统一的历史过程中才能够实现,而中国共产党正是追求理论与实践相统一的典范。

因此,发挥中国共产党的思想优势、组织优势、作风优势,团结、吸纳广大知识分子尤其是青年知识分子充实党的队伍,加强各级党组织与党内外知识分子的沟通与联系,是引领与建构当代中国知识界思想认同的组织力量、领导力量。

三 基本战略:巩固新时代爱国主义统一战线

统一战线是中国共产党凝聚人心、团结力量、克敌制胜的三大法宝之一,是党的一项既有战略性又有策略性的工作。在不同的时代环境和历史境遇里,统一战线具有不同的统战任务、统战目标和统战对象。然而,团结朋友、分化敌人则是其不变的统战工作规律。正如邓小平所讲:"只要有敌人,有朋友,就得团结朋友,孤立和打击敌人,就还得有统战工作。因此,统战工作一直要做到社会主义社会以后。……固然,统战工作有其策略性,但更主要的是它的战略性"。[②] 新时代,统一战线是最广泛的爱国者联盟。以爱国主义为黏合剂,将不同地域、不同阶层、不同党派、不同信仰的社会力量凝聚起来,坚持一致性与多样性、原则性与包容性相结合的方针,是新时代爱国主义统一战线的基本工作方法。

---

① [意]安东尼奥·葛兰西:《狱中札记》,曹雷雨、姜丽、张跣译,河南大学出版社2014年版,第385页。

② 《邓小平文选》第1卷,人民出版社1994年版,第187页。

第六章 当代中国知识界思想认同的引领与建构

在新时代爱国主义统一战线中,党外知识分子工作是统战工作的基础性工作。这是因为,党外知识分子人数多、比例大,"截至2015年底,我国具有大专以上学历的知识分子有1.7亿,其中党外知识分子超过1.3亿人,约占75%"①。同时,党外知识分子是民主党派和无党派人士的主要来源,事关统一战线的巩固发展。因此,做好新时代爱国主义统一战线工作,必须要做好知识分子统战工作,也就是团结、引领、吸纳广大知识分子。要坚持政治上充分信任、组织上团结吸纳、生活上关心照顾的政策方针,培养造就一支自觉接受中国共产党领导、坚定不移地支持中国特色社会主义道路、具有较强代表性和参政议政能力的党外代表人士队伍。

在改革开放和社会主义现代化建设的新时期,以统战工作为纽带,引领与建构知识界思想认同,需要在三个方面协同发力。

第一,坚持"党管人才"的原则,这也是统战工作的领导权问题。在毛泽东看来,"领导的阶级和政党,要实现自己对于被领导的阶级、阶层、政党和人民团体的领导,必须具备两个条件:(甲)率领被领导者(同盟者)向着共同敌人作坚决的斗争,并取得胜利;(乙)对被领导者给以物质福利,至少不损害其利益,同时对被领导者给以政治教育。没有这两个条件或两个条件缺一,就不能实现领导"②。在知识分子统战工作中,首先要分清谁敌谁友,同敌对势力和敌对思潮进行毫不妥协的斗争,同时,要给予统战对象以物质福利和思想政治教育,坚持"充分尊重、广泛联系、加强团结、热情帮助、积极引导"的二十字工作方针。

第二,坚持分类施策与重点突出相结合的统战工作方法。当前,党外知识分子队伍的构成来源更趋多样化、复杂化、差异化,主要有国家机关和国有企事业单位的党外知识分子、新经济组织和新社会组

---

① 杨卫敏:《论习近平关于知识分子问题的战略思维》,《统一战线学研究》2017年第3期。
② 《毛泽东选集》第4卷,人民出版社1991年版,第1273页。

织中的党外知识分子（包括新媒体从业人员）以及出国和归国留学人员等。所以，党外知识分子的统战工作必须在分层、分类、分众的基础上，细化落实、精准施策。同时，统战工作还要重点突出，以点带面。新时代统战工作既要有重点地培养选拔，逐步建立一支新的社会阶层代表人士队伍，还要关注并引导那些具有特殊性的知识分子，即网络意见人士、网络作家、签约作家、自由撰稿人、独立演员歌手等。

第三，配强工作力量，积极拓展统战形式、统战载体。知识分子统战工作涉及行业、部门众多，统战对象更是千人千面。这就要求统战部门必须要思想上重视、行动上落实，必须要有高素质的工作力量，必须要结合时代特征开展形式多样、内容丰富的统战工作，搭建网络统战平台，充分发挥知识界联合会以及群团组织的力量，建立社会化统战工作机制，开展卓有成效的统战工作，营造不分党派、开诚布公、平等对话、共议国事、肝胆相照、荣辱与共的统战环境，增进知识分子爱党、爱国、爱社会主义的思想感情，引领与建构当代中国知识界思想认同。

四 关键环节：厚植文化自信与价值观自信

"欲人勿疑，必先自信。"自信是一种积极的、肯定的精神心态。物质生产越发展，社会生活越丰裕，越需要厚植文化自信与价值观自信。"文化自信，是更基础、更广泛、更深厚的自信。"[1] "核心价值观是文化软实力的灵魂、文化软实力建设的重点。这是决定文化性质和方向的最深层次要素。"[2] 价值观自信是文化自信的灵魂。没有价值观自信，文化自信就没有灵魂、方向，最终必然因"魂不附体"而走向文化不自信，可能会进而导致文化衰败、民族精神沦落。所

---

[1] 习近平：《在庆祝中国共产党成立95周年大会上的讲话》，人民出版社2016年版，第13页。

[2] 《习近平谈治国理政》，外文出版社2014年版，第163页。

以，文化自信与价值观自信是内在统一的，都是对民族精神的清醒自觉、坚定认同、执着追求。

比较而言，价值观自信更具强基固本的作用。价值观自信是坚持和发展中国特色社会主义的深厚底蕴，是中国特色社会主义道路自信、理论自信、制度自信、文化自信的价值支撑。"价值观自信具有坚定主心骨、激发正能量、引领社会思潮的重要作用。当下，国际上各种思想文化相互激荡，国内思想文化和价值观念多元并存，人们思想活动和价值判断的独立性、差异性、选择性以及多样性进一步增强。这就需要用社会主义核心价值观来凝魂聚力，把不同阶层、不同人群凝聚起来，把各方面的积极性调动起来，在多元中立定主导，在多样中谋求共识，从而汇聚成强大的社会正能量。"[1]

在中外文化交往中，没有中心的多元、没有主流的"众声喧哗"，只能导致思想混乱和价值无序。质言之，在多元多样的思想文化格局中，必须要坚定不移维系民族精神的文化自信与价值观自信。当代中国知识界对西方文化的倾慕与对自身文化的疑虑相伴而生。其中，深层的思想问题在于文化自信与价值观自信的匮乏或者缺失。在此境遇下，引领与建构当代中国知识界思想认同的关键在于厚植文化自信与价值观自信。

对于当代中国知识分子而言，厚植文化自信与价值观自信的首要前提在于，澄清社会主义文化与资本主义文化的关系。马克思主义认为，文化的进步与生产力的发展具有高度的一致性，推动文化发展的根本力量存在于不断更新的生产方式。资本的扩张本性决定了资本主义现代化"对生产力的包容和对文化发展的包容都是有限度的。因此，资本主义在逐步成为先进生产力桎梏的同时，也越来越成为'文化帝国主义'、成为各民族文化发展的桎梏"[2]。与之不同，社会主义

---

[1] 郭建宁：《价值观自信是文化自信的灵魂》，《中国教育报》2017年8月4日第3版。

[2] 李春华：《新时期中国共产党文化创新研究》，中国社会科学出版社2012年版，序。

生产方式以满足人民美好生活为发展动力，在此基础上生成的社会主义文化对传统文化和外来文化既批判又包容，谋求面向现代化、面向世界、面向未来的多元文化交融发展格局。在文化事业与文化产业的发展中，注重文化产品的人民立场、社会效益与社会价值。"一部好的作品，应该是经得起人民评价、专家评价、市场检验的作品，应该是把社会效益放在首位，同时也应该是社会效益和经济效益相统一的作品。在发展社会主义市场经济的条件下，许多文化产品要通过市场实现价值，当然不能完全不考虑经济效益。……当两个效益、两种价值发生矛盾时，经济效益要服从社会效益，市场价值要服从社会价值。文艺不能当市场的奴隶，不要沾满了铜臭气。"① 当代中国知识界的文化自信与价值观自信显化为"不断推出讴歌党、讴歌祖国、讴歌人民、讴歌英雄的精品力作"。"倡导讲品位、讲格调、讲责任，抵制低俗、庸俗、媚俗。"② 厚植文化自信与价值观自信，具体要求如下：

第一，当代中国知识界要自觉夯实马克思主义世界观。"自从中国人学会了马克思列宁主义以后，中国人在精神上就由被动转入主动。从这时起，近代世界历史上那种看不起中国人，看不起中国文化的时代应当完结了。"③ 马克思主义是中国人民和中国文化走向独立与发展的思想武器，也是当代中国知识分子自我身份认同和民族自信的世界观基础。社会主义文化最坚实、最核心的内容不是尖端科技，也不是伦常日用，而是马克思主义与中国具体国情和时代特征相结合的中国化马克思主义理论成果。当代中国文化自信与价值观自信的精神实质在于对马克思主义科学性、道义性的自信，在于对中国特色社会主义制度精神的自信。

---

① 《习近平谈治国理政》第2卷，外文出版社2017年版，第320页。
② 习近平：《决胜全面建成小康社会 夺取新时代中国特色社会主义伟大胜利——在中国共产党第十九次全国代表大会上的报告（2017年10月18日）》，人民出版社2017年版，第43页。
③ 《毛泽东选集》第4卷，人民出版社1991年版，第1516页。

第二，当代中国知识界要担负起传承发展中华优秀传统文化的神圣使命。文化自信与价值观自信是从五千年华夏文明史的积淀中走出来的精神长征。在新的历史条件下传承发展中华优秀传统文化，是中华民族自强不息的丰厚滋养，是当代中国在世界思想文化碰撞、激荡中保持独立民族精神的深厚根基。

第三，当代中国知识界要立足中国、面向世界，进行文化传承、知识创新、学术研究。无论身处何地，知识分子都应始终保持一颗"中国心"，自觉将文化之"根"深深地扎在"中国土壤"之中，真正为世界贡献中国智慧、中国方案。"提出深深植根中国大地的'接地气式'的'真问题'，以中国思维范式和话语方式来作出自己的回答，以各种各样的文化方式来涵育和培养社会主义核心价值观。"[1] 用中国文化的思想智慧、用中国文化的话语风格讲述中国文化的价值与意义，展示和传播中国文化、中国价值的独特魅力，把跨越时空、超越国度、富有永恒魅力、具有当代价值的文化精神弘扬起来、传播出去。

五 重要方法：倡导科学理性的批判精神

认同与批判是对立统一的。认同什么，批判什么，这往往是一个问题的两个方面。对于当代中国知识分子的批判精神而言，坚持什么样的批判立场、批判根基、批判方法，尤为重要。这是必须直面的现实问题。因为知识界思想认同关涉"为什么人"的根本问题，一旦知识分子迷失了科学理性的批判精神，则"知识"有可能沦落成为反对人民的工具。基于强烈使命感的社会批判是知识分子心系民族国家、关怀民生福祉的特殊表现方式。面对当代中国发展过程中提出的社会矛盾、社会问题，如果知识分子在批判立场、批判根基、批判方法上偏离正途，那么，这种社会批判不但无益于社会主义现代化建设，反而会加剧整个社会的价值迷失和精神危机，甚至可能被敌对势力利用而逆变成为瓦解政权的消极力量。那么，什么才是知识分子应

---

[1] 张志丹：《意识形态功能提升新论》，人民出版社 2017 年版，第 254 页。

有的批判精神？在回答这个问题之前，我们先来看马克思主义作为一种思想体系是如何在批判中走向强大的。

革命的批判精神是马克思主义的独特品格，也是始终贯穿马克思主义发展历程的精神原则。马克思主义的批判精神是对外在现实的批判和对自我的批判的结合与统一，是马克思主义不断超越自我的动力源泉。1843年9月，马克思在写给卢格的信中讲道："新思潮的优点又恰恰在于我们不想教条地预期未来，而只是想通过批判旧世界发现新世界……要对现存的一切进行无情的批判，所谓无情，就是说，这种批判既不怕自己所作的结论，也不怕同现有各种势力发生冲突。"[1] 从创立之初的"新思潮"发展成为当今中国的国家意识形态，马克思主义始终保持一种开放的而不是封闭的、与时俱进的而不是僵化保守的理论姿态，面向现实世界与实践活动，坚持科学精神、历史眼光与辩证方法，在追寻真理、追寻价值的道路上行稳致远。在这个过程中，正是科学理性的批判精神，使得马克思主义历久弥新，在不断变化的事实面前始终保持着源源不断的生命力与创造力。所以，法国学者德里达将批判精神视为"在原则上构成马克思主义并且首要地是构成马克思主义"的东西。

概括来讲，马克思主义的批判精神，主要有实践性、阶级性、超越性三重特征，这些特征也是马克思主义批判理论根本不同于19世纪甚至今天西方社会批判理论的地方。第一，实践的观点是马克思主义批判精神的基本立足点。马克思主义拒斥一切形而上学，从人类生产生活的实践出发，而不是从抽象的、理想的、虚构的精神原则出发，对人与社会的存在状态进行反思与批判。第二，无产阶级立场是马克思主义批判精神的立足点。无产阶级的自由解放是马克思主义批判精神的价值目标，实现每个人"自由而全面的发展"是马克思主义的道义崇高性。第三，马克思主义的社会批判理论对人类存在意义的解读已经远远超越了对资本主义社会现实的关注，具有全球视野和

---

[1] 《马克思恩格斯文集》第10卷，人民出版社2009年版，第7页。

第六章　当代中国知识界思想认同的引领与建构

世界眼光。至此，我们可以看到，马克思主义批判精神具有理论的彻底性和革命的坚决性。"马克思主义的批判之所以没有陷入道德浪漫主义，就在于它的批判对象是活生生的实践矛盾、生活矛盾，而不是观念的、虚构的矛盾，它揭示的是事物自身的矛盾运动；同样，马克思主义的建构之所以没有陷入实证主义，就在于它的建构内容是历史的运动、矛盾的转化，而不是永恒的观念、僵死的现状。"①

如果当代中国知识界从马克思主义那里寻找精神资源，那么，马克思主义批判精神是无法回避的重要方面。在对社会现象进行批判时，一旦知识分子选择并遵循了马克思主义批判精神，那么，就意味着他们要以现实的生产生活实践为批判的出发点，以无产阶级立场为批判立足点，超越资本主义永恒合理的话语陷阱。同时，这样的批判精神也意味着他们必然要舍弃那种从抽象、先验、主观悬设出发的唯心主义批判方式，舍弃否定一切的虚无主义批判方式。因此，对于当代中国知识界而言，坚持马克思主义批判精神不仅是坚持求真质疑精神、关怀人类命运的精神保证，而且也是将不同意志的知识分子"焊接"到无产阶级世界观（立场、观点、方法）的重要保证。

倡导马克思主义批判精神是引领与建构当代中国知识界思想认同的重要方法。在一定程度上可以说，是否坚持马克思主义批判精神是衡量批判主体是否坚持马克思主义立场、观点与方法的试金石。在马克思主义批判精神的引导下，知识分子批判性地看待中国社会主义建设实践，一方面要正确处理人与自然的关系问题，以生态理性与生产理性和谐发展为价值取向；另一方面要正确处理人与社会、人与自身的关系问题，以维护民族精神和建构人类命运共同体为总体目标。在此，知识分子作为社会的"良心"，为民发声，既不是命令群众，也不是讨好群众，而是在理论与实践相统一的基础上表达、尊重人民群众的根本利益。正如葛兰西所讲："只有在知识分子和普通人之间存

---

① 侯惠勤：《马克思的意识形态批判与当代中国》，中国社会科学出版社 2010 年版，第 575 页。

在着与应当存在于理论和实践之间的统一同样的统一的时候，人们才能获得文化上的稳定性和思想上的有机性质。也就是说，只有在知识分子有机地成为那些群众的有机知识分子，只有在知识分子把群众在其实践活动中提出的问题研究和整理成融贯一致的原则的时候，他们才和群众组成一个文化的和社会的集团。"①

质言之，批判永远不是目的，批判是为了提出、分析和解决人民群众在生产生活实践中提出的问题。为民谋福祉、实现国富民安、天下太平才是当代中国知识分子的社会理想，任何以社会批判的名义诋毁社会主义制度和国家主导意识形态的做法都是极其危险的思想陷阱。知识分子的社会批判唯有掌握马克思主义的立场、观点和方法，才是科学的、理性的，否则，可能会由于过于抬高批判而走向怀疑主义和虚无主义等错误思潮。

总之，引领与建构当代中国知识界思想认同，不是一个自发和自然的过程，而是一个从制度到组织、从思想到文化交互作用的系统工程。其中，彰显社会主义制度优越性是根本之道，坚持中国共产党"一身二任"的政党角色是领导力量，巩固新时代爱国主义统一战线是基本战略，厚植文化自信与价值观自信是关键环节，倡导科学理性的批判精神是重要方法。五个方面的内容相辅相成、相得益彰。

第四节 引领与建构当代中国知识界思想认同的战略保障

引领与建构当代中国知识界思想认同，是具有国家战略性质的铸魂育人工程，关系到国家主流意识形态建设的全局性工作。在引领与建构的过程中，为了真正实现马克思主义立场、观点、方法入脑入心，必须整合社会力量，提供科学的、有效的、操作性强的外在条件保障。

---

① ［意］安东尼奥·葛兰西：《狱中札记》，曹雷雨、姜丽、张跣译，河南大学出版社2014年版，第376页。

第六章　当代中国知识界思想认同的引领与建构 ◀

一　理论保障：推动马克思主义理论与哲学社会科学深度对话

一种思想体系要被人信服，必须能够回答时代提出的根本问题，即理论的解释力和指导力。马克思讲道："理论在一个国家的实现程度，决定于理论满足这个国家的需要的程度。"① 引领与建构当代中国知识界思想认同，最基本的在于提升马克思主义及其中国化理论成果的问题解释力和实践指导力。

为此，我们面临着艰巨的理论使命：推动马克思主义理论与哲学社会科学走向深度的对话与交流。通过对话交流，提升马克思主义话语权，构建并完善全方位、全领域、全要素的中国特色哲学社会科学。

第一，提升马克思主义理论的学术研究水平。马克思主义是党和国家的指导思想。马克思主义理论作为独立设置的一级学科，理应具有国家"第一学科"的"殊荣"。然而，不论任何学科，其学科地位都不是自封的，也不是被外界赋予的，而是"研究"得来的。最好的学科建设莫过于积淀丰厚的学术研究。提升马克思主义理论的学科地位，最重要、最核心的也在于扎扎实实的研究与原创。"学科的地位是学术地位而不简单对应于政治地位，其决定性因素是学科本身的学术发展水平和学科建设水平。"② 在马克思主义理论学科建设中，首先，要配强工作力量。既要有一批立场坚定、理论成熟、富有马克思主义创新精神和批判精神的资深专家，也要有思维活跃、求真务实、胸怀共产主义理想信仰的理论后备军。其次，要加强学科平台和学科基地建设。充分发挥高校、科研（院）所等机构的力量，整合自然科学、社会科学、人文学科等最新理论研究成果，对社会生产生活进行立体的、全方位的、高水平的理论研究。再次，要发挥中国实

---

① 《马克思恩格斯全集》第1卷，人民出版社1956年版，第462页。
② 韩源等：《国家文化安全论：全球化背景下的中国战略》，社会科学文献出版社2013年版，第237页。

践的资源优势。马克思主义理论研究最大的资源优势就是中国特色社会主义现代化建设实践。要以中国正在发生的事情为核心和着力点，拓展马克思主义对社会现实的言说空间。这也是推动马克思主义与哲学社会科学对话交流的前提。

第二，坚持以马克思主义作为中国特色哲学社会科学发展的方向与灵魂。构建具有中国特色、中国风格、中国气派的哲学社会科学是民族精神独立的要求，也是当代中国知识界避免沦为西方学术附庸的要求。这是因为，哲学社会科学是具有意识形态属性的学科群，主要涉及哲学、法学、经济学、政治学、社会学、民族学、人类学等，这些领域也是不同思想观点、社会思潮风云际会、交流交锋的场域。"现代中国哲学社会科学产生的原初逻辑交汇于西方资本主义学说、马克思主义理论和中国传统学术三条线索的发展。……正如中国卷入全球化的核心逻辑必须经历对中国传统和资本文明的双重否定才能在社会主义的方向得以确立一样，中国哲学社会科学的主题也必然产生于对中国传统学术和以资本主义学说为主流的西方学术的双重超越。"[1] 坚持马克思主义的指导与领航是"双重超越"的根本，也是哲学社会科学保持"中国特色"的本质、方向与灵魂。

第三，赋予中国特色哲学社会科学理论原创以国家战略价值。现代民主国家的政策制定与战略规划，必须要发挥国家建设"思想库""智囊团"的作用。其中，哲学社会科学研究者无疑具有举足轻重的地位和作用。可是，当代中国哲学社会科学学科体系、学术体系、话语体系长期落后于人，缺少国际话语权，一个重要的原因就是研究者的学术研究游离于国家战略需求之外。为了扭转这种局面，提升中国特色哲学社会科学的文化话语权，"应当把社会科学理论原创建设纳入国家整体性内外战略与政策的制定行动中，让社会科学为国家的内外战略和政策提供系统的理论支持，从而使中国的社会科学理论原创

---

[1] 韩源等：《国家文化安全论：全球化背景下的中国战略》，社会科学文献出版社2013年版，第225页。

获得一种不懈的国家原创动力,消解国家意识形态建设与社会科学家研究之间的非对称关系和矛盾"①。举国家之力,赋予哲学社会科学研究以战略层面的创新驱动,赋予哲学社会科学研究领军人物以国家责任、国家荣誉,必将推动中国特色、中国风格、中国气派的理论原创成果"井喷式"的发展。

在马克思主义理论与哲学社会科学对话交流的过程中,知识分子一方面是整个社会思想文化进步发展的主体力量,另一方面也在学科对话交流中促进自身思想认同。在马克思主义理论指导下,中国特色哲学社会科学走向繁荣与发展,既能够为中国特色社会主义现代化建设营造良好的舆论氛围、思想氛围、文化氛围,又能够为当代中国知识界思想认同提供厚实的理论基础与学科保障。

二 道路保障:坚持新时代"两结合"

在知识分子的生命追求中,思想认同从来都不应该是终点和归宿。中国自古就有"知行合一"的道德劝诫。人格、道德、境界的提升与完满,必须在行动与思想的相互砥砺中才能完成。知识分子应该成为"知行合一"的典范,即行动着的思想者和思想着的行动者。为此,必须要坚持"两结合"。"两结合"即知识分子与工农相结合、与实践相结合。这是中国共产党团结和教育知识分子的宝贵经验,也是当代中国知识分子成长的正确道路选择。这里,知识分子与工农群众相互学习、共同提高,是"两结合"的内容,也是目的。

在信息、知识的社会功能日渐突出的历史条件下,如果知识分子与工农群众相分离,如果理论与实践相脱节,那么,知识分子将不能从人民群众和中国实践的现实需要出发去进行思想文化创造,其结果只能是知识分子自视高贵,退回到自我封闭的孤岛,阶级意识淡化、阶级感情淡漠,甚至可能会走向资本依附,最终背叛工人阶级的社会

---

① 胡惠林:《中国国家文化安全论》,上海人民出版社2011年版,第340页。

身份。所以，葛兰西强调："只有在知识分子把群众在其实践活动中提出的问题研究和整理成融贯一致的原则的时候，他们才和群众组成一个文化的和社会的集团……永远不要忘记同'普通人'相接触……只有经过这种接触，哲学才变成'历史的'，才清洗掉自己身上个人性质的知识分子要素而变成为'生命'。"[1] 然而，当下知识界却不时出现这样的怪现象：关起门来写文章，高谈阔论做研究，满世界飞行讲演，学问只为稻粱谋。这不仅降格了知识分子的形象，也弱化和消解知识分子思想认同的实践效力。

当代中国，人民群众对美好生活的需要日益增长。同时，社会生产不平衡、不充分的问题依然突出。这就要求当代中国知识分子必须要持之以恒地坚持"两结合"道路，扎根生活、深入田野、深入工农、深入实践，走出纯粹知识的"象牙塔"，面向经济社会发展主战场，面向人民群众新需求，坚持知识创新造福人民的社会主义价值取向。因此，"两结合"并没有过时，是知识外化为物质力量的现实需要，是知识分子锤炼自身工人阶级的阶级意识和思想品格的必然选择，是知识分子巩固和提升马克思主义立场、观点、方法的有效途径。在"两结合"的过程中，知识分子克服精英意识，贴近实际、贴近生活、贴近群众。唯其如此，才能真正解决好世界观、人生观、价值观这个"总开关"问题。在新时代的历史条件下，真正贯彻好、落实好"两结合"，需要明确三点内容。

第一，通过"两结合"，培养知识分子正确的世界观、人生观、价值观，是一个长期的、不断深化的过程，需要久久为功，需要规范化、建制化的途径方法。必须要避免流于形式的"走马观花"。同时，依靠自发的、偶然的社会调研和社会实践也是无法奏效的。

第二，"两结合"的落实要有现实性、针对性、灵活性。根据知识分子的劳动分工特点和专业特色，采取不同的措施与办法，因人、

---

[1] ［意］安东尼奥·葛兰西：《狱中札记》，曹雷雨、姜丽、张跣译，河南大学出版社2014年版，第376—377页。

因地制宜，防止简单化和"一刀切"的倾向。同时，应赋予"两结合"以时代特色。例如，根据需要，根据条件，考虑知识分子到基层挂职锻炼，到企事业单位展开实地调研，研究实际问题，开展咨询服务等。

第三，坚持"两结合"是新时代知识分子爱国奋斗、建功立业的要求与体现。随着高等教育的发展，我国知识分子队伍的数量有了飞跃式发展，但人才分布仍然呈现"东强西弱"（东部沿海和西部地区不平衡）的格局。广大知识分子建功立业新时代，要弘扬"党让我们去哪里，我们背上行囊就去哪里"的西迁精神，深入边远贫困地区、边疆民族地区、革命老区和基层一线，深入田间地头、诊室课堂、车间工厂，传授致富技术，贡献发展良方，用智慧点亮希望，用知识造福群众，在服务基层、服务群众的生动实践中，浇灌爱国奋斗精神之花。

三 体制保障：建立健全国家文化安全管理体制

文化安全是总体国家安全观中的非传统领域，是深度的国家安全。国家文化安全与知识界思想认同是互构、共生的关系。一方面，国家文化安全能够为知识界思想认同提供文化环境支持；另一方面，知识界思想认同的良好态势能够为国家文化安全提供主体支持力量。历史经验表明，如果国家文化安全面临危机，那么，必然会在知识界引起"涟漪""震荡"，甚至还可能是"思想风暴"。同样，如果知识界思想混乱，则会导致整个国家文化安全陷入困境，甚至出现国家政权的覆灭。从此意义来看，国家文化安全与知识界思想认同具有一致性、同构性。引领与建构当代中国知识界思想认同，事实上也是在维护国家文化安全。

以文化人、以文育人。这是所有文化的普遍价值与功能。为了更好实现社会主义文化的"化人""育人"价值与功能，既要坚持"二为"方向和"双百"方针，又要坚持文化事业与文化产业齐头并进的发展模式。这也是中国特色社会主义文化避免僵化保守以及抵御外来腐朽思想侵蚀的重要前提。坚持文化事业与文化产业共同发展，必须"要深化文化体制改革，完善文化管理体制，加快构建把社会效益放在首位、社会效益和经济效益相统一的体制机制"[1]。建立健全与改革开放和社会主义市场经济发展相适应的文化安全管理体制，势在必行。文化安全管理体制是引领和建构当代中国知识界思想认同的重要"防火墙"，能够为知识界思想认同提供具有"普遍立法"性质的体制保障。

第一，建立健全国有文化资产管理体制。在文化事业与文化产业中，国有文化资产是主导力量，既有经济属性，又有意识形态属性，承担着引领文化价值导向的使命。党的十八届三中全会明确提出"建立党委和政府监管国有文化资产的管理机构，实行管人管事管资产管导向相统一"[2] 的管理定位。建立健全国有文化资产管理体制，必须要坚持社会主义文化发展方向，坚持以我为主、兼收并蓄的文化发展理念，健全文化资产市场体系，探索建立传播正能量主旋律真善美的文化产品、资源配置合理有序、竞争规则公平公正的文化市场环境。为此，在承担社会责任、弘扬社会主义文化价值观的前提下，做强做大国有文化企业，探索新型国有文化资产管理模式，必须"建立起完善的国有文化经营资产的决策运营机制、保值增值机制、责任追究机制、监督管理机制，才能够推动国有文化企业健康发展，提高市场化发展水平和竞争实力"[3]。

第二，建立健全文化安全预警机制。预警机制，顾名思义就是未雨绸缪、防患未然、预先发布危险警告的制度。安全预警"一方面把危机消灭在萌芽阶段，防止危机的爆发；另一方面为后期危机管理具体应急工作的展开赢得宝贵的准备时间，及时控制形势，将危机减到

---

[1] 习近平：《决胜全面建成小康社会 夺取新时代中国特色社会主义伟大胜利——在中国共产党第十九次全国代表大会上的报告（2017年10月18日）》，人民出版社2017年版，第44页。

[2] 《十八大以来重要文献选编》（上），中央文献出版社2014年版，第533页。

[3] 高宏存：《改革创新文化管理体制》，《光明日报》2015年6月18日第14版。

第六章 当代中国知识界思想认同的引领与建构

最小"①。文化安全预警机制由提供文化安全警示的国家机构、决策支持系统、网络信息平台、文化安全风险评估措施等构成,其作用在于超前反馈、及时布置、防风险于未然,打文化安全的主动仗。由于文化渗透具有隐蔽性、长期性,一旦文化安全发生危机,则危害严重。因此,维护国家文化安全,文化安全预警是关键。

建立健全文化安全预警机制的着眼点,应该从中外文化维度和古今文化维度两个方面进行综合考察。在当代中国,文化安全的风险来源不仅有外来腐朽思想文化,同时还有本民族文化内部威胁文化创新发展的腐朽没落因素。正如陈独秀在《新青年》创刊号《敬告青年》中所写:"笃古不变之族,日就衰亡;日新求进之民,方兴未已。"堡垒往往容易从内部攻破。对于文化安全而言,最致命的安全风险不是来自外部,而是来自文化自身生命力的弱化。"回顾中国文化的发展历程,每一次文化危机都是因为先进性丧失和创新力萎缩,而危机中的每一次飞跃都是源于先进性的追回和创新力的突破。"② 因此,建立健全文化安全预警机制的根本在于,通过制度来保证社会主义文化的先进性建设和创新力突破。

第三,建立健全文化安全信息沟通机制。如果说国家文化安全预警系统侧重危机防范的话,那么文化安全信息沟通机制则侧重危机应对。当文化安全出现危机时,信息垄断或者信息封锁只会影响危机应对的运行效能。相反,完善的文化安全信息沟通机制能够有效"防止危机期间信息的误传和谣言的传播;在危机发生时,政府与民众的及时沟通还可以起到稳定民心、警示、教育、监督等多种作用"③。有效的信息沟通机制不仅能够提高危机管理的信息透明度,而且有助于

---

① 于芳:《政府危机管理预防预警机制的构建与完善》,《云南行政学院学报》2006年第4期。
② 韩源等:《国家文化安全论:全球化背景下的中国战略》,社会科学文献出版社2013年版,第204页。
③ 韩源等:《国家文化安全论:全球化背景下的中国战略》,社会科学文献出版社2013年版,第203页。

群防群治、共同应对，缩短危机周期，提高国家文化安全危机管理能力。因此，利用"大数据"技术，在全国范围内建立文化安全信息库，定期向有关部门或者公众发布文化安全信息数据，提高社会成员的文化危机识别力，能够有效降低文化危机发生时的负面社会效应，维护国家文化安全与社会稳定。

当然，构建国家文化安全，不仅需要体制机制的外在保障，而且需要文化"软实力"的提升。同时，文化安全也是国家的安全、国民的安全，所以，维护国家文化安全，还需要全民动员、人人参与、人人有责。以举国之力共筑同心，创新发展社会主义文化，提升中国特色社会主义文化的国际话语权，才能为当代中国知识界思想认同提供牢固的、坚实的文化自信与文化安全环境。

四 舆论保障：营造清朗网络空间

互联网是舆论斗争、意识形态交锋的主战场。网络信息安全博弈不仅是技术博弈，更是理念博弈、话语权博弈。网络舆论事实上已经成为一种权利，影响着网民的爱憎取舍、价值判断。正如英国学者汤普森所讲："现代国家的机构，以及占据现代社会中通称为政治空间的无数其他组织（政党、压力集团等），都是极其重要的权力与统治的场所；但它们不是唯一的场所，甚至也不一定是大多数时间大多数人的最重要场所。对大多数人来说，对他们产生影响的最直接的权力与统治关系是那些作为他们日常生活典型社会背景的场所：家庭，工作地点，教室，同业团体。在这些场所中，个人花费大部分时间，采取行动与互动，谈话与倾听，追求自己的目标并听从他人的目标。"[①]网络，无疑是现代生活"典型社会背景的场所"，亿万网民在其中获得信息、交流信息。然而，网络空间的"塔西佗陷阱"和"沉默的多数"造成了马克思主义意识形态全面"沦陷"的假象。一些坚定

---

① ［英］约翰·B.汤普森：《意识形态与现代文化》，高铦等译，译林出版社2012年版，第9—10页。

捍卫马克思主义的知识分子频繁遭遇网络围攻，而那些具有资产阶级自由化倾向的网络"大V"则"粉丝"无数。

在新媒体技术发展之前，毛泽东就深刻地认识到，报纸、刊物、广播、电影等传播媒介由谁掌握，并不是一般的舆论问题，而是属于上层建筑的权利问题，掌握在马克思主义者手里与掌握在右倾机会主义者手里，产生的后果是截然相反的。毛泽东于1957年同新闻出版界代表的谈话中强调："在知识分子当中提倡学习马克思主义是很有必要的，要提倡大家学他十年八年，马克思主义学得多了，就会把旧思想推了出去。但是学习马克思主义也要形成风气，没有风气是不会学得好的。"① 不得不承认，当前，马克思主义学习之风最弱的地方就是网络空间。网络舆论的不良态势已经影响到知识分子理论学习的自觉性，影响到知识分子对社会主流意识形态的认知与认同。

开放独立、风清气正的网络空间是网络舆论走向理性与科学的环境支撑。营造清朗网络空间，用社会主义核心价值观和人类优秀文明成果滋养人心、滋养社会，是引领与建构当代中国知识界思想认同的舆论保障。营造清朗网络空间，积极构筑网络同心圆，需要在网络人才、网络技术、网络内容、网络法规等方面下功夫。

第一，夯实网络人才队伍。"建设网络强国，要把人才资源汇聚起来，建设一支政治强、业务精、作风好的强大队伍。'千军易得，一将难求'，要培养造就世界水平的科学家、网络科技领军人才、卓越工程师、高水平创新团队。"② 解放思想，发现、培育、凝聚、放手使用网络科技创新人才，挖掘青年网络科技人才的潜力。同时，充分发挥网络歌手、网络作家、网络媒体人士、网络意见人士等的舆论影响力，有重点地培养选拔，逐步建立一支网络空间代表人士队伍。

第二，加强核心技术建设，为党和国家的网络舆论主导权提供技术保障。网络空间是意识形态建设的重要阵地，也是思想争夺的重要

---

① 《毛泽东文集》第7卷，人民出版社1999年版，第261页。
② 《习近平谈治国理政》，外文出版社2014年版，第199页。

阵地。一方不去占领，另一方就去占领。因此，必须要掌握我国互联网发展主动权，保障互联网安全、国家安全，必须突破网络核心技术难题，扭转核心技术受制于人的局面，争取在某些领域、某些方面实现"弯道超车"，为马克思主义文化主旋律的传播提供技术平台。

第三，加强网络内容建设，占领网络舆论话语高地。要遵循网络舆论的传播规律，在议题设置、判断是非、排除干扰、解疑释惑等方面掌握主导权。要结合网络流行语的传播特点，根据网民移动化、碎片化的阅读习惯，在意识形态话语表达的人文化、生活化、感性化、形象化、通俗化等方面主动作为。为不同特点不同层次的网民精准推送有关马克思主义中国化理论成果的最新学习材料，让网民用起来方便，学起来贴心。同时，对网络上流行的那些影响大、危害大的错误思潮、反动言论，要进行"有理有利有节"的批驳，抓住要害，揭露本质，决不能让它们干扰思想舆论、干扰改革发展稳定大局。

第四，依法加强网络空间治理。网络空间是亿万人民共同的精神家园，不是法外之地。要本着对社会负责、对人民负责的态度，颁布实施网络管理法律法规，以法律武器抵制反动言论的蔓延，做到线上线下有法可依、有法必依。当然，这并不意味着要让网络空间"鸦雀无声""整齐划一"，而是不允许假借网络信息传播搬弄是非、颠倒黑白、造谣生事、违法犯罪。任何网民的网络行为都不能逾越宪法和法律界限，否则，必须承担法律责任。

五 政策保障：完善党的知识分子政策

知识分子问题不但是马克思主义的一个重要理论问题，也是无产阶级政党的一个重要政策问题。历史经验表明，保护和调动知识分子干事创业的积极性，激发、释放知识分子的创造才华，"党管人才"是方向，政策是关键。新时代，要遵循知识分子工作特点和规律，与时俱进地调整和完善知识分子政策。"从根本上说，党管人才就是党爱人才，党兴人才，党聚人才，通过制定政策、营造环境、整合力量、提供服务，为一切有志成才的人提供更多发展机遇和更大发展空

第六章　当代中国知识界思想认同的引领与建构

间。各级党组织和领导干部要注意处理好党管人才和尊重人才成长规律的关系，以爱才之心、识才之智、容才之量、用才之艺，千方百计做好发现、培养、凝聚人才的工作。"①

目前，我国人才资源规模、科技人力资源以及研发人员数量均居世界前列。国家"千人计划"和"万人计划"的实施，吸引了一大批高端人才，其中包括诺贝尔奖得主、发达国家科学院院士和各领域的领军人才、青年拔尖人才等。但我国知识分子队伍依然存在结构性比例失调和人才环境不合理的问题，创新性科技人才结构性不足，重视科技知识分子但对哲学社会科学知识分子关注不够，重视海归人才但对本土人才关注不够，重视应用型知识分子队伍但对基础研究型知识分子队伍关注不够，重视高端人才但对初中级知识分子队伍关注不够。同时，还有一些地方、一些领域存在人才发展环境不完善的问题，在凝聚知识分子思想共识方面存在工作不力的情形。为此，在新的历史条件下，引领与建构当代中国知识界思想认同，增强社会主义意识形态的感召力、凝聚力，必须坚持问题导向，坚持发展理念，坚持"虚功实做"，进一步深化人才体制机制改革，调整并完善知识分子政策，围绕尊重和信任、引导和凝聚、待遇和归属感六大关键词，书写新时代知识分子工作新篇章。

第一，尊重和信任。在中国革命、建设、改革的历史进程中，知识分子创下了彪炳史册的功勋。知识分子不是独立于无产阶级之外的政治力量，而是有较多科学文化知识的无产阶级，是社会主义现代化建设事业的依靠力量，是中国共产党长期执政的阶级基础和群众基础。在知识经济时代，人才更是成为第一资源。知识分子不仅是生产力中最活跃的因素，而且是提升整个劳动者素质的关键因素。因此，要在全社会形成尊重劳动、尊重知识、尊重人才、尊重创造的浓厚氛围。对待知识分子，无论何种政治面貌、职业身份，都要一视同仁。同时，在政治上充分信任他们，要诚心诚意与知识分子广交友、深交

---

① 《十六大以来重要文献选编》（上），中央文献出版社2005年版，第597—598页。

友。对知识分子的批评意见和建议要坚持宽容、包容的态度,并与之进行思想沟通和说理教育。

第二,引导和凝聚。在经济形式、思想文化、价值观念多元并存的历史条件下,要特别重视知识分子思想状况。结合文艺领域、企事业单位、新经济组织、社会组织等工作实际,分层、分类地引导知识分子自觉践行社会主义核心价值观,不断凝聚思想共识、价值共识。党员领导干部要和知识分子多接触、多交谈,把正确的认识内化为他们的想法。对他们的缺点和问题也要开展平等的交流,给予耐心的帮助,使他们及时克服不足。对知识分子的批评教育要讲究方式方法,多用和风细雨、春风化雨,少用或不用狂风暴雨。

第三,待遇和归属感。切实解决知识分子工作生活中的现实问题,提升知识分子的政治地位、经济地位、社会地位,提升知识分子的物质待遇和精神归属感。改善知识分子的生活居住环境,改善知识分子的医疗和子女受教育等条件,完善知识分子评价、流动、激励等工作管理机制,形成具有国际竞争力的人才资源开发环境。优化知识分子队伍结构,促进人才在空间布局、专业分布上趋于平衡与合理。让不同地域、不同学科、不同专业、不同职业的知识分子能够人尽其才、才尽其用,在爱国奋斗中提升获得感、幸福感,在关怀天下苍生的社会忧思中获得归属感和认同感。

总之,继承党的知识分子工作传统,完善党的知识分子政策,努力做到"政治上充分信任、思想上主动引导、工作上创造条件、生活上关心照顾"[1],培育形成人人渴望成才、人人努力成才、人人皆可成才、人人尽展其才的良好环境。这是引领与建构当代中国知识界思想认同不可或缺的政策保障。

---

[1] 《习近平在哲学社会科学工作座谈会上的讲话》,《人民日报》2016年5月19日第2版。

结　　语

　　知识分子是以文化传承为志业并具有强烈社会关怀情结的特殊阶层，其诞生之初就烙印着"杜鹃夜啼犹带血，不信东风唤不回"的执着与勤勉。从表面上来看，知识分子的人文精神与意识形态的阶级话语、知识分子的思想自由与意识形态的理论灌输、知识分子的包容开放与意识形态的排斥他者、知识分子的伦理情怀与意识形态的政治信仰、知识分子的批判品格与意识形态的整合功能之间存在着紧张与碰撞。但是，这不但不能说明知识分子可以拒绝意识形态，相反，它恰恰体现着知识分子与意识形态之间的张力。这种张力的存在是知识分子检视与选择思想认同的前提，也是国家意识形态思想体系与时俱进、自我调整的文化依据。

　　在意识形态理论发展史中，知识分子始终是无法绕开的文化主体。因为任何意识形态思想体系都需要用文化价值或者文化符号来建构、阐释与传播，一旦失去文化主体的助力，那么，意识形态思想体系就只能成为冰冷的独白，无法建立起统治思想与社会成员之间的文化关联，也无法实现统治思想与社会心理之间的文化互动。

　　在阶级依然存在的社会形态，"意识形态领域的纷争同如何把握思想直接相关。……在当代中国，自由主义、民主社会主义、保守主义等社会思潮，在意识形态大舞台上表演着复杂繁乱的思想'话剧'。倡导这些思想的'先锋们'同青年黑格尔派一样，都认为这些思想'有颠覆世界的危险性'和无与伦比的先进性；同时，他们的错误也是一样的，即他们都存在着思想认知的错位，并将这种错位的思想认知当做绝对真理加以崇拜和传播"①。在此境遇下，思想认同成为知识分子无法回避、无法逾越的立场选择问题。这是因为，知识分子的真理追求与道义担当受客观社会历史条件的制约，知识分子对人文精神的建构、对文化使命的自觉都无法脱离特定时代的思想氛围，而这种思想氛围总是在一定阶级意识形态的主导之下生成的。

传统中国的"士人政治"以及近代中国的民族危亡，赋予中国知识分子对文化和"主义"以特殊观照。他们试图通过思想文化的力量，自觉寻求救亡图存的政治道路。当下，"中国道路""中国辉煌""中国奇迹"引来世界关注的目光，但在世界交往中，传承和发展中国文化，以思想文化的力量关怀社会、培育和塑造民族精神，仍然是知识分子应有的文化立场、精神品格。

当代中国知识界思想认同问题之所以敏感而又复杂，一方面源于意识形态斗争形势的错综复杂、扑朔迷离；另一方面源于知识分子任何的思想倾向似乎都可以找到现实的源流，都可以寻求理论学说的辩护，都可以获得一定范围的支持力量。在社会主义与资本主义两种意识形态对抗与对话并存的背景下，文化成为意识形态角逐的舞台，知识分子成为意识形态较量的旗手。知识分子具有文化自觉性与文化先觉性，具有认知社会历史现象以及把握时代脉搏的敏锐洞察力，在社会意识的觉醒方面始终走在自发的物质运动前面。伴随知识权力的外扩与推移，知识分子思想认同冲破自身文化心理的界限，无形熔铸于知识分子的学术话语、价值观念、政党选择与生活实践之中，以"润物细无声"的方式影响政府决策和普通大众，成为意识形态谋求社会支持力量的重要联系纽带。因此，知识界思想认同不是纯粹的思想或者学术问题，而是事关国家文化安全与主流意识形态建设的重要社会问题。

思想文化的多元多样是社会繁荣发展的表征。时代越进步，就越

---

① 姜迎春：《马克思恩格斯对思想的科学定位及其方法论意义》，《南京师大学报》（社会科学版）2011年第5期。

结　语

需要先进的、富有生命力的思想文化。中国特色社会主义事业走向更高程度的发展，当然不能走文化的自我封闭与自我僵化之路。引领与建构当代中国知识界思想认同，也绝非走向思想文化的单一、呆板，而是在新的历史条件下巩固马克思主义对知识界的思想指导，巩固当代中国知识分子与工人、农民共同奋斗的思想基础。当代中国知识分子是社会主义现代化建设的重要依靠力量，肩负着思想引领与文化传承发展的历史使命。在光怪陆离的文化博弈中，一旦知识分子在思想认同问题上发生偏差或者走向反动，迷失了科学的、革命的、进步的思想认同，就可能沉沦为资产阶级的思想俘虏。前事不忘后事之师！苏联的前车之鉴，我们一定要时刻保持警觉。

在一百多年的历史进程中，马克思主义意识形态思想体系走过了不平凡的岁月，一步步从弱小走向强大。无论在哪一个发展阶段，作为科学意识形态的马克思主义，从来都不惧怕任何来自外部思想体系的攻击。但必须承认，来自革命营垒内部的叛徒，却是极其危险的。在当今意识形态斗争中，西方国家试图以思想文化为媒介，对目标国家、目标人群进行分子式入侵与渗透。于无声处，于无形中，知识分子思想认同面临挑战与考验。

如果我们以乐观的态度来看待当代世界范围内的思想角逐，就会发现，"这个问题同样意味着资产阶级已没有能力靠自己的力量从意识形态上维护自己的地位，意味着资产阶级不仅需要这些来自无产阶级阵营中的叛徒，而且——在这方面这是首要的事情——也不可能再缺少无产阶级的科学方法，自然是以歪曲的形式。……无产阶级内部思想危机的征兆，但它也意味着资产阶级向历史唯物主义的投降"[1]。危机总是蕴含生机。毫无疑问，当代中国知识界思想认同面临冷峻的思想斗争与多元思想格局。能否化危机为契机，在思想角逐中扩大思想阵地，牢牢把握意识形态领导权、管理权、话语权？这既是对中国

---

[1] ［匈］卢卡奇：《历史与阶级意识》，杜章智、任立、燕宏远译，商务印书馆1999年版，第318页。

共产党执政智慧的考验,也是对国家主导意识形态思想体系与时俱进、日新又新的考验。

当代中国要在坚持马克思主义基本原理、核心话语的前提下,充分重视、正确研判、科学把脉知识分子的不同声音、不同观点、不同主张,提取其正确的、合理的思想,澄清其错误的、歪曲的见解,结合当代中国社会发展的现实矛盾与现实问题,发展和创新马克思主义意识形态思想体系,使之具有鲜明的时代特色和民族特色,提升主流意识形态话语权,增强当代中国知识界对马克思主义的思想认同、文化认同。

参考文献

一　经典著作

《马克思恩格斯全集》第 1 卷，人民出版社 1956 年版。
《马克思恩格斯全集》第 2 卷，人民出版社 1957 年版。
《马克思恩格斯全集》第 3 卷，人民出版社 1960 年版。
《马克思恩格斯全集》第 6 卷，人民出版社 1961 年版。
《马克思恩格斯全集》第 13 卷，人民出版社 1962 年版。
《马克思恩格斯全集》第 31 卷，人民出版社 1998 年版。
《马克思恩格斯全集》第 36 卷，人民出版社 1975 年版。
《马克思恩格斯全集》第 40 卷，人民出版社 1982 年版。
《马克思恩格斯全集》第 42 卷，人民出版社 1979 年版。
《马克思恩格斯文集》第 1—10 卷，人民出版社 2009 年版。
《马克思恩格斯选集》第 1—4 卷，人民出版社 2012 年版。
《列宁全集》第 4 卷，人民出版社 1984 年版。
《列宁全集》第 7 卷，人民出版社 1986 年版。
《列宁全集》第 11 卷，人民出版社 1987 年版。
《列宁全集》第 21 卷，人民出版社 1990 年版。
《列宁全集》第 25 卷，人民出版社 1988 年版。
《列宁全集》第 28 卷，人民出版社 1990 年版。
《列宁全集》第 35 卷，人民出版社 1985 年版。

《列宁全集》第 40 卷，人民出版社 1986 年版。

《列宁选集》第 1—4 卷，人民出版社 2012 年版。

《毛泽东选集》第 1—4 卷，人民出版社 1991 年版。

《毛泽东文集》第 2 卷，人民出版社 1993 年版。

《毛泽东文集》第 3 卷，人民出版社 1996 年版。

《毛泽东文集》第 7 卷，人民出版社 1999 年版。

《毛泽东早期文稿》，湖南出版社 1990 年版。

《邓小平文选》第 1—3 卷，人民出版社 1993—1994 年版。

《江泽民文选》第 3 卷，人民出版社 2006 年版。

《孙中山选集》（下册），人民出版社 2011 年版。

《习近平谈治国理政》，外文出版社 2014 年版。

《习近平谈治国理政》第 2 卷，外文出版社 2017 年版。

《马列主义研究资料（1982 年第 5 辑）》，人民出版社 1982 年版。

习近平：《决胜全面建成小康社会 夺取新时代中国特色社会主义伟大胜利——在中国共产党第十九次全国代表大会上的报告（2017 年 10 月 18 日）》，人民出版社 2017 年版。

《在庆祝中国共产党成立 95 周年大会上的讲话》，人民出版社 2016 年版。

中共中央党史研究室：《中国共产党的七十年》，中共党史出版社 1991 年版。

中共中央党史研究室：《中国共产党历史》第 2 卷，中共党史出版社 2011 年版。

中共中央文献研究室：《建国以来毛泽东文稿》第 2 册，中央文献出版社 1988 年版。

中共中央文献研究室：《建国以来重要文献选编》第六册，中央文献出版社 1993 年版。

中共中央文献研究室：《毛泽东著作专题摘编》（下），中央文献出版社 2003 年版。

中共中央宣传部：《习近平总书记在文艺座谈会上的重要讲话学习读本》，学习出版社 2015 年版。

中共中央组织部、中共中央文献研究室：《知识分子问题文献选编》，人民出版社1983年版。

二 中文著作

蔡文鹏：《信仰危机与苏联的命运》，社会科学文献出版社2012年版。

蔡翔：《革命·叙述：中国社会主义文学—文化想象：1949—1966》，北京大学出版社2018年版。

曹长盛、张捷、樊建新：《苏联演变进程中的意识形态研究》，人民出版社2004年版。

陈来：《儒家思想传统与公共知识分子》，江苏人民出版社2003年版。

陈锡喜：《马克思主义：意识形态和话语体系》，华东师范大学出版社2011年版。

陈先达：《静园夜语》，北京师范大学出版社1998年版。

陈越编：《哲学与政治：阿尔都塞读本》，吉林人民出版社2003年版。

樊浩：《中国大众意识形态报告》，中国社会科学出版社2012年版。

费孝通：《文化与文化自觉》，群言出版社2016年版。

高瑞泉：《巨变时代的社会思潮与知识分子》，上海古籍出版社2014年版。

高瑞泉：《中国近代社会思潮》，华东师范大学出版社1996年版。

戈士国：《重构中的功能叙事——意识形态概念变迁及其实践意蕴研究》，人民出版社2013年版。

韩源等：《国家文化安全论：全球化背景下的中国战略》，社会科学文献出版社2013年版。

何怀宏：《独立知识分子》，重庆出版社2013年版。

河清：《全球化与国家意识的衰微》，中国人民大学出版社2003

年版。

侯惠勤：《侯惠勤自选集》，学习出版社2012年版。

侯惠勤：《马克思的意识形态批判与当代中国》，中国社会科学出版社2010年版。

侯惠勤：《马克思主义意识形态论》，南京大学出版社2011年版。

胡惠林：《中国国家文化安全论》，上海人民出版社2011年版。

黄传新：《社会主义意识形态的吸引力和凝聚力研究》，学习出版社2012年版。

黄立茀：《苏联社会阶层与苏联剧变研究》，社会科学文献出版社2006年版。

李春华：《新时期中国共产党文化创新研究》，中国社会科学出版社2012年版。

李慎明：《居安思危——苏共亡党二十年的思考》，社会科学文献出版社2011年版。

李世涛：《知识分子立场》，时代文艺出版社1999年版。

李秀林、李淮春、陈晏清、郭湛：《中国现代化之哲学探讨》，人民出版社1990年版。

刘力：《经济全球化与中国和平崛起》，中共中央党校出版社2004年版。

刘晔：《知识分子与中国革命》，天津人民出版社2004年版。

陆南泉：《苏联兴亡史论》，人民出版社2002年版。

陆学艺：《当代中国社会阶层研究报告》，社会科学文献出版社2002年版。

罗荣渠：《现代化新论——世界与中国的现代化进程》，商务印书馆2004年版。

聂立清：《我国当代主流意识形态认同研究》，人民出版社2010年版。

戚万学：《冲突与整合：20世纪西方道德教育理论》，山东教育出版社1995年版。

钱穆：《国史新论》，生活·读书·新知三联书店2005年版。

邱伟光、张耀灿：《思想政治教育学原理》，高等教育出版社1999年版。

石毓彬：《中国伦理学百科全书·现代西方伦理学卷》，吉林人民出版社1993年版。

孙正聿：《崇高的位置》，吉林人民出版社1997年版。

孙正聿：《哲学通论》，辽宁人民出版社1998年版。

汤一介：《新轴心时代与中国文化的建构》，江西人民出版社2007年版。

陶东风：《社会转型与当代知识分子》，上海三联书店1999年版。

田子渝等：《马克思主义在中国初期传播史（1918—1922）》，学习出版社2012年版。

童世骏：《意识形态新论》，上海人民出版社2006年版。

王桂兰：《当代中国知识分子论》，中共党史出版社2013年版。

王永贵：《经济全球化与社会主义意识形态建设研究》，人民出版社2005年版。

王永贵等：《经济全球化与我国社会主流意识形态建设研究》，人民出版社2010年版。

文池：《在北大听讲座（第八辑）：俄罗斯文化之旅》，新世界出版社2002年版。

吴景超、杨人楩、雷海宗等：《土地改革与思想改造》，光明日报社1951年版。

俞吾金：《意识形态论》，上海人民出版社1993年版。

原方：《知识分子论》，上海三联书店2005年版。

张骥：《马克思主义意识形态引领多样化社会思潮若干问题研究》，人民出版社2013年版。

张志丹：《意识形态功能提升新论》，人民出版社2017年版。

三　中译著作

[德] 费希特:《论学者的使命》,梁志学、沈真译,商务印书馆 2009 年版。

[德] 弗里德里希·李斯特:《政治经济学的国民体系》,陈万煦译,商务印书馆 1961 年版。

[德] 卡尔·曼海姆:《意识形态与乌托邦》,李步楼等译,商务印书馆 2014 年版。

[德] 马克斯·韦伯:《学术与政治》,冯克利译,生活·读书·新知三联书店 1998 年版。

[俄] 亚·尼·雅科夫列夫:《一杯苦酒——俄罗斯的布尔什维主义和改革运动》,徐葵等译,新华出版社 1999 年版。

[俄] 亚历山大·季诺维也夫:《俄罗斯共产主义的悲剧》,侯艾君、葛新生、陈爱茹译,新华出版社 2004 年版。

[法] 埃德加·莫兰:《复杂性思想导论》,陈一壮译,华东师范大学出版社 2008 年版。

[法] 保尔·拉法格等:《回忆马克思恩格斯》,马集译,人民出版社 1973 年版。

[法] 雷蒙·阿隆:《知识分子的鸦片》,吕一民、顾杭译,凤凰出版传媒集团、译林出版社 2005 年版。

[法] 路易·阿尔都塞:《保卫马克思》,顾良译,商务印书馆 2010 年版。

[法] 朱利安·本达:《知识分子的背叛》,孙传钊译,吉林人民出版社 2011 年版。

[美] R. L. 海尔布隆纳:《马克思主义:赞成和反对》,易克信、杜章智译,中国社会科学院情报研究所 1982 年版。

[美] 阿尔温·托夫勒:《权利的转移》,刘江、陈方明等译,中共中央党校出版社 1991 年版。

［美］阿尔文·古尔德纳：《新阶级与知识分子的未来》，杜维真等译，人民文学出版社2001年版。

［美］爱德华·萨义德：《知识分子论》，单德兴译，生活·读书·新知三联书店2002年版。

［美］安东尼·M.奥勒姆：《政治社会学导论——对政治实体的社会剖析》，董云虎、李云龙译，浙江人民出版社1989年版。

［美］丹尼尔·贝尔：《意识形态的终结》，张国清译，中国社会科学出版社2013年版。

［美］格里德尔：《知识分子与现代中国》，单正平译，广西师范大学出版社2010年版。

［美］赫伯特·马尔库塞：《单向度的人：发达工业社会意识形态研究》，刘继译，上海译文出版社2008年版。

［美］柯纳斯、詹姆斯：《内化》，王丽颖译，北京大学医学出版社2007年版。

［美］克利福德·格尔茨：《文化的解释》，韩莉译，译林出版社1999年版。

［美］雷迅马：《作为意识形态的现代化——社会科学与美国对第三世界政策》，牛可译，中央编译出版社2003年版。

［美］迈克尔·罗斯金等：《政治科学》，林震、王锋、范贤睿等译，华夏出版社2001年版。

［美］曼纽尔·卡斯特：《认同的力量》，夏铸九等译，社会科学文献出版社2003年版。

［美］莫里斯·迈斯纳：《李大钊与中国马克思主义的起源》，中共北京市委党史研究室编译组编译，中共党史资料出版社1989年版。

［美］乔治·索罗斯：《索罗斯论全球化》，王荣军译，商务印书馆2003年版。

［美］塞缪尔·亨廷顿、彼得·伯杰：《全球化的文化动力：当今世界的文化多样性》，康敬贻、林振熙、柯雄译，新华出版社2004年版。

［美］塞缪尔·亨廷顿：《文明的冲突与世界秩序的重建》，周琪等译，新华出版社1999年版。

［美］塞缪尔·亨廷顿：《我们是谁》，程克雄译，新华出版社2005年版。

［美］约翰·布洛克曼：《未来英雄》，汪仲等译，海南出版社1998年版。

［美］约瑟夫·奈：《硬权力与软权力》，门洪华译，北京大学出版社2005年版。

［美］詹姆斯·罗尔：《媒介、传播、文化——一个全球性的途径》，董洪川译，商务印书馆2005年版。

［日］镜味治也：《文化关键词》，张泓明译，商务印书馆2015年版。

［苏］米·约夫楚克、库尔巴托娃：《普列汉诺夫传》，朱洪川等译，生活·读书·新知三联书店1980年版。

［匈］卢卡奇：《历史与阶级意识》，杜章智、任立、燕宏远译，商务印书馆1999年版。

［意］安东尼奥·葛兰西：《狱中札记》，曹雷雨、姜丽、张跣译，河南大学出版社2014年版。

［英］阿兰·斯威伍德：《大众文化的神话》，冯建三译，生活·读书·新知三联书店2003年版。

［英］安德鲁·查德威克：《互联网政治学：国家、公民与新传播技术》，任孟山译，华夏出版社2010年版。

［英］波普尔：《波普尔思想自述》，赵月瑟译，上海译文出版社1988年版。

［英］弗兰克·富里迪：《知识分子都到哪里去了》，戴从容译，江苏人民出版社2012年版。

［英］弗朗西丝·斯托纳·桑德斯：《文化冷战与中央情报局》，曹大鹏译，国际文化出版公司2002年版。

［英］李约瑟：《四海之内：东方和西方的对话》，劳陇译，生活·读书·新知三联书店1987年版。

［英］特里·伊格尔顿：《历史中的政治、哲学、爱欲》，马海良译，中国社会科学出版社1999年版。

［英］约翰·B.汤普森：《意识形态与现代文化》，高铦等译，译林出版社2012年版。

联合国教科文组织编：《世界文化报告——文化、创新与市场（1998）》，关世杰等译，北京大学出版社2000年版。

四　中文论文

《北大清华再争状元就没有希望》，《中国青年报》2012年5月3日第3版。

《习近平在布鲁日欧洲学院的演讲》，《人民日报》2014年4月2日第2版。

《习近平在欧美同学会成立100周年庆祝大会上的讲话》，《人民日报》2013年10月22日第2版。

《习近平在哲学社会科学工作座谈会上的讲话》，《人民日报》2016年5月19日第2版。

《习近平：在网络安全和信息化工作座谈会上的讲话》，《人民日报》2016年4月26日第2版。

常凯：《经济全球化与劳动者权益保护》，《人民论坛》2003年第5期。

陈金龙：《马克思主义中国化的主体探析》，《马克思主义研究》2010年第5期。

陈众议：《中文与想象力》，《光明日报》2013年12月13日第16版。

杜光：《普世价值——一个时代性的重大课题》，《炎黄春秋》2009年第1期。

高宏存：《改革创新文化管理体制》，《光明日报》2015年6月18日第14版。

高正礼：《从历史视阈看马克思主义中国化问题》，《中共党史研究》

2011 年第 3 期。

郭成林：《精神世界建设的一个重要问题——哲学世界观的升华与沦落》，《理论探讨》2001 年第 4 期。

郭春生：《勃列日涅夫时期苏联知识分子的政治立场——剖析知识分子抛弃苏联的一历史原因》，《俄罗斯研究》2003 年第 2 期。

郭建宁：《价值观自信是文化自信的灵魂》，《中国教育报》2017 年 8 月 4 日第 3 版。

何星亮：《文化模式：传统模式向现代模式的转换》，《中南民族大学学报》（人文社会科学版）2014 年第 3 期。

侯惠勤：《共产主义：马克思主义哲学之魂》，《红旗文稿》2015 年第 18 期。

侯惠勤：《我国意识形态建设的第二次战略性飞跃》，《马克思主义研究》2008 年第 7 期。

侯惠勤：《要从根本理论认知上向党中央看齐》，《四川日报》2016 年 11 月 9 日第 6 版。

侯惠勤：《意识形态的历史转型与其当代挑战》，《马克思主义研究》2013 年第 12 期。

侯惠勤：《意识形态话语权初探》，《马克思主义研究》2014 年第 12 期。

侯惠勤：《意识形态话语权建设方法论研究》，《中共贵州省委党校学报》2016 年第 2 期。

贾英健：《认同的哲学意蕴与价值认同的本质》，《山东师范大学学报》（人文社会科学版）2006 年第 1 期。

姜迎春：《马克思恩格斯对思想的科学定位及其方法论意义》，《南京师范大学学报》（社会科学版）2011 年第 5 期。

蒋大椿：《当代中国史学思潮与马克思主义历史观的发展》，《历史研究》2001 年第 4 期。

蒋昭阳：《当代中国知识分子的变迁与社会思潮整合》，《东南学术》2015 年第 4 期。

金民卿：《全球化·大众文化·文化主权》，《河北学刊》2000年第6期。

金民卿：《西方文化渗透的程式与路径》，《马克思主义研究》2008年第8期。

荆学民：《文化困境：社会转型期信仰迷茫的文化因探察》，《求是学刊》1999年第2期。

乐黛云：《文化转型和文化冲突》，《民族艺术》1998年第2期。

季白鹤：《20世纪30年代"学术中国化"的倡导与马克思主义中国化》，《哲学动态》2015年第5期。

刘吉：《论知识分子的社会地位与历史作用》，《学术界》2001年第6期。

刘继富：《论网络信息诉求的非理性祈向》，《吉首大学学报》（社会科学版）2010年第3期。

刘卓红、林俊凤：《论全球语境下文化多元化的价值意蕴》，《岭南学刊》2002年第2期。

陆卫明、曹芳：《五四时期先进知识分子接受马克思主义的传统文化背景》，《理论学刊》2014年第6期。

骆郁廷、史姗姗：《论意识形态安全视域下的文化话语权》，《思想理论教育导刊》2014年第4期。

马忠：《新时代坚守中华文化立场的路径思考》，《马克思主义理论学科研究》2018年第5期。

梅景辉：《文化自信与马克思主义意识形态话语权的当代发展》，《马克思主义研究》2017年第5期。

秦富平：《胡乔木谈历史科学与政治的关系》，《党史文汇》1995年第1期。

邵小文、罗嗣亮：《"新左派"知识分子关于民生问题的思考及其启示》，《现代哲学》2012年第5期。

宋震：《当代中国知识分子群体特性及对中国政治改革的影响》，《理论月刊》2007年第8期。

汤荣光：《马克思精神生产理论导源》，《毛泽东邓小平理论研究》
2013 年第 5 期。

陶东风：《旷野上的碎片：关于知识分子的报告》，《当代作家评论》
1996 年第 4 期。

陶东风：《新时期三十年人文知识分子的沉浮》，《探索与争鸣》2008
年第 3 期。

陶文昭：《知识分子与现代西方政治》，《社会主义研究》1996 年第
6 期。

王桂兰、高斐、马小利：《把人生理想融入国家和民族的事业中——
关于当前知识分子对主流文化认同情况的调研报告》，《光明日报》
2013 年 5 月 14 日第 15 版。

王桂兰：《当代中国知识分子认同主流文化的路径》，《马克思主义与
现实》2012 年第 6 期。

王海军：《试论中国历史语境下早期知识分子对马克思主义的选择性
传播——以〈共产党宣言〉为个案的分析》，《教学与研究》2013
年第 6 期。

王梦婕：《超 3/4 高校青年教师有参政意愿》，《中国青年报》2012 年
9 月 14 日第 3 版。

王明初：《新中国意识形态史研究的方法论原则》，《马克思主义研
究》2012 年第 5 期。

王宗峰：《我国当前的文学创作与文化安全》，《文艺理论与评论》
2013 年第 4 期。

魏建国：《新媒体环境下马克思主义意识形态话语权的建构》，《学习
论坛》2014 年第 3 期。

文军：《网络霸权与符号暴力》，《学术论坛》2003 年第 1 期。

吴学琴：《媒介话语的意识形态性及其建设》，《马克思主义研究》
2014 年第 1 期。

夏杏珍：《建国初期对知识分子思想改造的历史必然性》，《红旗文
稿》2014 年第 21 期。

萧巍、钱箭星：《经济全球化中的国家安全问题》，《教学与研究》2001 年第 8 期。

徐国源：《网络公共空间与知识分子价值重构》，《新闻大学》2015 年第 5 期。

徐松林：《论马克思主义中国化的主体》，《求实》2006 年第 8 期。

徐艳：《大众社会中知识分子的立场与使命》，《内蒙古社会科学》（汉文版）2004 年第 2 期。

阎真：《时代语境中的知识分子——说说〈沧浪之水〉》，《理论与创作》2004 年第 1 期。

杨德霞：《试论当代共产主义信仰教育的实效性》，《教学与研究》2012 年第 3 期。

杨凤城：《列宁的知识分子理论述论》，《首都师范大学学报》（社会科学版）2005 年第 2 期。

杨国荣：《论知识分子的两面性》，《学术界》2003 年第 1 期。

杨卫敏：《论习近平关于知识分子问题的战略思维》，《统一战线学研究》2017 年第 3 期。

于芳：《政府危机管理预防预警机制的构建与完善》，《云南行政学院学报》2006 年第 4 期。

俞吾金：《对马克思主义中国化主体的反思》，《探索与争鸣》2009 年第 1 期。

袁伟时：《辛亥革命研究中的意识形态陷阱》，《炎黄春秋》2012 年第 4 期。

詹小美、王仕民：《文化认同视域下的政治认同》，《中国社会科学》2013 年第 9 期。

张骥、韩晓彬：《论美国"文化霸权"的历史渊源与现实基础》，《当代世界与社会主义》2001 年第 2 期。

张小平：《非西方化的现代化道路与中华传统文化的更新创造》，《学术论坛》2018 年第 3 期。

中国政研会、中宣部政研所课题组：《2010 年社会思想动态调查研究报告》,《思想政治工作研究》2011 年第 5 期。

朱康有:《坚守中华文化立场》,《人民政协报》2017 年 11 月 20 日第 10 版。

邹东涛:《文化冲突、文化整合与中国现代化》,《中国社会科学院研究生院学报》1999 年第 6 期。

[美] 阿里夫·德里克:《全球主义与地域政治》,王春梅、王怡福译,《马克思主义与现实》1998 年第 5 期。

[苏] A. 齐普科:《斯大林主义的根源》,池超波、伊丛译,《哲学译丛》1989 年第 5 期。

[英] A. 科茨:《英国:专家的兴起》,《国外社会科学》1982 年第 12 期。

五 外文资料

Andrew Hemingway, *Marxism and the History of Art: From William Morris to the New Left*, Pluto Press, 2006.

Cliff Slaughter, *Marxism, Ideology, and Literature*, Humanities Press, 1980.

John Callaghan and Ben Harker, *British Communism: A Documentary History*, Manchester University Press, 2011.

Jorge Larrain, *Marxism And Ideology*, Humanities Press, 1983.

Kai—Wing Chow, *Publishing, Culture and Power in Early Modern China*, Stanford: Stanford University Press, 2003.

Noreen Brandson, *History of the Communist Party of Great Britain* 1927 – 1941, Lawrence & Wishart, 1985.

Neal Wood, *Communism and British Intellectuals*, Victor Gollancz, Limited, 1959.

六　网络资料

http：//blog. sina. com. cn/s/blog_ 4701280b0102dz84. html.

http：//blog. sina. com. cn/s/blog_ 4c0d785b0102vs0u. html.

http：//ido. 3mt. com. cn/Article/200612/show565627c30p1. html.

http：//news. ifeng. com/mainland/detail_ 2013_ 09/15/29623978_ 0. shtml.

http：//news. sohu. com/20120503/n342213439. shtml.

http：//news. xinhuanet. com/politics/2011 - 08/18/c_ 121879715. htm.

http：//news. youth. cn/jy/201209/t20120914_ 2438390. htm.

http：//opinion. people. com. cn/n/2014/0730/c1003 - 25368750. html.

http：//politics. people. com. cn/n1/2016/0717/c1001 - 28560463 - 3. html.

http：//scitech. people. com. cn/n/2015/1006/c1057 - 27665747. html.

http：//www. 199it. com/archives/326814. html.

http：//www. 21ccom. net/articles/sxpl/sx/article_ 2010072914360. html.

http：//www. people. com. cn/GB/jiaoyu/1055/2337733. html.

http：//www. qstheory. cn/politics/2016 - 07/15/c_ 1119223906. htm.

http：//www. wyzxwk. com/Article/guoji/2014/03/316066. html.

https：//news. china. com/international/1000/20180712/32670680. html.

后 记

  青年马克思曾说:"生活中往往会有这样的时机,它好象是表示过去一段时期结束的界标,但同时又明确地指出生活的新方向。"在写"后记"的时刻,又何尝不是如此呢?本书是在博士学位论文的基础上修改而成。恰逢获得博士学位两周年之际,书稿修改暂时告一段落,也算是对读博生涯的又一次告别仪式。此时此刻,太多思绪涌上心头。

  依然清晰记得 2014 年那个春意盎然的日子,在中国社会科学院第一届马克思主义理论骨干人才计划的开学典礼上,有一位德高望重的导师代表送给怀揣梦想的同学们三句话,第一句话是"无知在任何时候都不能给人以帮助",第二句话是"行动同知识和信仰完全一致",第三句话是"不畏艰辛、永攀高峰"。这位老师,就是我的导师侯惠勤老师。导师的发言满溢着浓浓的马克思主义"味道",征服了在场所有同学。闺蜜说,是我上辈子积了善缘,所以才修来今生与侯老师师生一场。确实如此,三年的时间,聆听老师的学术思想、人生教诲,受益匪浅,导师的言传身教改变了我性格中的许多弱点。我深有感触,导师就是那个教你知识、期你更好、懂你不易、帮你过坎的人。从老师身上,我总能感受到真理带来的力量与坚定。所以,在博士学位论文的"致谢"中,我这样写道:

    师恩如山,且行且珍惜。侯老师的睿智哲思是我学术历练的精神灯塔,每次听侯老师讲课、作报告,都能化解许多思想疑虑，为撰写论文打开一扇窗，看到不一样的风景。侯老师的豁达、乐观、包容也总让我深深感动，不能忘记他带我们去安徽大学、东北师范大学、长沙理工大学、福建省委党校、福建师范大学、福州大学时的情景，虽然学生们也都已为人父母，但出门在外的时候，侯老师却把我们当孩子一样关心照顾，与我们畅谈人生，教诲我们找准方向、认真生活。追忆往事的点点滴滴，深感我的博士生涯更多地不是艰辛与难熬，而是锤炼与成长。博士论文的方向源于我不知深浅、懵懂的感觉，但导师凭他的学术敏感，帮我确定博论题目，规划整体思路。在搜集材料与撰写初稿的过程中，曾多次困惑、纠结、迷茫，我才明白导师当初的担忧与用心良苦。如果没有导师的宽慰鼓励与充分信任，也许我不会有完成博论的勇气与信心。在研究知识分子问题的过程中，我更加深深地敬仰导师对于学术真诚而纯粹的追求，以及他对学术使命感与责任感的身体力行，让我看到一个真正的当代中国知识分子的风范。

今天呈现出来的书稿，确实较博士学位论文又有了较大的改动。其中有很多的修改都源于学位论文答辩时老师们的指导和建议。非常感谢中央编译局原副局长王学东老师，王老师为人谦和，知识渊博，视野开阔，他对我博士学位论文的选题与写作给予了较高的认可。对于一个学界后生来说，这确实是莫大的鼓舞。同时感谢教育部高等教育学会副秘书长郝清杰研究员、北京第二外国语学院郑承军教授以及中国社会科学院罗文东教授、吴恩远教授，他们对我的学位论文也都提出了非常中肯的意见和建议。在书稿修改的过程中，我一次次地与他们进行精神对话，一次次地感受他们当初指导的善意与深刻，一次次地领略学术道路的艰辛与喜悦，只有亲身经历者才能懂得。

在学术求索的道路上，我也遇到了一位堪称完美的知识女性。她，就是我的师母，南京大学肖玲教授。毕业以后，总是会在不经意间想起念起她，喜欢她至简至朴的生活格调，钦佩她果断坚定的做事风格,感动于她的一言一行。她曾给我们讲学术研究方法,讲家庭和事业的平衡,讲待人接物的原则……她做任何事情都那么认真、那么纯粹、那么真诚。当年她下乡插队的农家,至今还保持着联系,那户人家已然成为她生命中的一部分。在她身上,我看到了,温婉和坚毅、高贵和素朴、精致和大气和谐地并存着。我想,这便是一位女老师最好的样子。虽然无法企及,但我还是想努力成为像她那样的人。在和肖老师接触的过程中,我也慢慢领悟,在不同的阶段,要遇见最好的自己,就必须心无旁骛,简单生活,合理利用有限的时间,有时还要学会让自己慢下来、沉下来。唯其如此,才可以不负时光不负己,才可以平衡多重角色和多重任务。

修改书稿相当于再创作,期间要经历自我否定,经历绞尽脑汁,经历重新构思。在这个过程中,我需要有专属于自己的空间和时间。为了能让我安心写作和工作,家人给予了充分的理解和支持,忠心感谢亲爱的家人们。还要感谢周暄杭小朋友每天晚上雷打不动的爱心叮嘱"妈妈,早点休息哟"。即便是因为作业而挨批,心里难过得不行,也还是念念不忘睡前叮咛,似乎那句话不说出来,他就无法入睡。也许,是我修改书稿时的刻苦打动了孩子,有一次他竟然很认真地告诉我,"妈妈,你是我的偶像。"我想,正如我希望自己成为肖老师那样的人,孩子的心里其实也有一个他想成为的样子。

感谢新乡医学院的领导和同事。近两年,我申报并获批了2017年度国家社科基金青年项目"全球化背景下当代中国知识分子意识形态认同研究"(17CKS031)、2017年度新乡医学院博士科研启动经费项目、2019年度河南省高校科技创新人才支持计划(人文社科类)"当代中国知识分子意识形态认同的挑战及建构"(2019—cx—026)等项目。作为主要参加者,还申报了2017年度"新乡医学院哲学社会科学重大项目与成果奖培育团队"项目。在每一次的项目申报中,单位同事、团队成员之间相互切磋、交流观点、学术碰撞,这些都为本书的内容构思提供了新的视角与新的材料。

本书能够顺利付梓出版,还要特别感谢中国社会科学出版社给予的出版机会。同时，感谢中国社会科学出版社田文老师的热情帮助和大力支持。至今素未谋面的田老师，她不厌其烦地通过网络、电话等与我沟通书稿修改和出版的相关信息，认真细致地审阅、校对、编辑书稿内容。非常感谢田老师！

由于本人研究能力和学术水平有限，书中难免有不当之处，对有些问题的研究可能不够深入，对有些理论观点的阐发尚需深化。恳请专家、学者和读者朋友批评指正。

朱培丽

2019年2月于河南新乡嘉联·橄榄城